LITERATURSTUDIUM

Autobiographie

W0073876

LITERATURSTUDIUM

Michaela Holdenried

Autobiographie

Philipp Reclam jun.
Stuttgart

Die Deutsche Bibliothek – CIP-Einheitsaufnahme

Holdenried, Michaela:
Autobiographie / Michaela Holdenried. –
Stuttgart : Reclam, 2000
(Universal-Bibliothek ; 17624 : Literaturstudium)
ISBN 3-15-017624-7

Universal-Bibliothek Nr. 17624
Alle Rechte vorbehalten
© 2000 Philipp Reclam jun. GmbH & Co., Stuttgart
Gesamtherstellung: Reclam, Ditzingen. Printed in Germany 2000
RECLAM und UNIVERSAL-BIBLIOTHEK sind eingetragene Marken
der Philipp Reclam jun. GmbH & Co., Stuttgart
ISBN 3-15-017624-7

Inhalt

I

Einleitung
Autobiographische Diskurse
am Ende eines Jahrtausends

9

1. Inflationäre Erinnerung oder »Das Jahr 2000 wird nicht stattfinden« 9
2. Zur Funktionsvielfalt autobiographischen Schreibens 11
3. Die Entstehung der Autobiographieforschung aus dem Geist des Verstehens 14
4. Zum vorliegenden Werk 16

II

Der Gegenstand: Autobiographie

19

1. Definitionen und ihre Haken 19
2. Gattungen und Formen der Autobiographie im kontrastiven Modell 24
   Autobiographie als literarische Form 25
   Gattungsaffinitäten der Autobiographie zu Roman, Biographie, Memoiren 28
   Typologische Ansätze 33

3. Entwicklungstendenzen und Strukturmerkmale
   moderner Autobiographik   37
   Literarisierung und Fiktionalisierung   38
   *Exkurs: Wahrheit und Lüge der
   autobiographischen Fiktion*   39
   Innovative Strukturmerkmale   44
   a) Zentralperspektive als ästhetische
      Objektivierung   44
   b) Dissoziierte Chronologie und vitale
      Zeitordnung   46
   c) Selbstreferentialität   47
   d) Stilisierung und Stilpriorität   48
   e) Fragmentarität und Schlussproblematik   49
4. Problemhorizonte   51
   Autobiographie und Subjektivität als Entwurf . .   52
   Gedächtnis und Erinnerung   57

III

Autobiographik von Frauen –
eine eigene Geschichte?

62

1. Klosterzelle und Küchentisch. Voraussetzungen
   und Hindernisse autobiographischen Schreibens
   bei Frauen   62
2. Vom Kopfkissenbuch zum beschriebenen Laken.
   Prolegomena zu einer Geschichte der
   Autobiographik von Frauen   70
3. Jede ihre eigene Frau? Über »weibliche«
   Autobiographik und ihre Theorie   77

IV

Geschichte der Autobiographie

85

1. Selbstdarstellungen in Antike und Spätantike . . .   86
2. Zur Autobiographie in Mittelalter und
   Renaissance   94
3. Autobiographik des Barock 118
4. Zwischen Pietismus und Säkularisation. Auf dem
   Weg zur literarischen Emanzipation der
   Autobiographik 127
5. Multiple Projekte literarischer Autobiographik
   zwischen 1780 und 1830 139
   Die Zerrissenheit »innerer Geschichte« als gegen-
   klassisches Projekt: Moritz' »Anton Reiser« 139
   Das Paradigma moderner Autobiographik:
   Rousseaus »Confessions« 148
   Johann Wolfgang Goethe: »Aus meinem Leben.
   Dichtung und Wahrheit« – ein autobiographisches
   Großprojekt 160
6. »Nachklassische Formen«? Epigonalität und
   Ansätze der Gattungserneuerung im
   19. Jahrhundert 169
7. Ausdifferenzierungen der Autobiographik im
   20. Jahrhundert 205
   Fiktionalisierung am Beispiel des
   autobiographischen Romans 210
   Skeptische Distanzierung vom Autobiographischen
   und Ausweichen auf andere Formen 214
   Anachronismus der Form und Trivialisierung . . . 221
   Randständige Autobiographie – eine dominante
   Sonderform 223

*Paradigmatische Moderne: Proust, Stein und
Benjamin* 226
Pakte mit der Macht und das Leiden an ihr . . . 233
Die 50er-Jahre: Unterwegs zu neuen Ufern? . . . 242
Die 60er-Jahre: Unruheherde 246
Die 70er-Jahre: Everybody's Autobiography? . . . 250
*Anti-Idyllen und Grenzüberschreitungen im
autobiographischen Roman* 257
  a) »Tourismus in alte Heimaten« (Wolf):
     Kindheiten 258
  b) Künstliche Anti-Idyllen 262
  c) Überlebensprojekte, späte Bewältigungs-
     versuche 265
  d) Grenzüberschreitungen 267

Bibliographie 269
Personenregister 295

Zur Autorin 301

I

Einleitung

Autobiographische Diskurse
am Ende eines Jahrtausends

1. Inflationäre Erinnerung
oder »Das Jahr 2000 wird nicht stattfinden«

Von Erinnerungskonjunktur zu sprechen, gehört nicht nur in der Literaturwissenschaft, sondern auch in anderen geisteswissenschaftlichen Disziplinen zum guten Ton. Das Jahrtausend ist am Ende angelangt und besinnt sich, so scheint es, im Feierrausch auf sich selbst. Das Jüngstvergangene pinselfrischer Kunst wird im musealen Zeitbeschleuniger ebenso gefriergetrocknet wie die alten Meister im Gegenzug dazu heftig entstaubt werden. Aktualisierung und Musealisierung überkreuzen sich, vor der Jahrtausendwende sind ganze Gedenkjahre zu bewältigen, und wie das 1992 begangene Kolumbusjahr bewiesen hat, offenbart sich mit der Globalisierung des Erinnerungskults einerseits und in der Kritik an der eurozentrischen Geschichtserinnerung andererseits zugleich der unsichere Grund der Neuzeit: Kolumbus hatte sich im Erdteil geirrt. Seine »Entdeckung« war eine gigantische Fiktion. In einer Zeit der bislang umfassendsten Spezialisierung wird der großen Universalgenies an der Wende des 18. zum 19. Jahrhundert gedacht: Das Goethejahr huldigt dem »Kontinent Goethe«, und Alexander von Humboldt erfährt als letzter großer Weltentdecker endlich die ihm gebührende Aufmerksamkeit.

Möglich, dass es die alte Furcht vor der Endzeitlichkeit ist, jene millenaristische Ambivalenz zwischen Hoffnung und Verzweiflung, die auch unser rational gewordenes Jahrhundert zu angestrengter Archivierungsarbeit treibt. In seltsamer Weise verschränken sich in der elektronischen Archivierung die vollkommene Virtualisierung von Ereignissen und ihre perfekte Kopier- und Dokumentierbarkeit. Francis Fukuyama hatte Anfang der 90er-Jahre in Aufsehen erregender Weise das »Ende der Geschichte« proklamiert – im utopisch-positiven Sinne einer durch den Sieg der liberalen westlichen Demokratien endlich erreichten politischen Glückseligkeit. Nun sind solche geschichtsphilosophischen Endzeitbestimmungen durch die politischen Ereignisse als haltlose Spekulation entlarvt. Statt an ihrem glücklichen Ende angekommen zu sein, wiederholt sich Geschichte in unheilvollster Weise: Die Extremerfahrungen der Todesbedrohung durch die Materialschlachten des Ersten Weltkrieges, der faschistische Völkermord – das alles ist nicht in der geschichtlichen Rumpelkammer verschwunden, sondern gehört einmal mehr zum Erfahrungshorizont der Mitlebenden ebenso wie die stets latente atomare Katastrophenerwartung und der schleichende globale Infarkt.

Wiederkehr der Geschichte, Archivierung des eben noch Aktuellsten, Erinnerungskonjunktur sind die Stichworte einer umfassenderen Beschäftigung mit dem Thema des Gedenkens. Symptomatisch für eine Form des Umgangs mit diesem Thema ist die Auseinandersetzung um ein Holocaust-Mahnmal in Berlin, die wenig von einer Kultur des Eingedenkens, viel mehr von ihrem endgültigen Verschwinden kündet. Den Verdacht, dass so viel Konjunktur des Erinnerns nur von einer sorgfältig versteckten Rezession ablenken soll, hat in offensivster Form Martin Walsers umstrittene Rede zum Friedenspreis des deutschen Buchhandels bestätigt. Tatsächlich haben Gedenktage wie der 9. November unter dem Erinnerungspomp schon lange ihre mahnende Brisanz verloren. Vergangenheit wurde durch ihre rituelle Behandlung zu dem, was Christa Wolf in ihrem autobiographischen Roman *Kindheitsmuster* als das »Abgetane« beschrieb, dem gegenüber wir uns fremd stellen, oder

sie wird vollständig aufgesogen und angeglichen an das, was
uns als beängstigende Gegenwart umgibt. In jedem Fall
aber verliert die Vergangenheit ihre Eigenwertigkeit, und
die Formen des Eingedenkens im Sinne Benjamins drohen
zu verschwinden, weil ihre Grundbedingungen, historisch
wie individuell, extrem gefährdet sind: *Nachdenklichkeit* in
einem eigenständigen, eigenen Gesetzen folgenden Zeitmaß
– eben dem der Erinnerung.

2. Zur Funktionsvielfalt autobiographischen Schreibens

Quer zum entropischen Moment »öffentlichen« Erinnerns
verläuft eine Gegenströmung individuellen Erinnerns, die
mit einer riesigen Materialfülle an Memoiren, Erfahrungs-
berichten, Tagebüchern, Bewusstseinsprotokollen, Lebens-
romanen usw. das Pendant zu der zerfaserten einen großen
Erzählung, dem »grand récit« der »großen Geschichte«, zu
bilden beansprucht. Klein-Archive sind im Aufschwung;
nicht nur im toskanischen Pieve San Stefano, sondern mittlerweile auch in Emmendingen gibt es ein »Tagebuch-
archiv«, das Lebensgeschichten von NormalbürgerInnen
sammelt. In Zehlendorf wurde ein »Gesprächskreis Erzähl-
tes Leben« gegründet, ähnliche gibt es in anderen Städten.
Die Alltagsgeschichte wird zu einem Terrain der Verständigung und des Austauschs, an dem auch die Wissenschaft in
den letzten Jahren immer mehr Interesse gefunden hat. In
der oral history beispielsweise treffen das Forschungsinter-
esse am biographischen Faktum und das alltagsorientierte
Interesse an der eigenen und der Familiengeschichte zusammen.

Lebensläufe in auf- und absteigender Linie sind seit der
Antike auch als Orientierungshilfen rezipiert und gelesen

worden. Betrachtet man die aus den USA und Kanada auch nach Europa gelangte Diskussion um den »Kommunitarismus«, um den Versuch also, den Begriff der Gemeinschaft gegenüber dem der Gesellschaft aufzuwerten, so können solche Klein-Archive, Unternehmungen wie Kempowskis *Echolot*, die Zusammenstellung eines »kollektiven Tagebuchs«, und auch die empirische Biographieforschung begriffen werden als Möglichkeit, eine Art Querschnitt von biographischen Selbstauslegungen zu bilden, die als Summe von Selbstsozialisationen wiederum gemeinschaftsstabilisierend wirken können. Bewusstseinsgeschichte und Geschichtsbewusstsein werden über die autobiographisch dokumentierte Erfahrung vermittelbar.

Selbst-Erfahrung, Selbstauslegung, Verständigung mit anderen sind – neben dem immer mitlaufenden apologetischen Element – die Parameter, zwischen denen sich autobiographisches Schreiben von jeher vollzieht. Obwohl natürlich historischen Veränderungen unterliegend, ist das formale Gerüst im Kern unverändert: Ein Mensch beschreibt sein eigenes Leben, in der Regel von den ersten Erinnerungen bis zum Schreibzeitpunkt oder zu einem anderen zäsurbildenden Zeitpunkt. Lebenslaufschemata finden sich als Orientierungsrahmen sowohl in der »hohen« Literatur als auch im Trivialroman, in der »Bild«-Zeitung und im Bewerbungsverfahren, im Gerichtsprozess und in der Talk-Show, in ausgearbeiteter literarischer Form, als Belegstellensammlung, als Beglaubigungsmoment. Die minimale und gleichzeitig mächtigste Version der autobiographischen Identitätsrepräsentation bildet die carte d'identité, identity card – der Ausweis. Identitätskarte und Steckbrief sind die kriminologisch gewichteten »Identitätszumutungen«, die von außen an eine Person herangetragen werden. Zwischen der Minimal-Identität des Ausweises und der ausgeführten Form der lebensumspannenden Autobiographie variieren die lebensgeschichtlichen Darstellungsmöglichkeiten.

Lebensgeschichten anderer haben Modellfunktion für das eigene Leben. Der Leser / die Leserin kann sich an den fremden Lebensbilanzierungen seine/ihre Selbstzuordnung bilden: über Ablehnung oder Übernahme, empathische Einfühlung oder widerstrebende Auseinandersetzung. Muster von Lebenswegen stellen Wegmarken für die eigene gesellschaftliche Situierung bereit – und nicht immer sind es die Erfolgsgeschichten, die Zustimmung finden; oft ist es gerade die »Kunst des Verlierens«, die Respekt oder Mitempfinden weckt. Die Frage nach der Bedeutsamkeit des eigenen Lebens stellt sich auch im Zusammenhang mit der musterbildenden Vorbildfunktion kanonisch gewordener Lebensgeschichten. Bemaß sich die Legitimation zur Verschriftlichung des eigenen Lebenslaufes von der Antike bis zur Frühen Neuzeit nach der Exemplarität der jeweiligen Lebensgeschichte, so ist seit dem Aufstieg der bürgerlichen Schicht eine Ausweitung autobiographischen Schreibens zu konstatieren, doch bleibt die Erfolgsorientierung noch bis ins 18. Jahrhundert die absolute Messlatte der Niederschrift. Erst dann findet ein allmählicher Paradigmenwechsel statt: Die Lebensgeschichte verliert immer mehr den Status der biographischen Dokumentation gesellschaftlichen (und ökonomischen) Erfolgs, und gewinnt stattdessen den Rang eines Mediums der Selbstverständigung. Damit wächst der »Abweichungskoeffizient«, und das Individualisierungsgebot (bis hin zum Zwang) nimmt zu. Am Ende dieser Entwicklung stellt sich die Frage nach der Schreib-Legitimation nicht mehr im Sinne der Exemplarität, weil autobiographisches Schreiben zunehmend zum selbstreferentiellen Umgang mit sich selbst (vgl. Luhmann, B 2: 1984, 57–65) gehört, über den der oder die Einzelne nur sich allein Rechenschaft schuldet. Was dann letztlich davon veröffentlicht wird, regelt indessen wiederum die Nachfrage nach bestimmten »Prototypen« zeitgenössischer Erfahrung, vom »Zeitgeistmodell« bis hin zu reflexiven Selbstexperimenten – damit entstehen gegenläufig zur vollständigen Individua-

lisierung neue »Cluster«, Gruppen von Mustern, die Zu-
ordnungen durch neuerliche Schematisierungen erleichtern.

Sieht man von dieser »Zugangsregelung« ab, so kann als
übergreifendes Merkmal der Entwicklung die Aussetzung
von Vorschriften betrachtet werden, welche lange Zeit kanonisch waren: Eine Autobiographie aus der abgeklärten
Retrospektive des Alters zu schreiben, wie Goethe dies vorgegeben hatte, ist ebenso wenig »vorgeschrieben« wie die
Verbindung mit einer für den westlichen Kulturkreis cha-
rakteristischen Zeitkonzeption im Augustinischen Modell.
Erinnerung, Anschauung und (heilsgeschichtliche) Erwartung sind als bedingende Parameter von Erfahrungsstruk-
turierung nicht mehr verpflichtend. Autobiographisches
Schreiben kann sich in der Dimension des Synchronen vollziehen, also rein präsentisch organisiert sein. Und schließlich ist eine weitere der zwingenden Vorschriften, die am
unumstößlichsten erschien, ins Wanken geraten: Das Wahr-
heitsgebot wird durch die Übernahme fiktiver Muster
transformiert. An seine Stelle tritt der mit Fiktionalisierung
durchaus kompatible Authentizitätsanspruch.

3. Die Entstehung der Autobiographieforschung
aus dem Geist des Verstehens

Dass die Autobiographie zu einem wissenschaftlich salonfä-
higen Gegenstand geworden ist, der heute eine ungeahnte
Hausse erlebt, ist eine relativ neue Entwicklung: Erst mit
Georg Mischs monumentalem Werk einer *Geschichte der
Autobiographie* (seit 1907 erschienen) erhält die Autobiographie einen Stellenwert im Kanon der Gattungen, der sie
überhaupt als theoriefähig erscheinen lässt.

Dieser eigentliche Beginn der Autobiographieforschung
hat allerdings ein Vorspiel, auf das im folgenden kurz ein-

gegangen werden soll, weil dies den paradigmatischen Charakter der Gattung wissenschaftsgeschichtlich begreiflicher machen kann. Am Ursprung steht das lebensphilosophische Interesse am individuellen Substrat der Geschichte. In der historischen Hermeneutik, wie sie Wilhelm Dilthey mit seinem 1883 erschienenen Werk, der *Einleitung in die Geisteswissenschaften*, begründete, werden die wegweisenden Weichen gestellt: Das (Auto-)Biographische wird zu *dem* paradigmatischen Modell des »Verstehens« erhoben – damit von seiner bloßen Hilfsdienstfunktion für eine (literarische) Anthropologie entbunden und zur ästhetischen Totalität aufgewertet. Sinnverstehen rückt Dilthey in die individualgeschichtliche Perspektive des Sich-Verstehens ein; den dominierend gewordenen »erklärenden« Naturwissenschaften setzt die geistesgeschichtliche Ausrichtung der Wissenschaften ihr Spezifikum entgegen: die in Empirie oder geschichtliche Determination nicht auflösbare Dignität des menschlichen Geistes. Ganz im Gegensatz zu der Nivellierung des Besonderen im empirischen Querschnitt der naturwissenschaftlichen Forschung behält es geistesgeschichtlich in der ästhetischen Bravourleistung sein Recht. Mit dieser Absetzung von den Naturwissenschaften erfolgt erstmals die Nobilitierung der Biographie (und schließlich der Autobiographie) zum symbolischen, individuellen Ausdruck des Geschichtsbewusstseins: »Die Autobiographie wird die zum schriftstellerischen Ausdruck gebrachte Selbstbesinnung des Menschen schlechthin; sie wird zu einer inneren, erinnerten und literarischen Anthropologie als dem höchsten Ausdruck der Bemühung um das humanum« (Pfotenhauer, B 4: 1987, 243). Exemplarisch gelingt der Nachweis dieser Untrennbarkeit von Sich-Verstehen und Dechiffrierung des Geschichtssinns an Goethes Autobiographie.

Diltheys Vorgaben haben weitreichende Konsequenzen für die Beschäftigung mit der Gattung: Am Kreuzungspunkt spätbürgerlicher Geschichtsschreibung, der Lebensphilosophie und der Abgrenzung der Geisteswissenschaf-

ten gegenüber den Naturwissenschaften wandelt sich der
Status der Autobiographie grundsätzlich. Die einzelnen Lebensgeschichten hochbedeutsamer Männer ergeben in ihrer
Summe die universalhistorische Abformung der Geschichte
des menschlichen (d. h. bürgerlichen) Geistes. Aus dem
fließenden Lebensstrom müssen einzelne Erlebniseinheiten
herausgenommen und zur Sinn-Einheit des gelebten Lebens zusammengeschmolzen werden. Dazu bedarf es der
ästhetischen Gestaltung.

Pointiert gesagt: Die Autobiographie erhält in der historischen Hermeneutik den Rang eines Paradigmas. Sie wird
damit der Zerreißprobe zwischen ihrem quasi-dokumenta-
rischen Charakter – als Quelle der Geschichte des menschlichen Geistes – und deren ästhetischer Überformung aus-
gesetzt. Zum Idealtypus wird die lebensgeschichtlich wie
ästhetisch in sich gerundete Autobiographie, in welcher
bruchlos Erlebnis-Einheiten zum besonderen Ganzen zu-
sammengefügt sind und in der sowohl die Geschichte des
Individuums wie der Epoche in harmonischer Analogie
aufgehoben scheinen. Eine schwere Hypothek – bis heute.
Der geschichtliche Überblick im vorliegenden Band reflektiert auf diesen Entstehungsursprung der wissenschaftlichen
Beschäftigung mit der Autobiographie und stellt in der
Korrelation von literarischer Praxis und theoretischer Rah-
mung die allmählichen Ablösungsprozesse von diesen Vorgaben dar.

4. Zum vorliegenden Werk

Nicht alle Facetten des Themas Autobiographie können in
einer Einführung auch abgehandelt werden. Bereits die
Konzentration auf die literarische Gattung Autobiographie
bedeutet eine, wenn auch sinnvolle, Einschränkung. Andere

autobiographische Formen, für die eine eigenständige Behandlung geboten wäre, wurden einbezogen, insofern sie in engem Konnex mit der Gattungsentwicklung insgesamt zu sehen waren. Dies gilt insbesondere für den Brief und das Tagebuch. Memoiren konnten hingegen nur sehr am Rande berücksichtigt werden. Ebenso wurde bei grundsätzlicher Beschränkung auf die deutschsprachige Autobiographie verfahren: Ohne Bezug auf die wichtigsten autobiographischen Werke der Weltliteratur ist eine Entwicklung des autobiographischen Schreibens im deutschsprachigen Raum undenkbar.

Das einleitende Kapitel beginnt mit einer Einführung in die Gattungsdefinitionen und ihre Untiefen. Eine Verortung der Autobiographie in kontrastiven Modellen schließt sich an: Biographie, Memoiren und Roman einerseits als Nachbargattungen, die »interne« Entwicklung zu Kindheits- und Jugendautobiographie und autobiographischen Serien andererseits bilden die Bezugspunkte. Solche näher zu kennzeichnenden Annäherungen und Abgrenzungen bestimmen die typologischen Modelle. Strukturmerkmale der modernen Autobiographik, z. B. die Entwicklung hin zur Fiktionalisierung, werden als Kennzeichen innovatorischer Ansätze genauer untersucht. Problemhorizonte der aktuellen Forschung werden abgesteckt, so der Zusammenhang mit den weitreichenden Themen Subjektivität, autopoetische Selbsthervorbringung, Individualisierung. Gedächtnis und Erinnerung scheinen zwar naheliegende Problemkomplexe des autobiographietheoretischen Diskurses zu sein, doch sind erst in den letzten Jahren dazu grundlegende Arbeiten im größeren Umfang erschienen. Das anschließende Kapitel beschäftigt sich mit der theoretischen und historischen Position der Autobiographik von Frauen. Die Forderung nach einer Integration der autobiographischen Werke von Frauen in die »allgemeine« Autobiographiehistorie wurde im geschichtlichen Teil des Definitionskapitels zu erfüllen versucht.

Der gattungsgeschichtliche Überblick versteht sich als eine Art von aktualisiertem »Taschen-Misch«, sind doch alle vorliegenden Überblickswerke veraltet. Eine Neukonzeption, welche die positiven Ansätze der älteren Forschung wie etwa die starke Berücksichtigung der so genannten Vorformen übernehmen, die aktuellen Forschungsrevisionen aber ebenfalls einarbeiten konnte, war dringend geboten. Etwas kursorisch mag die Behandlung der neuesten Werke autobiographischer Literatur erscheinen, doch sind dazu in großer Fülle leicht zugängliche Interpretationen erschienen. Da dies für die ältere Autobiographik nicht gilt, sollte der entsprechend stärkere Informationsbedarf vorrangig gestillt werden.

Ein Wort noch zu einem Grundproblem von Einführungen: Bei Null zu beginnen, ist auch der gutwilligsten Verfasserin nicht möglich. So liegt es in der Komplexität des Gegenstandes, dass das zweite Kapitel schwieriger zu lesen sein dürfte als die übrigen. Aber vor dem Schlaraffenland wartet schließlich immer ein großer Grießbreiberg aufs Durchfressenwerden. Mit einem »Glück auf« möchte ich dazu ermuntern.

II

Der Gegenstand: Autobiographie

1. Definitionen und ihre Haken

Der Begriff »Biographie« ist bereits für die Antike nachzuweisen; er hat aber noch im 18. Jahrhundert mit Konkurrenzbildungen wie »Vita«, »Lebenslauf« zu koexistieren. Erst gegen Ende des 18. Jahrhunderts setzen sich sowohl »Biographie« wie die Neubildung »Autobiographie« allmählich durch. Im deutschen Sprachraum erscheint die Bezeichnung »Selbstbiographie« erstmals 1796 im Titel einer von dem Tübinger Literarhistoriker Seybold herausgegebenen Sammlung (Misch, B 2: 1989, 38, Anm. 3). Die »Encyclopaedia Britannica« (B 2: 1968, 856) reklamiert die erstmalige englische Verwendung des Wortes durch William Taylor für das Jahr 1797, »partly as a result of the interest aroused by the translation of Rousseau's *Confessions*« und als terminologischer Verbesserungsvorschlag gegenüber der Verbindung »self-biography«, die man als hybride Form ablehnte.[1] Als weiteres Datum für die Durchsetzung des Begriffs nennen die englischen Lexika eine Bemerkung von Robert Southey aus dem Jahre 1809.

Misch sah für den deutschen Sprachraum ebenfalls einen Verdrängungsprozess ablaufen: »Das Wort ›Autobiographie‹, das im 19. Jahrhundert geläufig wurde, verdrängte den früher üblichen Ausdruck ›Memoiren‹« (Misch, B 2: 1989, 39). Bis heute ist Autobiographie nicht die einzige, wenngleich doch die dominierende Benennung für den gemeinten Gegenstand geblieben. Als weitere Bezeichnungen

---

1 Dass diese Homogenisierungsbestrebung ein höchst symbolischer Vorgang für die Autobiographie als »hybride«, d. h. gattungsüberschreitende Form war, hat Eva Meyer ausgeführt (Meyer, B 2: 1989, 85).

kursierten und kursieren: Erinnerungen, persönliche Erzählung, Geständnis, Bekenntnis. Ferner wird Autobiographie
gerne mit ergänzenden Zusätzen zu präzisieren gesucht,
als geistige oder imaginäre Autobiographie, aber auch als
»Wunschautobiographie«. Als Untertitel wurde in den letzten Jahrzehnten gerne »Roman« verwendet, in den Rezen-
sionen und literaturtheoretischen Arbeiten als autobiographischer Roman ›rückübersetzt‹. Als neuere Bildung ist in
letzter Zeit häufiger »Autofiktion« anzutreffen, um die zunehmende Fiktionalisierung der Gattung begrifflich zu
markieren. Vermutlich wird sich »Autofiktion« aber ebenso
wenig durchsetzen wie sein eher konventionelles, ja konser-
vatives Gegenstück »Ego-Dokumente«. Sucht »Autofiktion« eine nicht zu übersehende Entwicklungstendenz auch
terminologisch widerzuspiegeln, so fällt »Ego-Dokument«
in die Frühphase der Theorie zurück, in welcher die Nähe
zur Geschichtsschreibung, der dokumentarische Charakter
und die Quellenfunktion wesentliche Aspekte des Interesses an der Gattung waren.

Autobiographie oder »Autobiographik« erscheinen als
die weiterhin umfassendsten Begriffe. Autobiographik reklamiert über »Autobiographie« hinaus die größere Reich-
weite; unter Autobiographik lässt sich subsumieren, was
bislang als »autobiographisches Schrifttum« alle Gattungs-
varianten des Schreibens über sich selbst zusammengefasst
hat. (Als ähnlich umfassende Einordnungen begegnen noch
autobiographisches Erzählen/Schreiben.)

Lejeune, der sich, wie alle anderen Theoretiker, der besonderen Schwierigkeit bewusst ist, die Autobiographie definieren zu wollen, schlägt folgende vor: »Récit rétrospectif
en prose qu'une personne réelle fait de sa propre existence,
lorsqu'elle met l'accent sur sa vie individuelle, en particulier
sur l'histoire de sa personnalité.«[2] Implizit arbeitet an dieser

---

2 Lejeune, B 2: 1975, 14: »Retrospektiver Bericht in Prosa, den eine wirkliche
  Person von ihrer eigenen Existenz gibt, wenn sie die Betonung auf ihr individuelles Leben, und insbesondere auf die Geschichte ihrer Persönlichkeit
  legt.« (Übers. von M. H.)

Definition eine Abgrenzung von den Memoiren mit, die die Betonung mehr auf den gesellschaftlichen statt auf den individuellen Aspekt legen. Das Moment des Rückblicks ebenso wie das der Genese der persönlichen Geschichte ist eines der wesentlichen Charakteristika von Autobiographiedefinitionen. Es trifft aber doch nicht jeden Typus der Autobiographie, sondern am ehesten den Typus »subjektiver Autobiographie«, den Shumaker sinnfällig »Entwicklungsautobiographie« (Shumaker, B 2: 1989, 100) genannt hat. Als »eigentliche« Autobiographie deklariert Aichinger Werke, »in denen sich das Spezifische der Form am deutlichsten ausprägt [...]. Hier geht die Intention auf Gestaltung des Lebenszusammenhanges, das Werden der Persönlichkeit, die Totalität des Individuums« (Aichinger, B 4: 1977b, 803). Die eigentliche, echte, förmliche Autobiographie, von der Aichinger spricht, ist in ihrer Definition eine Gattung mit höchst normativen Ansprüchen. Diesen entsprechen nur wenige Werke der »Höhenkamm«-Autobiographik.

Die offenste und zugleich brauchbarste Definition stammt von Georg Misch (1907): »Sie [die Autobiographie, M. H.] läßt sich kaum näher bestimmen als durch Erläuterung dessen, was der Ausdruck besagt: die Beschreibung (*graphia*) des Lebens (*bios*) eines Einzelnen durch diesen selbst (*auto*)« (Misch, B 2: 1989, 38). Mit dieser deskriptiven Annäherung ist weder von vornherein eine teleologische Perspektive verordnet (Totalität), noch eine nähere Bestimmung durch formale Aspekte enthalten; noch nicht einmal die Überblicksdarstellung aus der Retrospektive wird vorgeschrieben. Sie ist daher sowohl für historische Formen als auch für die moderne Autobiographik gleichermaßen brauchbar.

Definitionen entstehen aus der Notwendigkeit von Abgrenzungen heraus. Gerade Misch hat aber den fließenden Charakter der Gattung immer wieder betont; Selbstdarstellung wird als so weit greifendes anthropologisches Faktum

und Notwendigkeit gezeichnet, dass eine enge Definition
dem in keiner Weise gerecht würde. Fast keine Form der
Autobiographik sei ihr fremd, betont Misch – eine sehr modern anmutende Auffassung, haben doch Generationen von
Nachfolgern versucht, die Definition auf wenige typologische Erscheinungsformen zurückzunehmen. Die Lyrik in
die Autobiographik aufzunehmen, wie es Misch getan hat,
wagt nach ihm ausdrücklich nur James Olney mit der Be-
gründung, eine Gattungsvorschrift oder -begrenzung sei
nicht möglich (Olney, B 2: 1980, 237). Die Schwierigkeiten
einer definitorischen Annäherung resultieren zu einem Teil
auch daraus, dass recht spät erst, nämlich in der zweiten
Hälfte des 18. Jahrhunderts, überhaupt ein Gattungsbewusstsein entstand (vgl. Niggl, B 4: 1977, 41 ff.). Gattungs-
konturen blieben lange von pragmatischen Gesichtspunk-
ten wie pädagogisch-aufklärerischen Bemühungen bestimmt;
entsprechend erfolgte eine Gattungsfestschreibung über die
Zweckform. Seit etwa 1770, mit dem Einfluss Rousseaus
und dem auch in Deutschland wachsenden psychologischen
und anthropologischen Interesse vertieft sich das Gattungsbewusstsein. Mit diesem wissenschaftsgeschichtlichen Fortschritt hängt das Bewusstsein einer eigenwertigen Autobiographik zusammen. Dennoch wird sie auch noch bei
Dilthey wie selbstverständlich in den Kontext der Geschichtsschreibung gestellt, wenn er vom »Geschäft historischer Darstellung« (Dilthey, B 2: 1989, 29) spricht. Das Ein-
zelleben ist nichts anderes als die individuelle Ausschnitts-
vergrößerung der »großen« Geschichte (ebd., 26). Den
»grand récit«, die eine große geschichtliche Erzählung, von
der die französischen Theoretiker wie Baudrillard, Lyotard
u. a. ausgehen, formen mannigfache Einzeldarstellungen;
erst in der Gesamtheit dieser vielen »récits« wird Geschichte
als individualhistorische wie ereignisgeschichtliche plastisch
– so die Diltheysche Auffassung. Das Beharrungsvermögen
solcher Ursprungsauffassungen ist enorm: War die Autobiographie am Beginn der Autobiographieforschung als

Quelle und Dokument Belegstelle für die Allgemeinge-
schichte und musste sie auch noch in ihrer individuellsten
Ausprägung die Wahrheitsvorschrift der Historiographie be-
folgen, so sind die Verfahren der oral history und auch
der sozialgeschichtlichen Biographieforschung späte Erben
dieser Auffassung, obschon mit dem Problembewusstsein
gegenüber der Konstruiertheit auch der »objektiven« Geschichte ausgestattet.[3] Für die Literaturwissenschaft verbietet
sich aufgrund der mittlerweile unhintergehbaren literarischen Emanzipation der Autobiographik vom Zweckformstatus eine auch nur begriffliche Rückkehr zu den Ursprüngen, wie sie im Begriff der »Ego-Dokumente« läge.

Den Weiterungen der Autobiographik sowohl in den
fiktionalen Bereich hinein als auch als typologische Auffächerung (s. im vorliegenden Band S. 33–36) suchen definitorische Anpassungen Rechnung zu tragen: Die etwa seit Beginn der 60er-Jahre signifikante Abweichung autobiographischer Produktion von der tradierten Idealform als Abspiege-
lung der Genese gelingender Persönlichkeitsentwicklung
wird in Begrifflichkeiten wie »existentiell-reflektierende
Autobiographie« (Picard, B 2: 1978), »autobiographischer
Roman / abweichende Autobiographie« (Holdenried, B 2:
1991), »Annäherungsautobiographie« gefasst. Gemeint ist in
allen diesen Fällen der »Paradigmawechsel«, wie Neumann
es nannte, vom »Erzählen über die Identitäts-Findung zum
Finden der Identität durch das Erzählen« (Neumann, B 2:
1991, 99). Ob es tatsächlich darum gehen kann, die Identität
weiterhin als Zielpunkt autobiographischen Erzählens zu
setzen, ob nicht vielmehr aktuelle autobiographische Formen das teleologische Muster weit hinter sich lassen, ist die
Frage, die an einzelnen Werken zu klären wäre.

Theoretisch kann man davon ausgehen, dass in einem
weiteren Sinn jedes literarische Werk autobiographisch ist

---

3 Seit den Thesen Hayden Whites hat sich dies als allgemeiner Erkenntnis-
  stand in der Geschichtswissenschaft durchgesetzt (White, B 2: 1986).

bzw. autobiographische Anteile hat, während vice versa von
der größeren Wahrheit insbesondere des Romans gesprochen wird. Bachmanns Etikettierung ihres Romans *Malina*
ist ein berühmtes Beispiel dafür: Einer Festschreibung zur
Autobiographie widersprach sie ausdrücklich mit dem Hinweis, es handle sich um »eine geistige, imaginäre Autobiographie« (Bachmann, B 2: 1983, 73). Wenn in jüngerer Zeit
die Gleichung Roman = Autobiographie[4] auch umkehrbar
geworden ist, weil die fiktionalen Anteile gerade ästhetisch
avancierter autobiographischer Werke unübersehbar, ja als
Strukturwandel der Gattung aufzufassen sind, so ist die
Frage nach den unterscheidenden Strukturmerkmalen zu
stellen: »Wenn die Autobiographie eine fiktionale Gattung
wie jede andere sein soll, wodurch unterscheidet sie sich
dann noch von diesen?« (Finck, B 2: 1995, 289; vgl. auch im
vorliegenden Band S. 38 ff.)[5]

2. Gattungen und Formen der Autobiographik im kontrastiven Modell

Die bereits angesprochene hybride Form der Autobiographik – Misch hatte vom proteischen, chamäleonartigen
Charakter der Gattung gesprochen (Misch, B 2: 1989, 40) –
erschwert nicht nur die Definition. Die Hybridität lässt
auch das Verhältnis zu anderen Gattungen als schwer be-
stimmbar erscheinen. Im folgenden sollen deshalb in jeweils
kontrastiven Erörterungen die Gattungsachsen bestimmt
werden, auf denen die Autobiographik zu verorten ist.

4 Machala, B 2: 1978, 70, verweist auf Thibaudets Wort vom Roman als »autobiography of the possible«.
5 Ein weiterer, hier nicht näher zu verfolgender Aspekt ist der des literarischen Urteilens: Gerade für die literarischen Werke von Frauen ist häufiger
  als bei männlichen Schriftstellern festzustellen, dass über die »Autobiogra-

Autobiographie als literarische Form

Zuvor aber noch ein Blick auf den literarischen Charakter der Autobiographik – kann doch nach den Stellungnahmen der 80er-Jahre über die Literarizität bzw. Nicht-Literarizität von Texten diese Debatte als abgeschlossen betrachtet werden. In den Sog einer längst überfällig gewordenen Wandlung des Literaturbegriffs, der nun neben den »literarischen Gattungen« auch (andere) »Textsorten« umfassen sollte, geriet unter anderem die Autobiographie. In einer Art Balanceakt versuchten zwar Theoretiker wie Müller (B 2: 1983) den Status einer literarischen Zweckform geltend zu machen, oder doch den Gegensatz zwischen fiktionalen und nicht-fiktionalen Gattungen für eine Strukturbeschreibung aufrechtzuerhalten (vgl. Niggl, B 2: 1983). Mit dieser Zwischenstufe sollte eine rückhaltlose Anerkennung der Literarizität (und auch der zunehmenden Fiktionalisierung) der Autobiographie vermieden werden.[6]

Autobiographik als eigenständige Gattung anzusehen, hat tatsächlich nur dann einen Sinn, wenn in einem Netz kontrastiver Verortungen die Distanz und Nähe zu anderen Gattungen bemessen werden können, um zu einer annäherungsweisen Kontur zu gelangen. Eine völlige Preisgabe der Unterscheidungen, wie sie Paul de Man (B 2: 1979) vorge-

---

phisierung« eine Abwertung stattfindet. Hinter diesem Urteil steckt die immer noch anzutreffende These, es handle sich bei autobiographischem um unmittelbareres, roheres, nicht durchgearbeitetes Erzählen. Am Beispiel von Marieluise Fleißer »aus Ingolstadt« hat Brüns dies belegt (Brüns, B 2: 1995).

6 In gewisser Weise hatte dies gute Gründe, beruhte die Unterscheidung doch auf der traditionsgefestigten Gegenüberstellung poetischer und rhetorischer Gattungen. Deren jeweilige Genese zu erinnern ist auch für die aktuellsten Untersuchungen, welche die rhetorischen Traditionen verstärkt wieder in den Blick nehmen, also etwa die Konstanzer Untersuchungen (Assmann, Menke u. a.) zu Gedächtnis vs. Erinnerung, zur Mnemotechnik usw., unabdingbar. Die rhetorischen Gattungen aber ahistorisch auf ihre Herkunft zu verweisen (als Zweckform zu behandeln), lässt sich angesichts des Strukturwandels nicht länger begründen.

schlagen hat, halte ich für nicht hilfreich. In der autobiographischen Produktion wie in der Rezeption ist die Frage nach der »Authentizität« eines Textes, so konventionell dies eine poststrukturalistische Literaturwissenschaft anmuten mag, weiterhin ein wichtiges Kriterium geblieben. Selbst ein der Konventionalität gewiss nicht verdächtiger Autobiograph wie Georges-Arthur Goldschmidt hat als *den* nicht zu unterdrückenden autobiographischen Impuls – wie prozessual, misslingend, ungenügend auch immer – den Annäherungsversuch an das Ich auch theoretisch verteidigt:

> Wer redet? Wer schreibt? Wer hört zu? Immer ist es jemand, denn ›es‹ redet nicht; wer redet ist dieses in IHM, dem Redenden eingeschlossene ›Ich‹, um so mehr als seine Stimme laut genug ist, um das, wovon es redet, zu übertönen. Jedem Schöpfen liegt diese Besonderheit zugrunde: zugleich Ursprung und Endpunkt, vergißt das am Endpunkt angelangte Werk seinen Ursprung. [...]. Vom Autor, der das Werk schafft, finden wir die *Spur* nur im Werk selbst; trotzdem sind wir mit Leidenschaft dabei, alles über Proust, über Cézanne, Schubert oder Kafka zu ermitteln.
>
> (Goldschmidt, B 2: 1994, 15 f.)

Eine Abgrenzung des Autobiographischen von fiktionalen Gattungen aufgrund »sprachstruktureller Kriterien«, so hat Rolf Tarot in Auseinandersetzung mit Käte Hamburgers Theorem literarischer Texte als »Wirklichkeitsaussage« betont, ist nicht möglich: »Die Strukturanalogie von echter und fingierter Wirklichkeitsaussage ist so vollkommen, daß wir bei Texten mit einer Relationsstruktur nicht wissen – und ohne textexterne zusätzliche Information nicht wissen können – ›ob wir es mit einer echten Autobiographie oder einem schon romanhaften Gebilde zu tun haben‹« (Tarot, B 2: 1985, 37 f.). Wo solche Abgrenzungen produktionsästhetisch versucht werden, endet dies meist in biographischen Erkundungen, die nicht selten ein geradezu detektivi-

sches Gepräge annehmen.[7] Über den Text hinaus sind prä-
textuelle und paratextuelle Informationen in ihrer Wirkung
auf die Rezeption bislang immer noch zu wenig beachtet
worden, wie Lämmert zu Recht bemerkt hat (Lämmert,
B 2: 1985, 251; vgl. auch Genette, B 2: 1989). Dazu gehören
neben der Kenntnis von Gattungsregeln und dem Informa-
tionsquell »Rezensionswesen« selbstverständlich auch opti-
sche Informationen, wie z. B. die Aufmachung des Buches.

Eine elegantere, wenngleich nicht unproblematische Lösung schlug Lejeune (B 2: 1971; B 2: 1975) vor: Sein Ansatz
hat deshalb solchen Anklang gefunden, weil er die Aporie
der Unbestimmbarkeit aus rein sprachstrukturellen Kriterien heraus zu lösen vorgab. Statt auf der produktionsästhe-
tischen operiert er mit seinem Theorem des »autobiographischen Paktes« auf der rezeptionsästhetischen Ebene. Der
Pakt besteht darin, dass der Autor oder die Autorin in einer
»Erklärung« versichert, das Werk sei autobiographisch, und
der Leser oder die Leserin dies akzeptiert. Das dazu unbedingt notwendige Zusatzkriterium ist das des Eigennamens,
wie er auf dem Titelblatt erscheint: »Sobald man das Titelblatt samt Autorennamen zum Bestandteil des Textes
macht, verfügt man über ein allgemeines Textkriterium, die
Identität des *Namens* (Autor-Erzähler-Figur). Der autobiographische Pakt ist die Bestätigung dieser Identität im Text,
in letzter Instanz zurückverweisend auf den *Namen* des
Autors auf dem Titelblatt.« (Lejeune, B 2: 1989, 231) Lejeune hat mit seiner Paktthese Neuland betreten; kritisiert
wurde, dass er das Kriterium der Namensverwendung über
Gebühr formalisiert habe. Zwei weitere Paktsysteme, den
»pacte romanesque« und den »pacte fantasmatique« führte
er als stützende Maßnahmen ein, um Gattungsüberschrei-
tungen im Rahmen der Paktthese theoretisch reflektieren zu

---

7 Ein besonders markantes Beispiel ist die Suche eines Thomas-Bernhard-
Forschers auf dem Grundbuchamt nach einer bestimmten, bei Thomas
Bernhard beschriebenen Brücke seiner Kindheitserinnerung. Die Brücke hat
es nie gegeben – aber was lehrt uns dies?

können. Ohne hinzutretende formalästhetische Differenzierungen bleibt das Instrument eines vertrauensgebundenen Vertragsabkommens aber zu grob.

Gattungsaffinitäten der Autobiographie zu Roman, Biographie, Memoiren

Als Bezugsgattung der Autobiographik wird insbesondere der Roman immer wieder genannt. Klaus-Detlef Müller hat in seiner großen Untersuchung (Müller, B 4: 1976) die Stellung des Autobiographischen im 18. Jahrhundert auf den Hintergrund der Romantheorie Blanckenburgs bezogen. Das autobiographische Schema fundiert nämlich in charakteristischer Weise den sich emanzipierenden Roman. Der Roman als adäquate Darstellungsform der sich herausbildenden Individualitätskonzeptionen übernimmt wesentliche Züge des Autobiographischen. Unter dieser Perspektive sieht Müller die Autobiographie als »Krisenhelferin«. Die Linie, welche von der Übernahme des Picaro-Schemas aus dem spanischen Roman hin zum Entwicklungsroman mit dessen verstärkter (subjektorientierter) Zentralperspektive und größerer Welthaltigkeit geführt hat, die Ausprägung des Individualromans in den spezifischen Varianten des psychologischen Romans und des Bildungsromans, weist auffallende Analogien zur Genese der Autobiographik auf. Gerade zwischen Bildungs-, autobiographischem und psychologischem Roman sind die Parallelen unübersehbar (vgl. Holdenried, B 2: 1991, 241 ff.). Der psychologische Roman, wie ihn Karl Philipp Moritz begründet hat, dürfte den engsten Verwandtschaftsgrad zur Autobiographie bis hin zum tendenziellen Zusammenfall mit ihr aufweisen. Autobiographische Romane wie diejenigen Peter Weiss' und in jüngster Zeit diejenigen Georges-Arthur Goldschmidts knüpfen an unausgeschöpfte Selbsterkundungspotentiale des psychologischen Romans an; Goldschmidt hat den Bezug zu seinem literarischen Vorbild Moritz selbst explizit zum Thema gemacht (zuletzt in Goldschmidt, B 2: 1994, 24 ff.).

Wayne Shumaker kritisierte noch 1954, dass weder Lexikographen noch Literaturwissenschaftler ernsthafte Anstrengungen unternommen hätten, »die Autobiographie genau abzugrenzen« (Shumaker, B 2: 1989, 76), wobei er sich auf die in der englischen Autobiographietheorie lange vorherrschende Subsumtion der Autobiographie unter den Generaltitel »Biographie« bezieht. Er hält demgegenüber fest, dass sich Biographie und Autobiographie »in mancher Hinsicht so stark unterscheiden wie Geschichtsschreibung und Roman« (ebd., 77). Neva Šlibar macht auf das Problematische der Gattung aufmerksam, besteht doch eine Gemeinsamkeit mit dem Autobiographischen in der Vagheit ihrer Definition: »Im engeren Sinne versteht man unter B.[iographie] recht vage eine umfänglichere, erzählende (selten dramatisierte) Lebensgeschichte einer (in der Regel) historisch beglaubigten Person, meist in Buchform, doch setzen sich zunehmend auch andere Medien (Funk, Fernsehen, Film) durch« (Šlibar, B 2: 1997, 52). Zu ergänzen wäre: eine nicht von dieser selbst erzählte Lebensgeschichte – dies dürfte der Hauptunterschied zwischen beiden Gattungen sein, zwischen denen es ansonsten sehr viele übereinstimmende Strukturmerkmale und Entwicklungslinien gibt, bis hin zur Fiktionalisierung. Das von Šlibar eingängig untersuchte »sog. alternative biographische Paradigma« (ebd. 53) bedient sich wie die moderne Autobiographie fiktionaler Techniken.

Obgleich Memoiren von ihrer Begrifflichkeit her sehr deutlich auf das Grundthema von lebensgeschichtlichen Rückblicken zu verweisen scheinen, die Erinnerung, hat schon Misch auf das mehr »Äußerliche« dieser Form hingewiesen. Interessant ist sein Hauptkriterium: dass nämlich der Memoirenschreiber »keinen schriftstellerischen Ehrgeiz hat – oder wenigstens keinen zu haben vorgibt« (Misch,

B 2: 1989, 40). Hat für Misch die Literarizität Vorrang vor
anderen Kriterien, so setzt Bernd Neumann den Akzent
mehr auf das unterschiedliche Rollenverständnis, das sich
einerseits in der Darstellung innerer Entwicklung, andererseits in der Verkettung äußerer Ereignisse zeige. Der Memoirenschreiber »vernachlässigt also generell die Geschichte seiner Individualität zugunsten der seiner Zeit [...].
Memoiren sind unlösbar an das Tragen sozialer Rollen geknüpft« (Neumann, B 2: 1970, 12). Ob die Memoiren überhaupt zur Autobiographik zählen oder eine Sonderform
bilden, ist umstritten. Roy Pascal etwa machte für ihren
Ausschluss aus dem autobiographischen Schrifttum das
Fehlen eines »eigentlichen autobiographischen Antriebs«
geltend (Pascal, B 2: 1965, 19).

Die Affinität der Gattung zu Roman, Biographie und
Memoiren kann als eine Achse der Verortung autobiographischer Formen betrachtet werden. Die andere wird durch
die gattungsinternen Differenzierungen gebildet, um die es
im folgenden gehen soll.

Die Autobiographie ist – im Gegensatz zu rein fiktionalen Gattungen – durch ihre strukturelle Offenheit zum
Ende hin gekennzeichnet: Seinen eigenen Tod hat noch kein
Autobiograph geschildert, auch wenn Stefan Heym in ironischer Absicht seinen eigenen *Nachruf* (B 1: 1988) geschrieben hat. Trotz dieser Gattungseigenschaft sind die lebensgeschichtliche Rundung und eine gewisse Geschlossenheit Attribute, die man der Autobiographie abverlangt hat.
Die klassischen Werke sind Alterswerke, was die Vorstellung von der eigentlichen oder förmlichen Autobiographie
lange geprägt hat.

Die Kindheits- und Jugendautobiographie wurde daher als Resultat einer negativen Entwicklung eingestuft, als
Fragment und »abgebrochene Selbstbiographie«, die Aichinger auf die seit dem letzten Jahrhundert gewachsene
»Unsicherheit der Gattung gegenüber« (Aichinger, B 4:

1977b, 814) zurückführte. Die Kindheitserinnerung war mit dem gesteigerten Interesse der aufklärerischen Pädagogik an dieser bestimmenden Entwicklungsphase zum integralen Bestandteil jeder »Selber-Lebensbeschreibung« (Jean Paul) geworden. Seit diesem Zeitpunkt ist eine Verschiebung hin zu Betonung und Deutung der individualpsychologischen Voraussetzungen eines Lebens beobachtbar.

Bewährtes literarisches Verfahren ist es, die Lücken kindlicher Amnesie durch »Interpolation« zu schließen – was nichts anderes heißt, als dass »erfunden« wird. Mit und nach Freud haben sich entscheidende Einschnitte in der Abfassung von Kindheits- und Jugendautobiographien ergeben. So spielt die Einsicht eine wichtige Rolle, dass Erinnerungen nicht mit dem Erlebnis zugleich fixiert werden, sondern erst zu einem späteren Zeitpunkt, so dass sie sich, wie Freud ausführt, »ganz allgemein von Phantasien nicht strenge scheiden lassen« (Freud, B 2: 1969, 110). Was auf diese Weise entsteht, sind »Deckerinnerungen«, eine erst wieder zu dechiffrierende »Geheimbiographie ihrer Autoren« (Goldmann, B 2: 1988, 256)[8]. In den zwanziger Jahren, so kann bei Sloterdijk (B 4: 1978) nachgelesen werden, war für die Autobiographik wie für den gesamten literarischen Bereich eine Sensibilisierung in Bezug auf die psychokonstitutiven Entwicklungsfaktoren festzustellen. In einer kurzen und heftigen Phase des politischen Umbruchs war die Autobiographik (wie der Roman) das Dokument jugendlicher Unruhe, die sich mit der gesellschaftlichen traf. Pubertät, Sexualität, Internatserziehung und Schule als Erfahrungsbereiche waren zu literarischen Themen gereift. Nach dem Zweiten Weltkrieg fand in den Kindheits- und Jugendautobiographien die Abrechnung mit der in den Faschismus verstrickten Elterngeneration statt. Vespers *Die Reise* (B 1: 1977) dürfte das verstörendste Beispiel der Entstehung »ne-

---

8 In dem informativen Artikel wird der Bezug von Autobiographik zu psychoanalytischer Hermeneutik herausgearbeitet.

gativer Identität« (Erikson, B 2: 1988) aus Unterdrückung
und atmosphärischer Gewalt sein. Generell stellt man für
die moderne Kindheits- und Jugendautobiographik ein
Übermaß an »Stör-Erfahrungen« (Sloterdijk, B 4: 1978,
113) fest, also nicht in die Persönlichkeitsentwicklung inte-
grierbare Erfahrungsanlässe, die zu intrapsychischen Kon-
flikten und Spannungen in der Beziehung zu anderen führen (oder geführt haben). In der Tat könnte dies gattungsgeschichtlich wie subjekttheoretisch als Defizit eingestuft
werden. Betrachtet man die Tendenz zur Negativierung jedoch nicht wertend, so ist das Potential an Verstörungen,
welches in der Kindheitsphase liegt, sicher nicht größer geworden, wird durch die zunehmende gesellschaftliche und
literarische Sensibilisierung aber verstärkt in den Blick genommen.[9]

Nach Neumanns Überzeugung musste mit dem Erreichen sozialer Identität ein Wechsel der Gattung unvermeid-
lich werden: von der Autobiographie nämlich zu den Memoiren. Wurde die Autobiographie fortgesetzt, so konnte
dies nur das krisenhafte Symptom nichterreichter Identität
sein, wie er am Beispiel von Adam Bernd aufzeigte (Neumann, B 2: 1970, 39). Diese These einer »fortwährenden
Autobiographie« (ebd.) als Krankheitsbefund ist angesichts
neuerer Entwicklungen nicht aufrechtzuerhalten. In den
80er- und 90er-Jahren erschienen eine Vielzahl fortlaufen-
der Autobiographien, für die ich den neutraleren Begriff
der ›autobiographischen Serien‹ vorschlagen möchte. Franz

---

9 Tilman Moser hat vom Standpunkt des Analytikers die *Memoiren eines
Kindes* von Manfred Bieler als Bereicherung beurteilt – gerade wegen der
Negativität der Darstellung: »Sie bereichert unser Wissen vom Menschen,
und zwar sowohl als Literatur, denn der Bericht ist sprachlich auf eine prä-
zise und poetische Weise gelungen, wie auch als Krankenbericht, den man
sich als Textband zu einer umfassenden Neurosenlehre vorstellen könnte,
vielmehr als Atlas für die Bedingungen ihrer Entstehung.« (Moser, B 5:
1989) Als Analytiker legt Moser den Schwerpunkt mehr auf die Krisen des
Subjekts als auf die Literatur; das *Wie* der Darstellung ist aber mindestens
so wichtig wie das *Dass*.

Innerhofer, Thomas Bernhard, Elias Canetti, Georges-Arthur Goldschmidt und nicht zuletzt Hermann Lenz schrieben an großen autobiographischen Projekten, andere, vor allem aus dem romanischsprachigen Raum[10] wurden neu oder erstmals veröffentlicht (etwa Paul Valérys Tagebuchaufzeichnungen *Cahiers*). Ein Wechsel zur Memoirenform ist für die literarische Autobiographie heute aus verschiedenen Gründen nicht mehr denkbar: In Bezug auf die Literarizität sind die Gattungen seit Misch noch weiter auseinander gedriftet; die Memoiren sind fast ausschließlich zur Selbstdarstellungsform von Personen des öffentlichen Lebens – mit Ausnahme der Schriftsteller – geworden; die Autobiographie hingegen kann als »Berufsautobiographie« der Schriftsteller, als Darstellung der Genese ihres Berufswunsches verstanden werden. Ein Wechselverhältnis zwischen beiden Gattungen ist aber im Hinblick auf ihre jeweilige Funktion festzustellen: hier hat eine deutliche Verschiebung stattgefunden, dergestalt, dass die Memoiren (konkreter: die persönlichen Erinnerungen im Gegensatz zu den öffentlichen Memoiren) aufgrund ihres an lebensgeschichtlich-biographischen Ganzheitsvorstellungen orientierten Individualitätsverständnisses verstärkt die klassischen Aufgaben der Autobiographie übernehmen. Diese selbst unterliegt hingegen immer mehr einem tiefgreifenden Form- und Funktionswandel (vgl. im vorliegenden Band S. 44 ff., 51 ff.).

Typologische Ansätze

Formtypologien der Autobiographik müssen solche Momente der gattungsinternen Verschiebungen und Dominanzen als jeweils historisch zu bestimmende Erscheinungen

10 In Frankreich hat die autobiographische Serie durch Proust eine viel selbstverständlichere Tradition. Umfangreiche Werke wie das Michel Leiris' und anderer werden vor diesem Hintergrund auch rezipiert und keineswegs »pathologisiert«.

mitreflektieren. Zum »Gesamtkomplex des ›autobiographischen Schrifttums‹« zählt Ingrid Aichinger »die ›eigentliche
Selbstbiographie‹, Memoiren, Erinnerungen, Bekenntnisse,
den autobiographischen Roman und das Tagebuch; ferner
den Brief, das lit. Selbstporträt, die philosophische Reflexion über das Ich, Reisebeschreibungen, Apologien, hin
und wieder auch Chroniken« (Aichinger, B 4: 1977b, 802).
Eine Akzentuierung sucht sie durch die Verbindung formaler Kriterien (punktuelle vs. umfassende »Erfassung des
Ich«) mit einer subjekttheoretischen Orientierung am
Ganzheitlichkeitsparadigma herzustellen. Innerhalb dieser
Einteilung sieht sie vom Tagebuch (und essayistischen Aufzeichnungen) die entscheidende Innovation für die Gesamt-
gattung ausgehen. Orientierungspunkte bilden dabei die
Hebbelschen Tagebücher und die Erneuerung der »formlosen Form« Tagebuch durch literarisch auf der Höhe ihrer
Zeit befindliche Autoren wie Kafka. Hätte sie die jüngere
Entwicklung einbezogen, wäre sie wahrscheinlich zu anderen Wertungen gelangt. Sylvia Schwab unternahm den Versuch einer Typologie für das Jahrzehnt zwischen 1965 und
1975 (Schwab, B 2: 1981). Ihr Formenkreis umfasste die autobiographische Dokumentation, Erinnerungen, den autobiographischen Roman, das Bewusstseinsprotokoll; das Tagebuch wird als eigenständige Form geführt. Die eher rei-
hende statt gewichtende Aufzählung Aichingers vermied
Schwab durch sinnvolle Strukturierung, die Distanz zwischen Aussagesubjekt und Aussageobjekt, das sie allerdings
überbetont und zu sehr formalisiert hat. »Überzeitliche«
Gültigkeit kann jedoch keine Typologie beanspruchen. Sie
ist eher als Querschnittsanalyse für einen bestimmten, allerdings nicht zu engen Zeitraum zu begreifen, innerhalb dessen die Korrelationen zwischen den Typen, die Gewichts-
verschiebungen und das Auftauchen neuer Formen sowie
die Umwertung tradierter Formen zu beobachten sind.
Eine Differenzierung nach Hauptgattungen, die Einbeziehung historischer Formen im Vergleich sowie die Auseinan-

dersetzung mit »Sonderformen« kann sowohl die notwendige Repräsentativität wie den Reflex auf Veränderungspotentiale der Gattung – und damit den Strukturwandel des Gesamtkomplexes – gewährleisten.

Als wichtigste typologische Phänomene der letzten Jahrzehnte können demnach gelten:

1. Die Autobiographik kann in zwei dominierende Gattungen, die Memoirenliteratur und einen sich fiktionalen Mustern annähernden Bereich getrennt werden. Die Identifikation von literarischer und Schriftstellerautobiographie hat seit Goethe zur (poetologischen) Aufwertung der Gattung geführt, während die Memoiren den literarischen Anspruch zugunsten der Öffentlichkeitswirksamkeit weitgehend aufgaben. Daneben muss die Autobiographietheorie endlich eine weitere, noch wenig reflektierte Polarisierung zur Kenntnis nehmen, nämlich die zwischen literarischer und populärer Autobiographik. Spätestens seit Ende des 19. Jahrhunderts hat sich mit den Dienstbot(inn)en- und Arbeiter(innen)autobiographien eine eigenständige Linie gebildet, in den 20er-Jahren und erneut seit Erika Runges *Bottroper Protokollen* (B 4: 1968) erlebte diese jeweils Hochkonjunkturen.[11]

2. Die autobiographischen Hauptgattungen können nach ihrer Orientierung am Primat des Narrativen oder am Primat des Reflexiv-Essayistischen unterschieden werden. Zu ersteren zählen die Memoiren, die persönlichen Erinnerungen und der autobiographische Roman, zu letzteren das Tagebuch, der Brief, die Briefserie / das Briefarchiv und der autobiographische Essay.

3. Gegenüber diesen Hauptachsen sind freie Formen zu unterscheiden, die noch keine traditionsbildenden Strukturmuster ausgebildet haben. Dazu zählen die Werke der

---

11 Von Lena Christs autobiographischen Werken bis Anna Wimschneiders *Herbstmilch* lässt sich die Kontinuität dieser Linie verfolgen. Historisches Interesse förderte in den letzten Jahren weitere Zeugnisse »einfachen Lebens« zutage.

so genannten Verständigungsliteratur der »Neuen Subjektivität« und autobiographische Sondererscheinungen wie z. B. das Werk Herbert Achternbuschs, ein groß angelegtes autobiographisches Projekt in unterschiedlichen Medien. Das Bewusstseinsprotokoll wäre trotz seiner Orientierung an Mustern literarischer Moderne ebenfalls hier einzuordnen.

4. Quer zum traditionellen und kanonisierten Repertoire der Autobiographik verläuft eine Linie, die historisch abgeschlossene Formen wie das Hausbuch, chronikalische Aufzeichnungen, »Reis[e]bücher« ebenso enthält wie Formen, die erst durch Kanonrevisionen in ihrer Bedeutung für die Entwicklung der Gattung erkannt werden. Dazu zählen beispielsweise Reiseberichte.[12]

Annäherungen und Abstoßungen zwischen den Gattungen sind innerhalb eines kontrastiven, an Langzeitentwicklungen gekoppelten typologischen Modells zu beobachten. Der kontrastive Vergleich zwischen historischen Vorformen mit der neuzeitlichen Ausprägung könnte so die Einschätzung revidieren, die »Selbstbiographie [sei] im wesentlichen europäisch und vor allem neuzeitlich« (Aichinger, B 4: 1977b, 809). »Positive« wie »negative« Ausformungen des identitätsgenetischen Modells können (und müssen) vom Ursprung der klassischen Autobiographik her analysiert werden. Verkürzt gesagt: das »Dichtung und Wahrheit«-Paradigma muss mit dem Moritzschen »Abweichungs«-Paradigma (in ihren jeweiligen Nachfolgemodellen) kontrastiert werden (vgl. in vorliegendem Band S. 140 f.). Und nicht zuletzt spielen »engendering«-Prozesse auch in der Autobiographieforschung eine immer wichtigere Rolle, sodass von Frauen bevorzugte Formen durch Neubewertungen vermehrt in den Blick gelangen.

---

12 Insbesondere die Reiseberichte von Frauen wurden in jüngster Zeit auf ihr autobiographisches Potential hin befragt. Dazu hat nicht wenig das kulturwissenschaftliche Ausgreifen der Literaturwissenschaft beigetragen.

3. Entwicklungstendenzen und Strukturmerkmale moderner Autobiographik

Nicht zufällig ist in den letzten zwanzig Jahren ein rasanter Aufschwung in der Autobiographietheorie zu beobachten. Die »eigentliche« Autobiographie hat sich zur innovativen Form gewandelt, deren Potential allerdings theoretisch noch nicht so weitgehend erfasst wie in der autobiographischen Produktion bereits ausgeschöpft wird.

Wie oben ausgeführt kursieren einige Vorschläge, diese Entwicklung auch terminologisch zu markieren (Annäherungsautobiographie, Autofiktion). Der von mir vorgeschlagene Terminus der »abweichenden Autobiographie« (Holdenried, B 2: 1991, 34) ist auf dem Hintergrund einer Vielzahl autobiographischer Werke der 80er-Jahre, aber auch als deren Verbindung mit einem seit Karl Philipp Moritz zu beobachtenden Muster »negativer« Autobiographik zu sehen. Was in der Autobiographieforschung häufig als defiziente Erscheinung gewertet wurde, die Hinwendung zur Kontinuität des Nicht-Gelingens persönlicher Geschichte, sollte als Pendant zur autobiographischen Selbsterfassung markiert werden. Obgleich nur als ein erstes Hilfsmittel zur Neudefinition gedacht, sehe ich den Begriff heute selbst eher kritisch, verweist er doch auf die fortdauernde Gültigkeit eines imaginären Idealtypus.

Überzeugen kann letztlich keiner der Neologismen. Grundsätzlich wäre zu überlegen, ob ein solch voluntaristisches Vorgehen beim Benennen von Gattungsveränderungen überhaupt sinnvoll ist. Kronsbein (B 2: 1984, 111 f.) hat die Autobiographie als »Variationsgattung« definiert – ein Versuch, die Abgrenzbarkeit zu fiktionalen Gattungen nicht über »die des differierenden, die Hervorbringungen strukturierenden Musters, sondern die des jeweiligen Verhältnisses zu dem als Spannungsfeld zwischen Fakten und Fiktion bezeichneten außertextuellen Bezugsrahmen« (ebd.,

112 f.) vorzunehmen. Der Begriff selbst ist allerdings tauto-
logisch – jede Gattung ist eine Variationsgattung, insofern
ihre Variationsfähigkeit auf ein unveränderbares Grundmuster verweist. Werden die Veränderungen der Gattung
ausreichend theoretisch reflektiert, so kann auf eine Neu-
benennung verzichtet werden. Im Fall der »Variationsgattung« Roman wurden Gattungsveränderungen in der
akademischen Diskussion sinnvollerweise durch Attribu-
tierungen gekennzeichnet (Gesellschafts-, Individual-, sati-
rischer, Wende- usw.) und nicht durch eine vollständige
Umbenennung.

Literarisierung und Fiktionalisierung

Seit dem 18. Jahrhundert ist die Literarisierung der traditio-
nellerweise der Rhetorik zugehörenden »Zweckform«[13]
Autobiographie eines der Hauptmerkmale der Entwicklung. Müller hat auf erzähltheoretischer Ebene die Erweiterung der Autobiographie »in den epischen Raum hinein«
(Müller, B 4: 1976, 60) konzediert, jedoch an einer prinzipi-
ellen Bestimmtheit der Autobiographie durch ihren Zweck-
formcharakter festgehalten. Im Gegensatz zum Roman, der
»Sinnstiftung und Faktensetzung« (ebd., 63) sei, bleibe
die Autobiographie »Sinnfindung im vorgegebenen Faktischen« (ebd.). Die Literarisierung, »d. h. die Übernahme, Va-
riation und analogische Nachbildung fiktionaler Darstellungstechniken« (ebd., 339) erfolge trotz ihrer sehr unterschiedlichen Ausprägungen innerhalb eines »geschlossenen
Traditionszusammenhangs« (ebd.), der durch die Zweck-
formprämisse bestimmt sei. Eine solche normative Beschränkung ist gattungstheoretisch nicht mehr aufrechtzuer-

13 Müller (B 4: 1976, 1) differenziert beckmesserisch zwischen Zweckformen
im eigentlichen Sinn, nämlich Formen, die von ihrem Gegenstand her definiert waren, und jenen, »die von ihrer Funktion bestimmt und schon von
vornherein literarisch waren, wie die Formen der Lehrdichtung«.

halten. Idealtypisch lässt sich am autobiographischen Roman zeigen, dass die Autobiographie als literarische Form sich selbstverständlich literarischer Gestaltungsmöglichkeiten bedienen kann, ohne den Charakter einer eigenständigen Gattung zu verlieren. Am Beispiel der Gattungsgeschichte des Romans hatte Müller selbst beschrieben, wie dieser sich – u. a. durch »Borgen« von der Autobiographie – von der literarischen Zweckform zur Kunstform wandelte.

Von der Literarisierung im oben genannten Sinn, also dem Aufrücken der Gattung von der Zweckform zur Kunstform qua Anverwandlung genuin literarischer Darstellungstechniken ist die Fiktionalisierung – entgegen Müllers Gleichsetzung der beiden Phänomene – abzuheben. Die Anwendung des Fiktionsbegriffs auf die Autobiographie zeigt dessen schillernde Mehrdeutigkeit und die Ambivalenz seiner Verwendung. Wurden die der Gattung immer schon inhärenten Stilisierungen, Verfälschungen, den Lücken der Erinnerung, unbewusstem Verschweigen oder bewusster Desinformation geschuldeten Tendenzen als gattungskonstitutiv verstanden (so bei Pascal, B 2: 1965, 90), so ging die Akzeptanz des Unvermeidbaren doch mit dem impliziten Vorwurf fiktiver Gehalte einher. In diesem Vorwurf spiegelt sich der seit der Antike (Platon) wirksame Täuschungsverdacht gegenüber der Dichtung – eine erstaunlich hartnäckige Tradition. Weniger erstaunlich indessen vielleicht, wenn man die Autobiographik als eine der letzten Bastionen referentiellen Schreibens betrachtet, deren Bezug zur Wirklichkeit aufrechterhalten werden soll.

Exkurs: Wahrheit und Lüge der autobiographischen Fiktion

Der »Fall Hermlin« hat dafür gesorgt, dass die Diskussion um Wahrheit und Lüge, Authentizität und Fiktion in aller antipodischen Verzerrung wieder in den Blick geriet, nach-

dem doch eine fortschrittliche Literaturtheorie die morali-
sche Problematik der Fiktion ad acta gelegt hatte. Hinkt das
Feuilleton dieser Entwicklung hinterher? Oder hat Karl
Corino mit seinem Vorwurf an Stephan Hermlin, er stili-
siere sich in seinem autobiographischen Text *Abendlicht*
(B 1: 1990) bis zur Verfälschung zu einem sozialistischen
Kämpen, der er nicht war, doch einen neuralgischen, weil
ungelösten Punkt getroffen? (Corino, B 5: 1996)

»Autobiographie ist eine Art Zeugenaussage.« Diese »la-
pidare Feststellung« stammt von der Autobiographin und
Literaturwissenschaftlerin Ruth Klüger (B 2: 1996, 409).
Klüger beruft sich auf die unterschiedlichen Kontrakte von
Roman oder Erzählung und Autobiographie – wer eine
Autobiographie verfasse, und für sich selbst die »wahrhaf-
tige Aussage« in Anspruch nehme, müsse sich daran auch
messen lassen. Nur die Selbstaussage über den Charakter
des Geschriebenen, und nicht die Verifizierbarkeit ihres In-
halts, so ihr Credo, berechtige die Rezeption zur Kritik. Allerdings, so räumt sie ein, gibt es ein breites Spektrum von
Texten, die die klare Zuordnung zu den Gattungen durchkreuzen (Moritz' *Anton Reiser* etwa ist für sie ein Roman).
Auch die zahlreichen »Wunsch(auto)biographien«, eine seit
Peter Weiss' *Ästhetik des Widerstands* übliche Bezeichnung
für autobiographiebasierte Texte mit starkem Hang zur
Fiktion, verweigern die Eindeutigkeit. Wäre also Hermlin
geholfen gewesen, wenn man ihm den Titel der Wunschautobiographie zugebilligt hätte, da der Autor ja schließlich
keinen autobiographischen Pakt angeboten hatte? Im Klap-
pentext der DDR-Ausgabe hieß es ausdrücklich: »Ein ei-
gentümliches Buch, aus der Rückschau gewonnen und doch
keine Autobiographie: Wahrheit und Dichtung, Andeutung
und poetisches Symbol, Erlebnis und Evokation«.

Wie kann es aber um die »Redlichkeit und Größe« (ebd.)
eines Autors bestellt sein, wenn er sich selbst stilisiert? Am
Beispiel der Apologie des Sokrates und Isokrates' *Antidosis*
hat Fuhrmann als tieferliegende Motivation für die Selbst-

darstellung die »Rechtfertigung durch Identität« genannt
(Fuhrmann, B 2: 1979). Selbststilisierung und Selbstrechtfertigung gehören im Kontext des »Identitätsbeweises«
von jeher zu den Wurzeln des Autobiographischen. Genau
dieses apologetische Moment der Selbstverteidigung wird
strukturell immer wieder aktualisiert.[14] Selbststilisierung
kann, um ein Wortspiel zu bemühen, bis zur Kenntlichkeit
entstellen – im Fall Hermlin wollte die Literaturkritik zu
einer Wahrheitsaussage verpflichten, wie sie weder der Autor selbst »unterschrieben« hatte, noch in den Paradigmen-
tafeln neuerer Autobiographietheorie zu finden ist.

In Teilen der Forschung hat sich gegenüber dieser anti-
quierten Haltung längst die Einsicht durchgesetzt, dass die
fiktionale Überformung funktional insofern angemessen ist,
als sie den referentiellen Bezug zur außerliterarischen Wirklichkeit (des Subjekts, der Außenwelt) im Sinne eines utopi-
schen Entwurfs zu gestalten hilft: »Autobiographie ist
keine Dokumentation, sondern erinnernde Neuschöpfung.
Insofern steht sie der echten Fiktion nicht so fern, wie es
zunächst scheint« (Picard, B 2: 1978, 67). Dementsprechend
wären die Tendenzen zur Fiktionalisierung nicht nur unver-
meidliche Kennzeichen einer weitgehenden Annäherung
der Autobiographie an die fiktionalen Gattungen, sondern
auch Antrieb und Bedingung einer Neu-Dimensionierung
von Identität und Subjektivität, wie sie bereits Heißenbüttel
ins Auge gefasst hatte. Die Autobiographie ist auf den
Zweckformstatus nicht zurückzuschrauben, sie gewinnt
durch ihre »hybriden« Eigenschaften der literarischen Erfassung von Wirklichkeit sogar neue Bereiche hinzu. Pfotenhauer hat dies auf den anthropologischen Grundimpuls

---

14 Zum Beispiel in der Delinquenzliteratur. Dazu zähle ich Texte wie Jacques
Mesrines *Todestrieb*, Heine Schoofs *Erklärung*, Michael Holzners *Treibjagd*, in den 80er-Jahren erschienene Konfessionen von Kriminellen. Zum
autobiographischen Erzählen in Form von Gnadengesuchen (lettres de remission) vgl. Davis, B 4: 1991.

der Autobiographie zurückgeführt. Im Sinne eines wohl-
verstandenen Ganzheitsanspruchs (nicht dem der zweifel-
haften Harmonisierung) »gehören ja [gerade die Gefahren
der Blendung, der Selbsttäuschungen, der Eitelkeiten und
Maskierungen des Ich] zur Konstitution dieses als modern
sich verstehenden Individuums – des einzelnen also, der
weitgehend freigesetzt von den traditionellen Selbstdeutun-
gen und Sinngarantien, auch überfordert ist und vor sich
selbst flüchtet« (Pfotenhauer, B 4: 1987, 21). Autobiographie habe »es zu tun mit den Bereichen, in denen wir uns
selbst fremd zu werden drohen« (ebd., 27) – und gerade
jene, so ist hinzuzufügen, lotet die Fiktion aus und macht
sie bewusstseinsmächtig.

Was die moderne Autobiographik der letzten vierzig
Jahre strukturell kennzeichnet, ist deren Doppelpoligkeit
zwischen Fiktionalisierung und fortdauernder Beglaubigung. Die Zeugenschaft, dies sei hierzu angemerkt, ist einer
der Topoi für das schwierig gewordene Festhalten an den
Authentifizierungsstrategien: In Koeppens *Jugend* (1976)
gerät die Figur des Zeugen als Aushängeschild des Memoirentypus (»Zeuge des Jahrhunderts«) zum allerdings selbst
unsicheren Beglaubigungselement eines Textes, der das
Atmosphärische, Imaginäre, die Unterströmungen einer Jugend in der Wilhelminischen Ära wiedergibt: »Ich werde
dich in den Zeugenstand rufen. Deine Aussage wird uns
nicht retten. Wir sind von Anbeginn verurteilt.« (Koeppen,
Jugend, B 1: 1986, 47) Das spannungsvolle Gegeneinander
zweier konträrer Textstrategien, des »autobiographischen
Pakts« (Lejeune, B 2: 1975) und des »fiktionalen Kon-
trakts« (Iser, B 2: 1968) prägt insbesondere den modernen
autobiographischen Roman und macht ihn zu *der* Innova-
tionsform der Autobiographik.

»Akte des Fingierens« (Iser) können aus den angewand-
ten Erinnerungsverfahren erwachsen, da die Erinnerung
wie der Traum im Kern ästhetikaffin ist und zur fiktionalen (surrealen) Überschreitung neigt. Verfahren der Fik-

tionalisierung können aber auch dem Formenarsenal des Romans[15] entnommen sein. Dazu gehören Dezentralisierungen und Variabilität der (Figuren-)Perspektiven (z. B. bei Wolfgang Koeppen der Wechsel von der Ich- zur Er- oder Du-Form; ebenso bei Hermann Lenz), die Aufnahme gattungsfremder Darstellungsformen wie Essay, Reflexion usw.

Ist es angesichts solch weitgehender Übernahmen von Fiktionsmustern überhaupt noch sinnvoll, zwischen »reiner« Fiktion und autobiographischer Fiktion zu unterscheiden? Für eine Beibehaltung dieser Unterscheidung spricht, dass beide Textstrategien, Fiktionalisierung und Beglaubigung, sich im autobiographischen Text nicht neutralisieren, sondern eine neue und nur auf die autobiographische Fiktion zutreffende rezeptionsästhetische Struktur schaffen. Für deren Aufschlüsselung ist auf Lejeunes Pakterklärung zurückzugreifen, die allerdings entscheidend um den Faktor »Identitätsrepräsentation« erweitert werden muss.[16] Der Rezipient / die Rezipientin gerät in ein Entscheidungsdilemma zwischen angebotenem autobiographischem Pakt und der Selbstenthüllung der Fiktion. Grundsätzlich dürfte aber von einem stärkeren Beglaubigungseffekt durch den Bezug auf »Identität« auszugehen sein, garantiert diese doch eine Wirklichkeitsaussage. Im Bewusstsein der Rezipienten funktionieren die Elemente der Identitätsrepräsentation (Namensnennung, Schilderung psychischer Vorgänge, Verweis auf Familienstrukturen usw.) selbst dann, wenn die üblichen Authentizitätsversicherungen von Seiten des Autors wegfallen. Unterstützt wird diese Bereitschaft zur autobiographischen Rezeption – im Gegensatz zum

15 Andere Einflüsse werden von der Forschung meist vernachlässigt, obwohl gerade moderne Autoren und Autorinnen wie etwa Nathalie Sarraute in ihrer Autobiographie *Kindheit* (1986) sich der dramatisch-dialogischen Form bedienen.

16 Dies kann hier nur verkürzt wiedergegeben werden. Ausführlich dazu Holdenried, B 2: 1991, 174–208.

Roman – wie erwähnt durch Paratexte, Buchumschläge, Vorreden, Nachworte, wie sie in kaum einer modernen Autobiographie fehlen. Der informierte Leser / die informierte Leserin wird daher in der Regel einen modernen autobiographischen Text nicht naiv identifikatorisch lesen, sondern den Entwurfscharakter innovatorischer Formen nachvollziehen (lernen). Im Idealfall wird die Annäherung an bislang »Unverfügbares« (Iser, B 2: 1968) der Identitätsthematik als Appell gelesen, unser Wissen vom Menschen nicht nur deskriptiv zu »katalogisieren«, sondern sogar antizipatorisch zu vertiefen.

Innovative Strukturmerkmale

Im folgenden sollen die innovativen Strukturmerkmale moderner Autobiographik aufgelistet werden. Diese sind zu verstehen als ein Gerüst einzelner frei miteinander kombinierbarer Elemente, die in ihrer Gesamtheit nur auf eine idealtypische Form zutreffen würden. An einem Beispielfall, der einem solchen Idealtypus annäherungsweise entspricht, der fünfbändigen Autobiographie von Georges-Arthur Goldschmidt (besonders Goldschmidt, *Ein Garten in Deutschland*, B 1: 1988), werden die einzelnen erzähltechnischen Tendenzen illustriert.

a) Zentralperspektive als ästhetische Objektivierung

Ausgangspunkt des Erzählens ist auch für den autobiographischen Roman das »autobiographische Paradoxon«, dass der/die ein Leben Beschreibende (Autor/-in) zugleich der/die Beschriebene (Zentralfigur / Protagonist/-in) und damit der Erzählgegenstand ist. Skepsis bezüglich der Unlösbarkeit dieses Paradoxons in subjekt- und zugleich erkenntnistheoretischer Hinsicht stellt einen der Topoi moderner Autobiographik dar. Autobiographen früherer Zeiten war diese Doppelpoligkeit von Identität und Distanz als Problem bereits bewusst; meist wurde es aber als eher der Rhetorik (im Sinne der mnemotechnischen Verfügbarkeit bzw. Nichtverfügbarkeit von Erinnerung) oder dem Wahrheitsprimat der Geschichtsschreibung zugehörig identifiziert. Moderne Autorinnen und Autoren äußern hingegen grundsätzliche erkenntnistheoretische Zweifel an der Verfügbarkeit des »Erzählobjekts«.[17] Mit der erzählerischen Mittelpunktsorientierung klassischer Autobiographik (Goethe) war ein fraglos sinnverbürgender Bedeutungszusammenhang gegeben. In der modernen Autobiographik wird die Zentralperspektive zwar meist noch beibehalten, doch wird durch den fiktionalen Zugriff die verkürzende Gleichsetzung von Lebens- und Sinnzusammenhang aufgehoben. An die Stelle der kausalen lebensgeschichtlichen Verknüpfung tritt die nur noch erzählformale. Die sinnintegrierende Funktion der Ich-Zentralgestalt wird abgelöst von einer primär ästhetischen Gewichtung des autobiographischen Materials. Der Abstand zwischen Erzählsubjekt und Erzählobjekt wird im Text angesprochen, die Distanz zwischen erlebendem und erlebtem Ich betont. Neben diesen Abstandsmarkierungen gibt es eine Reihe von Versuchen, die Zentralperspektive zu ersetzen: der unauffälligste ist der Wegfall einer markierten Erzählperspektive oder ein häufiger Perspektivenwechsel. Polyperspektivität und Perspektivenwechsel können als die wesentlichen Neuerungen im Bereich der Erzählperspektive gelten. Bei Goldschmidt besitzt der Text (B 1: 1988) keine ordnende Erzählfigur mehr – er erzählt sich selbst. »Er«, »das Kind« sind zwar Verkörperungen eines epischen Ich in der Er-Form, doch sind die Textvorgänge nicht auf dieses zentriert, sondern formieren immer wieder »ex-zentrische«, eigenständige Tableaus anderer Personen, Gegenstände usw. Aus diesen Momentauf-

---

17 In exemplarischer Form hat Christa Wolf das Auseinanderklaffen von Gegenwart und Erinnertem in *Kindheitsmuster* (B 1: 1979) gezeigt. Die Protagonistin »Nelly« bleibt bis zuletzt »unverfügbar«.

nahmen wird nicht eine Personenbeschreibung greifbar, sondern ein indirektes Psychogramm zurückgespiegelt.

Nicht vorrangig eine subjektive Erzählperspektive vermittelt darzustellende Wirklichkeit in der modernen Autobiographik, sondern die erzählerische Distanz zwischen Subjekt- und Objektpol. Ein variables Erzähler-Ich reguliert diese Distanz. Dessen Präsenz reicht von der deutlichen Konturierung als eigenständige Figur bis zur umrisslosen, lyrisch zu nennenden Gestaltung eines Ich als Durchgangsstelle subjektiver Empfindungen.

b) Dissoziierte Chronologie und vitale Zeitordnung

Die Kontinuität der lebensgeschichtlichen Chronologie wird durch geraffte oder erweiterte Zeitsegmente (vgl. Lämmert, B 2: 1983) durchbrochen. Damit lässt sich ein Bezug zur innerpsychisch-vitalen Zeitordnung herstellen, welche häufig nicht mit der objektiven Zeit übereinstimmt.[18] Charakteristisch für die moderne Autobiographik scheint zu sein, dass das Dehnungsmoment bis hin zur Herauslösung einer bedeutsamen lebensgeschichtlichen Konstellation aus der erzählerischen Anlage reichen kann. Diese epische Verselbständigung von Erfahrungsräumen markiert einen Übergang von der vornehmlich zeitlichen Ordnung eigentlicher Autobiographik in eine räumliche. Bei Goldschmidt findet sich sowohl das Aufbrechen der Chronologie als auch die Verschiebung von der zeitlichen zu räumlichen Erlebnisdimensionen. In allen fünf Bänden werden erinnernd – oft schon im Titel kenntlich – Erfahrungsräume abgeschritten. Zeit wird nicht als Erzähldimension wirksam, der temporale Aspekt wird zugunsten räumlicher Gliederung zurückgenommen. Gemessen am »Standard« konventionel-

---

18 Die *oral history* hat dieses Phänomen an markanten Ereignissen der Weltgeschichte vorgeführt; die persönliche Geschichte wird weniger durch noch so starke geschichtliche Ereignisse gegliedert als durch privatgeschichtliche.

ler lebensgeschichtlicher Erzählung wäre von Entwicklungs-
losigkeit zu sprechen. Aufgewogen wird dies allerdings von
einem wesentlich neuen Moment der Zeitdarstellung: der
»Prospektivität der Erinnerung«. In einer Art Zeittunnel mit
einem überaus surrealistischen Effekt betrachtet das Kind –
das aus der Schreib-Gegenwart retrospektiv gesehen wird –
die Zukunft, die es noch nicht kennen kann, die es aber in
Ahnungen, im Wissen, dass man sich später an bestimmte
Szenen erinnern wird, vorwegnimmt.

c) Selbstreferentialität

Zu den komplexesten Phänomenen des autobiographischen
Strukturwandels gehört die Selbstbezüglichkeit, verstanden
zum einen als an das Text-Ich gebundene Selbstreferenz
und Selbstanalyse des Erkenntnissubjekts, zum anderen als
Gesamtheit selbstreferentieller Textbezüge, wie etwa das
Arbeiten mit Gattungsironie, intertextuellen Verweisen,
Reflexion der Schreib- oder Erinnerungstätigkeit, Sprachre-
flexion, Kommentaren. Diese Ebene der textuellen Selbstreferenz bildet eine Art diskursives Gegengewicht zur rein erzählerischen Anlage der Ereignisfolge. Man könnte diese
innertextuelle Distanzposition als *metanarrative Ebene* bezeichnen. Schon die Erzählebene im engeren Sinn enthält
über die explikative Funktion hinaus – und von dieser nicht
abzutrennen – *subnarrative* Einspruchsmomente eher psychologischer als literarischer Natur: Weglassungen, Brüche,
Gedankensprünge, Widersprüche unterminieren den Text.[19]
Subnarrativ sind aber darüber hinaus auch die nicht kenntlich gemachten Ordnungsachsen des Textes, sein »Weichbild«. Dieser geheimen Ordnung des Textes kommt eine
wesentliche Funktion bei der literarischen Autonomisie-

---

19 Bei Koeppen werden diese bewusst als literarisches Mittel eingesetzt: »Du
bist der Mörder, du bist das ausgewählte Opfer, ich hebe die Hand, schlage
zu, […] ich verstecke mich, ich bin Kain, aber ich bin auch Abel« (*Jugend*,
B 1: 1986, 46, vgl. auch 64 ff.).

rung des Textes und ihrer interpretatorischen Erschließung
zu. Autobiographische Texte funktionieren niemals einfach
»lebensabbildend«, wie eine naiv-biographistische Rezeption anzunehmen geneigt war und teilweise noch ist. In die
Darstellung ist das Moment der Reflexivität/Referentialität
immer schon einbezogen, ob beabsichtigt oder nicht. Erinnerung »unverfälscht« wiederzugeben, ist keiner autobiographischen Form möglich – dies wäre die Lösung einer erkenntnistheoretischen (und psychologischen) Aporie.

Bei Goldschmidt ist Selbstreferentialität weniger in ausdrücklichen Reflexionen oder Kommentaren zu finden, die
vielmehr in Nachwort bzw. Vorrede ausgelagert sind. Reflexionen über die Problematik von Erinnerungen finden sich
kaum – das ist ungewöhnlich. Selbstreferentiell ist der Text
auf der strukturellen Ebene: Er wird wesentlich bestimmt
von einer subnarrativen Schicht, die räumlich gegliedert ist,
den Längs- und Querachsen der Bewegungen in den Kindheitsräumen. Haus, Straße, Dachboden, Garten geben nicht
nur das Koordinatengerüst für die Wiedergabe der an sie
geknüpften Erfahrungen ab, sondern werden zum eigenwertigen Bestandteil der erzählerischen Anlage selbst.[20]
Raum wird als essentielle Erfahrungsdimension sichtbar gemacht.

d) Stilisierung und Stilpriorität

Stilisierung ist ein ebenso unvermeidbares wie selbstverständliches Kennzeichen jedes autobiographischen Textes,
und insbesondere des literarischen. Zu unterscheiden sind
aber zwei völlig divergierende Arten der Stilisierung: die
Selbststilisierung mit meist unbewussten Anteilen einer

---

20 Die meisten Erinnerungsverfahren benutzen räumliche Erinnerungs-
»Krücken«, um Zeitphasen und bestimmte punktuelle Ereignisse festzumachen; bei Proust ist es hingegen bekanntlich die Madeleine, ein Gebäck,
über das der Geschmack der Kindheit hervorgerufen wird – eine vielzitierte Stelle, die zeigt, dass es nicht in erster Linie visuelle Koordinaten sein
müssen, über die erinnert wird.

»Wunschautobiographie« sowie die absichtsvolle stilistische Formung des Werks. In der modernen Autobiographik wird Stilisierung nicht primär aus selbstdarstellerischen Gründen eingesetzt, sondern als wichtiges Mittel der Fiktionalisierung. Man spricht also besser von Stilpriorität, um den Vorwurf der »Stilisierung« zu vermeiden. Stilpriorität zielt in erster Linie darauf, die ästhetische Autonomisierung ins Werk zu setzen. Stil nicht im Sinne des »Le style c'est l'homme« (Buffon), sondern Stil als vorrangige Referenz des Autobiographischen, nämlich auf Sprache selbst. Substantiell ist Autobiographik – wie jede literarische Form – nur auf Sprache bezogen, über diese aber auf ein je historisch variables Paradigma von Individualität.

Der fehlende Bezug auf ein Textzentrum, das deshalb nicht genau lokalisiert werden kann, weil die Perspektive zwischen »man« und »er« häufig wechselt, führt bei Goldschmidts autobiographischen Werken zu einer Unpersönlichkeit des Stils, welche die im Text angesprochenen Entfremdungserfahrungen verdoppelt und in die Rezeption spiegelt. Andere stilistische Besonderheiten wie die Geometrisierung von Körpern, der Oberflächenblick, der impressionistische Grundton verstärken dies noch.

e) Fragmentarität und Schlussproblematik

Schon erwähnt wurde oben, dass es sich bei der Autobiographie stets um ein »echtes Fragment« handelt, das zum Ende hin offensteht. Betrachtet man das Lebensganze als Grundform autobiographischer Darstellung, so sind Kindheits- und Jugendautobiographien durch existentielle Fragmentarität gekennzeichnet. Davon setzt sich jedoch eine Variante ab, die als innere oder strukturelle Fragmentarität bezeichnet werden könnte. Sie entsteht, wenn statt kausalgenetischer Ordnung die assoziative Abfolge von Bildern, Träumen, Erinnerungssequenzen gewählt wird. In einem subjektphilosophischen Rahmen betrachtet stehen Prozessualität und Heteronomie des Subjekts und die Zersplitterung eines zusammenhängenden Textganzen in einem Entsprechungsverhältnis. Fragmentarität verweist auf das Ende von erkenntnistheoretischen wie existentiellen Gewissheiten, bewahrt zugleich aber den Verweischarakter, der mit der verletzten Form das verlorene Ganze assoziieren lässt. Ein Effekt struktureller Fragmentarität ist die autobiographische Serie: immer neue Annäherungsversuche und Korrekturen oder Konkretionen ersetzen die eine verbindliche Lebenserklärung. So entstehen Projekte »idealer Autobiographie« (Handke) wie bei Goldschmidt. Die Gefahr dieses wiederholten Neuansatzes ist das immer kleinteiligere Erzählen und damit der Verlust einer übergreifenden Perspektive.

Als Fazit kann festgehalten werden: Eine Idealform der Autobiographie im Sinne »eigentlicher« oder »echter« Autobiographie gibt es nicht. Diese wäre angesichts höchst unterschiedlicher autobiographischer Schreibweisen der Gegenwart nur mehr denkbar als das Skelett einer lebensgeschichtlichen Konstruktion, wie es der »Lebenslauf« bildet. Daran reichen erzählerisch nur triviale Formen (»Meine Geschichte«), die behaupten, eine Lebensgeschichte abbildlich – wenn vielleicht auch nicht ungebrochen – wiedergeben zu können. Eine »Merkmalsliste« kann dementsprechend nur den Wert eines heuristischen Konstrukts besitzen, das es erlaubt, Annäherungswerte zu bilden. »Relektüren kanonischer Schriften«, wie sie Finck (B 2: 1995, 290) befürwortet hat und wie sie mittlerweile vielfach durchgeführt wurden (z. B. von Groppe, B 4: 1992), ergeben immer wieder erhebliche »Abweichungskoeffizienten« bezüglich eines angenommenen Idealtypus. Typologische Beobachtungen können deshalb lediglich dazu verhelfen, aus diesen mehr oder weniger großen Schwankungen Tendenzen zu formulieren, die mit dem Einzelbeispiel korreliert werden können.

Wenn die Autobiographie heute als »das Paradigma des Schreibens schlechthin« (Finck, B 2: 1995, 289) verhandelt wird, dann bedeutet dies eine Aufwertung, welche »das Autobiographische« nicht nur gleichberechtigt neben die von Staiger vorgeschlagene Einteilung der Hauptgattungen[21] stellt, sondern ihm eine Leitfunktion zuspricht. Wie für das Epische, das Dramatische, das Lyrische gilt aber auch für das Autobiographische, dass es lediglich als Annäherungswert auf einer mehrdimensionalen Achse zu verstehen ist.

4. Problemhorizonte

Die enge Bindung der Autobiographiedefinition an den Subjektbegriff (an das Bewusstsein vom Selbst, an Personkonzepte, an »merkwürdige Männer«) wurde weiter oben bereits eingängig beschrieben. Ebenso untrennbar vom Konzept des Autobiographischen scheint das der Wahrheit und Authentizität im Sinne einer konkret-empirischen Nachprüfbarkeit zu sein. Beider Beharrungsvermögen und die zunehmenden Widerstände in Theorie und autobiographischer Praxis stehen im Mittelpunkt des folgenden Abschnitts. Dabei kann es aber nicht darum gehen, die von der Forschung auch angrenzender Gebiete aufgeworfenen Fragen zu beantworten, sondern sie als Desiderate überhaupt erst kenntlich zu machen.

---

21 Staigers Neueinteilung wird hier nicht aus nostalgischen Gründen angeführt, sondern deshalb, weil er mit seiner begrifflichen Korrektur den Weg für ein Verstehen von Übergängen geschaffen hat. Für »das Autobiographische« und seine Tendenz zur Gattungsüberschreitung ist dieses Modell als heuristisches nutzbar, auch wenn es völlig gegen den Trend der derzeitigen Theoriediskussion geht.

Autobiographie und Subjektivität als Entwurf

Der Zusammenhang von Autobiographik und Subjektivität wurde von der Autobiographieforschung früh formuliert und in der Nachfolge Diltheys und Mischs[22] als Lehrsatz verankert. Problematisch wurde diese Verbindung mit der Geschichte des bürgerlichen Subjekts, weil dadurch ein für alle Mal ein historisch zu umgrenzendes Subjektverständnis gattungskonstitutiv vorgeschrieben schien. Die Autobiographie wurde über den bürgerlichen Subjektbegriff »anthropologisiert«, d. h. vorherrschende Strömungen der Forschung interpretierten die Autobiographie als *das* anthropologische Projekt der Neuzeit. Wenn avancierte Theoretiker wie Pfotenhauer und Autobiographen wie Goldschmidt Anthropologie weiterhin als *das* Substrat des Autobiographischen tradieren, dann sicher nicht im Sinne einer metaphysischen Überhöhung des Ewig-Menschlichen, sondern im Horizont seiner je geschichtlichen Veränderungen. Im Rekurs auf die Anthropologie des 18. Jahrhunderts arbeitet Pfotenhauer gegen eine Teleologie humaner Stromlinienförmigkeit heraus, dass zur Ganzheitlichkeit auch das Fremde, Irrationale, Nicht-Gelingende gehört (Pfotenhauer, B 4: 1987, 5).[23] Goldschmidts Hinweis auf »die eigentümliche Grundmelodie« Eichendorffs, die herauszuarbeiten sich alle Menschen quälten (Eichendorff, zit. bei Goldschmidt, B 2: 1994, 52), ist sicher nicht als romantischer Reflex im Sinne einer möglichen Versöhnung misszuverstehen.

Nur indem im Begriff des Subjekts dessen historische Veränderungen mitgedacht werden, kann ein solch grund-

22 Vgl. Misch, B 2: 1989, 42: »Die Geschichte der Autobiographie ist in einem gewissen Sinne eine Geschichte des menschlichen Selbstbewusstseins.«

23 Als Desiderat formulierte er, diese Bereiche literarischer Anthropologie zu erforschen: »Den ästhetischen [und nicht nur diesen, M. H.] Reiz des nicht mehr oder noch nicht Schönen, des mit unversöhnter Menschennatur Behafteten und doch nach symbolischer Mediatisierung Trachtenden, gilt es eigentlich noch zu entdecken.« (Pfotenhauer, B 4: 1987, 27)

sätzliches Paradigma wie das der Verbindung von Gattung und Subjektkonzept weitergedacht werden. Schematisch gesprochen hat die klassische Autobiographik das zu Selbstbewusstsein gelangte bürgerliche Individuum zum Gegenstand, das zum sich durchsetzenden sozio-historischen Leittypus geworden ist. Fast gleichzeitig mit diesem Höhepunkt setzen aber Dezentralisierungsbewegungen ein, bzw. sind sie dem Repräsentationsmodell von Anfang an als sein Anderes inhärent. Mit anderen Worten: Ein einheitlich gedachtes Modell verbindlicher Lebensbeschreibung war von jeher nur als fiktives zu beschreiben. In moderner Autobiographik finden sich als Negativ der klassischen Identitätsdefinition die Spuren der Desintegration des bürgerlichen Individuums, seine »problematische Identität«. Heteronomie, Asozialität, Multiplizität von Persönlichkeit wären Stichworte, die hierfür zu nennen wären. Maßstab der Beurteilung von literarischen Tendenzen kann aber angesichts der tatsächlichen literarischen Praxis nicht mehr länger die gelungene literarische Abbildung eines heute grundsätzlich in Frage stehenden Paradigmas »klassischer«, d. h. gelungener Subjektivität sein, sondern dieses ist in der stets neu zu erörternden Verknüpfung von ästhetischer Form und zeitgebundenen Subjektdiskursen immer erst zu ermitteln.

Das Problem der »Negativität« erscheint nur dann als defizitäres Phänomen, wenn sie nicht als dem Identitätskonzept inhärentes Einspruchsmoment gesehen wird, sondern als Endpunkt einer Abwärtsbewegung. »Lebensläufe in absteigender Linie« (Koebner) sind von jeher Bestandteil der Gattungsgeschichte gewesen. Die Autobiographie als »Krankheitsbericht«, als Protokoll eines diffusen Bewusstseins, als Beichtform asozialen Verhaltens bildet nur das begleitende Negativ einer qua Literatur erzeugten (oder erzwungenen) Konstruktion von Identität.

Gegen die poststrukturalistische Vereinfachung des Subjektbegriffs als bloßes Konstrukt und gegen die Popularisierung der Formel vom »Tod des Autors« (Barthes) gilt

es, am Referenzcharakter von Sprache und an der Referen-
tialität von Autobiographik festzuhalten. Die berechtigte
Kritik am metaphysischen Wahrheitsdiskurs der konserva-
tiven Autobiographietheorie hat mit ihrer überschießenden
Energie das Subjekt zur Schimäre erklärt, zu *der* Fiktion
abendländischer Geschichte. Moderne Autobiographie, so
Manfred Schneider (B 4: 1986), konstituiere hingegen nicht
mehr ein ohnedies imaginäres Subjekt, sondern verwische
dessen Spuren. Die Nicht-Identität wird geradezu als Wi-
derstandsmoment gegen die allgegenwärtige Herrschaft to-
talitärer Simulation (Baudrillard) aufgerufen. Als General-
kritik wird dies paradoxal, wenn unterstellt wird, das Subjekt als lediglich fiktive kulturelle Einheit versuche, sich im
simulierten autobiographischen Text der Simulation zu ent-
ziehen. »Dissimulation« (Baudrillard), Verstellungskunst,
setzt Akte eines individuellen Bewusstseins voraus, das erst
dissimuliert werden könnte. Weit davon entfernt, solche
Unkenntlichmachung als »Beweis« für die Fiktionalität des
Subjekts anbringen zu können, liegt in der Logik des Ver-
stellens vielmehr ein strategisch-praktisches »Sichzusichver-
halten« (Tugendhat), das als untrügliches Merkmal persona-
len Selbst(bewusst)seins gelten kann.[24]

Die »Infragestellung des klassischen Repräsentationsmo-
dells von Sprache« und damit zugleich das »Insistieren auf
der a priori sprachlichen Verfaßtheit von Subjektivität«
(Finck, B 2: 1995, 288) ist eine Grundannahme der poststrukturalistischen Diskursanalyse. In Bezug auf die Autobiographie gehen Schneider u. a. von einem gesellschaftlich
erzeugten Zwang zur Konsistenzbildung, Homogenisierung und Offenbarung aus – und dem Widerstand dagegen.
Obgleich seit Lacan wissenschaftlicher Konsens ist, dass die
Konstitution des Subjekts wesentlich über Sprache erfolgt,

---

24 Und dies steht selbst bereits in einer langen Tradition der Rhetorik und
   ihrer Derivate (vgl. Geitner, B 2: 1992). Spätestens seit Diderots »Paradox
   des Schauspielers« ist bekannt, wie durch Spiel und Rolle das Dargestellte
   Realität gewinnt.

und obgleich heute konstruktivistische Modelle der Identitätsbildung (via Gedächtnis und Erinnerung) bevorzugt werden (vgl. Schmidt, B 2: 1993), sind daraus nicht zwangsläufig die Schlussfolgerungen zu ziehen, die Autobiographie zur anachronistischen Erzählform machen.

Der Rekurs auf Sprache ist das alle Lebenserzählungen verbindende gemeinsame Prinzip. Doch wird autobiographisches Reden nie zum »absoluten«, autoreferentiellen Text, weil noch das tiefste Ausloten sprachlicher Natur, etwa bei Fernando Pessoa (*Das Buch der Unruhe*, B 1: 1986)[25] den Bezug auf eine Subjektwahrheit (das »Grundwahre« Goethes, die »Grundmelodie« Eichendorffs) wie verstreut, fragmentarisch, gebrochen auch immer beibehalten. Übergreifende Strukturen bilden sich dadurch – und deshalb kann auch weiterhin von einer abgrenzbaren Gattung Autobiographie gesprochen werden –, dass Verbindlichkeiten nicht über verpflichtende Lebensschemata hergestellt werden, sondern über die Art, wie sprachlich, stilistisch und textstrategisch der Verlust an lebensimmanenter Erfahrungshaltigkeit in einen Gewinn ästhetischer Erfahrung umgemünzt wird. Wie Heissenbüttel in seinem berühmten Aufsatz (B 2: 1966) über eine Literatur der Selbstentblößung herausgestellt hat, ist eine Veränderung des autobiographischen Impulses dahingehend zu beobachten, dass nicht mehr über ein »fertiges«, sondern über ein prozessuales Ich geschrieben wird. Mehr noch: Über sprach-

---

25 Pessoas Radikalismus, seine Aufspaltung in verschiedenste Heteronyme, mit jeweils divergierenden Schreibweisen, sind die weitgehendsten Infragestellungen von Identität, Person usw. (*Das Buch der Unruhe*, B 1: 1986). Und dennoch bleibt auch »die Person« Pessoa (oder sein »Hilfsbuchhalter« Soares) an ein »Ich« verwiesen – anderes ist (außer im Traum, in der Verrückung) nicht denkbar: »Alles verflüchtigt sich mir. Mein ganzes Leben, meine Erinnerungen, meine Phantasie und was sie enthält, meine Persönlichkeit, alles verflüchtigt sich mir. Ständig fühle ich, daß ich als anderer fühlte, daß ich als anderer dachte. Ich wohne einem Schauspiel mit einem anderen Bühnenbild bei. Und wem ich da beiwohne, das bin ich.« (Ebd., 65)

liche Invention gelangt moderne Autobiographik zur
subjekttheoretischen Innovation. Der autobiographische
Impuls richtet sich mehr und mehr darauf, Formen von
Subjektivität erst zu »entwerfen«, sie gleichsam in ästhetischer Probehandlung zur Disposition zu stellen. Diese
Funktion der Selbsterzeugung hatte Autobiographie schon
immer, darin liegt ihr konstruktivistisches Element.

Sprachlich-ästhetische Selbsterzeugung durch Biographie[26] sowie die Fiktionalisierung des »Lebensmaterials«
durch ästhetische Grenzüberschreitungen sind Befunde, deren Bewertung in den zwei Hauptrichtungen der aktuellen
Autobiographietheorie weit auseinander klafft. Was poststrukturalistischen Theoretikern wie Schneider als Beweis
gilt, dass »Person« nur eine fiktive kulturelle Einheit sei,
kontert Manfred Frank philosophisch mit der These von
der »Unhintergehbarkeit von Individualität« (Frank, B 2:
1986). Oliver Sills Arbeit (B 2: 1991) und meine eigene
(Holdenried, B 2: 1991) haben für eine Vermittlungsposition plädiert. Tatsächlich sind beide Positionen nicht so
unvereinbar, wie es zunächst scheint. In der permanenten
Anstrengung der modernen Autobiographik liegt keineswegs nur motorischer Leerlauf, sondern Annäherung an
eine selbst im Überschreiten befindliche Dimension von
Subjektivität.[27] Prozessuale und konstruktive Individualität
schließen sich nicht aus, solange sie nicht dem Verdikt der
Fiktion als Verstellung/Lüge unterworfen werden. (In ihren
Implikationen ist die Postmoderne oft erstaunlich altmodisch.) Moderne Autobiographik wird zum vermittelnden
Ort »soziokultureller Synthesis« (Luhmann), indem sie in

26 Zum Stichwort Autobiographie als Autopoiesis vgl. Luhmann, B 2: 1984,
    60 ff.
27 Neuere, über Eriksons Identitätskonzepte hinausweisende Theorien müssten einbezogen werden, um etwa den Dualismus von »gelingender«, ganzheitlicher Persönlichkeitsentwicklung und ihrem defizitären Gegenbild,
    der »negativen Identität« (Erikson) zu überwinden. Zum Selbstmodell
    aus (bewusstseins-)philosophischer Sicht etwa die Habilitationsschrift von
    Metzinger, B 2: 1993.

ästhetischer Differenzierung und Innovation zugleich das
sprachlich-diskursive Instrumentarium zur Erweiterung
von Individualitätskonzepten bereitstellt. Subjektivität erscheint dergestalt nicht im »Modus der Fiktion« (Iser, B 2:
1968, 491), sondern in dem des Entwurfs.

Gedächtnis und Erinnerung

Viele Bezeichnungen legen den Bezug des autobiographischen Erzählens zur Erinnerung nahe: die »Memoiren«, die
»persönlichen Erinnerungen« verweisen auf eine anscheinend naturwüchsige Beziehung zwischen dem Phänomen
der erinnernden »Wiederholung« von Kindheit, Jugend,
von wichtigen Ereignissen und bisherigen Scheidestellen
des Lebensweges und deren narrativer Wiedergabe. Dass
Erinnerung die wichtigste Materialbasis für eine rückblik-
kende Vergegenwärtigung des Geschehenen ist, scheint so
selbstverständlich, dass sich die Forschung kaum näher mit
Funktion und Form von Erinnerungen in ihrer literarischen
Version beschäftigt hat.[28] In jüngerer Zeit aber hat die Gedächtnisforschung Konjunktur – allerdings wiederum als
abgekoppelte Spezialdisziplin, in der Themen wie die rhetorische Tradition der »memoria«, der Dualismus oder gar
Antagonismus von Erinnerung und Gedächtnis, deren
Konstruktivität, metaphorische Konzepte und deren Anpassung an mediale Entwicklungen sowie neuere Erkenntnisse der Hirnforschung im Vordergrund stehen.[29] Bezüge
zur Autobiographik haben in diesem Kontext eher illustrie-

28 Viele Theoretiker (u. a. Gusdorf und Aichinger) beschäftigen sich am
   Rande mit der Fragestellung – zentrales Thema ist es selten. Düsing (B 2:
   1982) hat sich mit dem Zusammenhang von Erinnerung und Identität in
   Romanen Musils, Döblins und Doderers beschäftigt – eine Arbeit, aus der
   extrapoliert werden kann. Rau (B 5: 1983) hat sich in dieser Hinsicht mit
   Karl Philipp Moritz auseinandergesetzt.
29 Zur weiteren Information vgl. die Bände von Assmann/Harth (B 2: 1993)
   und Haverkamp/Lachmann (B 2: 1993).

renden Charakter. Im Zusammenhang mit der diskurs-
analytischen Auffassung von der Konstruktivität der Identität gewinnt die Erinnerungsforschung erneute Aktualität,
wo sie argumentative Munition liefert: Wenn man davon
ausgeht, dass Identität wesentlich über Merkzeichen der Erinnerung konstruiert wird, Erinnerung selbst aber eine
Konstruktion ist, die es »im Original« nie geben kann, so
unterstützt dies systemtheoretische und konstruktivistische
Annahmen über die »Selbsterzeugung« von Identität, ihre
»Autopoiesis« (Luhmann).

Denkt man an Kindheitserinnerungen als die geläufigste
Form der Erinnerungsliteratur, so stellt diese einerseits
gleichsam eine private, intime Version historischen Bewusstseins dar – andererseits ist sie prototypisch für jene
Tendenzen zur fiktionalen Überformung, die aus der Distanz entstehen: entweder als verklärende Stilisierung der
Kindheit oder als episch genutzter Raum der Freisetzung
von atmosphärischer Phantasie – wofür sie in den meisten
modernen autobiographischen Werken genutzt wird. Distanz zwischen Erlebnis- und Erinnerungshorizont oder
zwischen Schreibgegenwart und Vergangenheit scheint für
den autobiographischen Schreibmodus unverzichtbar zu
sein. Aber ist Erinnerung überhaupt konstitutiv für die
Autobiographie?

Die Struktur literarischer Erinnerung ist durch die Os-
zillation zwischen Gegenwartsstandpunkt und Vergangen-
heitsstandpunkt gekennzeichnet, zwischen erinnerndem
und erinnertem Ich – jedenfalls dann, wenn man sich auf
die Prosaformen beschränkt und lyrisch-präsentisch organisierte Formen nicht berücksichtigt.[30] Zwischen diesen
beiden Polen gibt es ein extrem breites und variables Spektrum an Möglichkeiten. Für das Problembewusstsein heute
schreibender Autobiographinnen hat Christa Wolf in ihrem

---

30 Entgegen Olneys Meinung, dass lyrische Formen zur Autobiographik zu
zählen seien (Olney, B 2: 1977, 237).

wegweisenden autobiographischen Roman *Kindheitsmuster* (B 1: 1979) die Marschroute angegeben, indem sie das Weiterwirken des Vergangenen in die Gegenwart hinein zur Aufgabe eines reflexiven Selbstverhältnisses erklärte: »Das Vergangene ist nicht tot; es ist nicht einmal vergangen. Wir trennen es von uns ab, und stellen uns fremd« (ebd., 9). Die modernen Erinnerungsverfahren unterliegen einem tiefgreifenden Wandel, weil eine Sicherheit des »Wiederholens« vergangener Ereignisse aus dem Gedächtnisspeicher, wie sie früheren Autobiographinnen und Autobiographen möglich sein mochte, heute von höchster Skepsis betroffen ist.

Hatten in der Rhetorik geschulte Selbstporträtisten früherer Jahrhunderte fast die Gewissheit, sich über das Abrufen von an bestimmte »loci« gebundenen Ereignissen ihrer Vergangenheit schreibend versichern zu können, so ist der Verlust an Erinnerungssicherheit vielen Faktoren gleichzeitig geschuldet. Mit der wachsenden Einsicht in die Vielschichtigkeit des psychischen Apparates wurde auch die Gedächtnisarbeit kritischer in Augenschein genommen. Psychoanalytische und konstruktivistische Modelle haben zu einer weitgehenden Abkoppelung der Erinnerung vom Wahrheitspostulat geführt. Forscher angrenzender Disziplinen, die sich mit autobiographischer Gedächtnisarbeit beschäftigen, gehen statt einer historischen von einer nurmehr »narrativen Wahrheit« aus.[31] Auch in der literaturwissenschaftlichen Gedächtnisforschung reichen die Neukonzeptualisierungen von Gedächtnis und Erinnerung von der Erweiterung klassischer Speicher-Metaphorik durch zeitorientierte Gedächtnismodelle (Assmann, B 2: 1993) hin zu radikaleren, an neurologischen Erkenntnissen orientierten Modellen. »Speicher« als lokalisierbarer Ort von Erinnerung wird von diesen konstruktivistischen Konzeptionen abgelehnt und durch neuropsychologische Befunde ersetzt:

---

31 Vgl. das Buch des amerikanischen Psychologen Koltre, B 2: 1996. Erinnerungen seien nicht »wahr«, sondern »glaubhaft«.

Erinnern bedeute die »Aktivierung einer dauerhaft gebahnten Struktur in komplexen kognitiven Zusammenhängen« (Schmidt, B 2: 1993, 381). Die starke Berücksichtigung medialer Einflüsse auf die Gedächtnistätigkeit führt ebenfalls zur Infragestellung herkömmlicher Speicher-Modelle und ihrer Ersetzung durch Analogisierungen mit moderner Technologie (vgl. Schneider, B 4: 1986). Zu fragen bleibt, ob der Erklärungsgehalt dieser neueren Modelle tatsächlich höher einzuschätzen ist als die an Platons Wachstafel oder am Magazin orientierten Gedächtnismodelle. Der Verdacht, es handle sich nur um Neueinkleidungen derselben bisher unlösbaren Problematik des Erinnerns, drängt sich etwa dann auf, wenn Schmidt vom »autostimulativen« Charakter der Erinnerung spricht, ein Theorem, das stark an Prousts »mémoire involontaire« gemahnt. Und die Einflüsse moderner Technologien, was wären sie anderes als die aktuellste und gigantischste Version des gleich bleibenden Problems der Speicherung von Gedächtnisinhalten, seien sie individueller oder kollektiver Natur? Erinnerung als digitale Verschaltung oder neuronale Konnektivität – auch das ist nur die bislang aktuellste Metaphorisierung eines Vorgangs, der durch bloße Erklärung seiner »technischen« Funktionsweise eben nicht ausreichend erfassbar ist.

Die veränderten Auffassungen von Erinnerung und ihrer Funktion führen zu neuen literarischen Erinnerungsverfahren, denen gemeinsam ist, dass sie eine stärker produktive denn »mnemotechnisch« organisierte Ausrichtung haben. Konkret bedeutet dies, dass ästhetische Momente der Erinnerungsrekonstruktion eine Autonomie gewinnen, welche sie bislang nicht hatten. Mit der erzählerischen Emanzipation vom Postulat historischer Wahrheit und Authentizität werden die Derivate von Erinnerung, imaginative, ja fantasmatische Formen zum Substrat avancierter Autobiographik. Was die Tätigkeit des Gedächtnisses freilegt (oder produziert) ist niemals »authentisch« im Sinne einer Einholbarkeit vergangener Lebenstatsachen, aber es ist auch

nicht als »falsche« (verfälschte) Erinnerung zu diskreditie-
ren, weil es sich immer um Sequenzen handeln dürfte, welche bedeutsam für die individuelle Genese waren. Indem an
die Stelle der erzählerischen Monotonie eines einsinnig-
chronologischen Lebenslaufs innovative Verfahren treten,
die den »Lebensstoff« aufspreizen und mehrschichtig werden lassen, neue lebensgeschichtliche Stratifikationen schaffen und umschaffen, Unbewusstes zu Tage fördern, gelingt
es bei aller Dynamik auch weiterhin, Erinnerungssegmente
zu einer »Sinnstruktur« zu synthetisieren. Ein narrativ erneuerter Umgang mit Erinnerung – so das Fazit dieser
Überlegungen – wird zugleich den weiterhin bedeutsamen
wesentlichen Aufgaben der Erinnerung gerecht, Identitäts-
(re)konstruktion und Wiedergewinnung der Vergangenheit
zu gewährleisten.

III

Autobiographik von Frauen – eine eigene Geschichte?

1. Klosterzelle und Küchentisch
Voraussetzungen und Hindernisse
autobiographischen Schreibens bei Frauen

Der Befund ist erstaunlich: obgleich doch die Autobiographie als ein eher »weibliches Genre« eingestuft wird, ist der autobiographische Kanon männlich dominiert. Der Widerspruch (so Goodman, B 3: 1985, 289–300)[1] ist leicht aufzulösen: Frauen schreiben angeblich zwar über nichts als sich selbst, dies aber im engen Horizont einer an die Klosterzelle, die Küche, allerhöchstens noch an das manufakturielle »ganze Haus«[2] gebundenen Selbstbeschränkung, welche jenen Anspruch auf Repräsentativität und Selbstgewissheit nicht zu erfüllen vermag, der an eine »echte« und zudem »literarische« Autobiographie gestellt wird.[3] Die Tradition

---

1 Kay Goodman hat diesen Widerspruch hervorgehoben, blieb aber in ihrem Beitrag bei der sehr abstrakten Feststellung, dass die Gattung Autobiographie für schreibende Frauen große Probleme aufwerfe (B 3: 1985, 299).

2 Silvia Bovenschen weist darauf hin, dass der Begriff von der »Ökonomie des ganzen Hauses« sehr große Zeiträume umfasst; sowohl in der Antike wie in der christlichen Ausdeutung dieser Art der Hauswirtschaft sei eindeutig von einer Unterordnung der Frau auszugehen (Bovenschen, B 3: 1979, 140); Becker-Cantarino arbeitet die unrühmliche Rolle Luthers bei der »Domestizierung« der Frau heraus; durch seine Ehelehre sei die Frau endgültig »aus allen anderen Lebensbereichen ausgeschlossen, dafür in das Gefängnis des Hauses und der Reproduktion eingeschlossen« worden (Becker-Cantarino, B 3: 1989, 41).

3 Dass auch Literaturwissenschaftlerinnen eine solche exklusive Stellung der repräsentativ-männlichen autobiographischen Äußerung zum Maßstab deklarieren, macht der hymnische Ton Aichingers augenfällig, wenn sie sich zu Goethe als einsamem Höhepunkt der Gattung äußert (Aichinger, B 4: 1977a,b).

der Autobiographik von Männern, so Brodzki/Schenk (B 3: 1988, 1), sehe die Autobiographie hingegen als Spiegel von Identität, Universalität, Repräsentanz. Indem sie von »masculine autobiography« sprechen (ebd., 2), rücken sie die Gleichsetzung von Männlichkeit und »Allgemein-Menschlichem« in den Blick. Beziehungen zum Göttlichen (die Imitatio Christi bei Augustinus), Einzigartigkeit (Rousseau) und gleichzeitig Exemplarität beanspruchen alle auf dem Hochplateau literarischer Autobiographie angesiedelten kanonischen Werke von männlichen Autobiographen.

In jüngerer Zeit wird diese strahlende autobiographische Selbstvergewisserung eines bürgerlichen, männlichen Subjekts als Rezeptionsleitlinie in Frage gestellt.[4] Dabei geht es keineswegs nur um *gender*[5]-orientierte Kurskorrekturen: Kontrastive Paare gibt es auch innerhalb der gender-Grenzen. So wären etwa Goethes und Moritz' autobiographische Werke nicht nur bezüglich der extrem gegensätzlichen Subjektgenese zu vergleichen; kontrastiv stehen ihre Produktionen auch als jeweilige Initialpunkte für die auseinander driftende Gattungsentwicklung. Während Goethes Alterswerk den literarhistorischen Scheitelpunkt einer seinsgewissen, wenn auch nicht krisenfreien Subjektwerdung markiert, steht Moritz' romanhafte Überformung seiner Lebensgeschichte in der mit Adam Bernd beginnenden Tradition

4 Vgl. meine Dissertation, in der es um den Nachweis ging, dass die heutige ästhetische Praxis das Ideal der »eigentlichen«, echten Autobiographie nicht mehr anstrebt. Im von mir vorgeschlagenen alternativen Terminus der »abweichenden« Autobiographie schwingt aber immer noch die Normativität vollendeter Repräsentation mit. Inwieweit diese aufzugeben ist, muss die wissenschaftliche Diskussion auch über die postmoderne Debatte hinaus erweisen (Holdenried, B 2: 1991, 130).

5 Becker-Cantarinos Befund (B 3: 1989, 12), dass »das Geschlecht als soziale Kategorie« (gender) nicht gänzlich ausgeleuchtet sei, trifft auch nach nunmehr über zehn Jahren noch weitgehend zu. Brodzki/Schenk, B 3: 1988, 15, verwiesen schon damals darauf, dass »gender« als alleinige Beschreibungskategorie nicht ausreiche; andere soziale und ideologische Komponenten spielen insbesondere in der neueren amerikanischen Forschung eine große Rolle (beispielsweise Rasse, Religion, Klasse).

psychologischer Selbsterkundung.[6] Denkt man die Linien
weiter bis in die Gegenwart, so hat sich Moritz' Grün-
dungstext als langlebiger erwiesen; radikale Selbstbefragung
hat mittels der gesellschaftlich allgemein gewordenen Defi-
nitionsmacht der Psychoanalyse selbst kanonische Form
angenommen. Eine Korrektur der Höhenkammliteratur ist
demnach schon innerhalb von Gender-Grenzen vorzunehmen; erst so ergibt sich ein umfassenderes Bild. Erst die
Retrospektive aus einer sich weiterentwickelnden literaturwissenschaftlichen Diskussion kann zu Neugewichtun-
gen führen. Über die Fixierungen der Gender-Debatte
hinaus wäre die Einbeziehung weiterführender neuester
Forschungserträge zur psychosexuellen Autorschaft wünschenswert.[7]

Die Stellung autobiographischer Werke von Frauen
bleibt von solchen Kurskorrekturen nicht unberührt. War
Moritz in seiner ganzen unidealischen, ja brüchigen Existenz doch immerhin noch Goethe wert genug, ihn seinen
»jüngeren beschädigten Bruder« zu nennen, so hatten die
männlichen Autoren für ihre weiblichen Kollegen nicht
sehr viel übrig. Becker-Cantarinos (B 3: 1989, 2) kleine Blü-
tenlese männlicher Invektiven reicht über »Dilettantin«,
»Männin«, »Amazone« (Goethe), »schriftstellernde Dame«
(Schiller) bis hin zum »Küchenkraut« (Immermann) – wo-
mit wir wieder beim natürlichen Lebensraum der Dame angelangt wären.

6 Nicht übersehen werden darf allerdings, dass Moritz für sich selbst den Anspruch der »Rundung« der Lebensbeschreibung durchaus akzeptiert hat,
auch wenn dies zu offenkundigen Widersprüchen führte. (Vgl. zu Moritz
Holdenried, B 2: 1991, 272 ff., und ferner die ausgezeichnete Studie von Lothar Müller, B 5: 1987.)

7 Dass Gender-Kategorien häufig selbst wieder nur unauflösbare und am Material nicht unbedingt nachzuweisende Dichotomien prägen, könnte das
Beispiel Goethe–Moritz zeigen. Moritz' Schreiben wäre aufgrund seiner
Nicht-Repräsentierbarkeit von Bedeutung »weiblich« konnotiert, wie das
vieler »abweichender« Schriftsteller ebenfalls. Elke Brüns hat in einer neuen
herausragenden Studie die Kategorie der psychosexuellen Autorschaft als
weiterreichende Untersuchungskategorie vorgeschlagen. (Brüns, B 3: 1998)

Man muss sich ins Gedächtnis rufen, dass die Aufarbeitung einer allgemeinen Tradition der Literatur von Frauen, die diese über den Dilettantinnen-Status und den der Gehilfin ihres berühmteren Mannes hinaushebt, auf breiterer Ebene erst in den 70er-Jahren eingesetzt hat[8] – dieses Jahrhunderts wohlgemerkt. Die in den 70er- und 80er-Jahren ausufernde autobiographische Produktion von Frauen – ein Begleitumstand der gesellschaftlichen Debatte über Emanzipation – war aufgrund der geforderten »Unmittelbarkeit« und »Authentizität« und der hochrangig bewerteten »Erlebnisqualität« literaturpolitisch gesehen ein Eigentor. Die Ergießungen der »Neuen Frau« schienen einmal mehr nur zu beweisen, dass Frauen, wo sie autobiographisch schreiben, jedenfalls nicht literarisch tätig sind. Die literarisch hochrangige Autobiographik von Schriftstellerinnen musste so in den Sog dieser »Selbsterfahrungsliteratur« geraten, mit der Konsequenz, dass auch weiterhin weder von einer literarhistorischen Ausweitung des Autobiographischen[9] noch von einer Einbeziehung in die literaturtheoretische Betrachtung die Rede sein konnte.

Doch damit Frauen aus dem Kanon dermaleinst ausgegrenzt werden konnten, mussten sie zuvor immerhin geschrieben haben. Das taten sie aus der marginalisierten Position heraus, die ihnen die Geschlechtervorschriften[10]

---

8 Ich verweise hier lediglich auf die beiden großen Literaturgeschichten von Brinker-Gabler (B 3: 1988) und Gnüg/Möhrmann (B 3: 1999).

9 Niggl hat in seinem Sammelband überschlagsweise gerechnet etwa 4 % weibliche Autobiographen im Register aufgeführt (Niggl, B 2: 1989).

10 Damit ist nicht nur die explizite rechtlich festgelegte Stellung der Frau gemeint (vgl. Becker-Cantarino, B 3: 1989, 46 ff.), sondern auch die oft implizierten »Vorschriften« einer androzentrischen Gesellschaft über das, was für Frauen schicklich sei und was nicht. Liest man die Ausführungen zum preußischen Landrecht und die von Fichte vorgenommene ideologische Rechtfertigung der patriarchalen Unterdrückung (»Das Weib gibt, indem sie sich zum Mittel der Befriedigung des Mannes macht, ihre Persönlichkeit auf [...]. Sie hat aufgehört, das Leben eines Individuums zu führen; ihr Leben ist ein Teil seines Lebens.« – Fichte, »Grundlage des Naturrechts nach Prinzipien der Wissenschaftslehre«, 1796; zit. nach Becker-Cantarino,

zuwiesen. Abhängig, unmündig und vom »wirklichen Leben« abgeschnitten, haben Frauen dennoch ihre Lebensgeschichten aufgeschrieben – auch wenn's verboten war. War für Männer die bloße Tatsache ihrer Identität als einer Ganzheit relevant genug für das Schreiben einer Lebensgeschichte, so bedurften Frauen neben anderer Formen der »Relevanzproduktion« auch ausdrücklicher Rechtfertigungsstrategien.[11] Bovenschen spricht von einer »Sprecherlaubnis« (Bovenschen, B 3: 1979, 121 ff.), und dieser Begriff trifft sehr gut das, was man die Umrahmung oder den »Paratext« (Genette) der weiblichen Rede nennen könnte: In legitimatorischen Vorreden, im Einsatz von Männern für den weiblichen Text,[12] im Verweis auf die explizite Erlaubnis von Männern (den Ehegatten, den Beichtvätern), aber auch durch die Veröffentlichung unter fremdem Namen,[13] also unter (männlichem) Pseudonym,[14] als »Damenbegleit-

ebd., 64) – so begreift man auch, dass es um 1800 eine Debatte darüber geben konnte, *Ob die Weiber Menschen sind* (so der Titel eines von Sigrid Lange herausgegebenen Bandes, 1992, vgl. insbesondere das Nachwort). Zum Anteil der »Meisterdenker« an dieser Entwicklung Frevert, B 3: 1988, 17–48.

11 Dass die »Relevanzproduktion« (Sloterdijk, B 4: 1978, 6) einen wesentlichen Stolperstein für die Produktion und Rezeption der (autobiographischen) Texte von Frauen darstellt, liegt auf der Hand. Zumindest erklärt sich daraus, warum sie oft zirkulär nur zur Selbstverständigung unter Frauen dienten. Erst als Frauen in männliche Domänen eindrangen, indem sie etwa reisten, konnten sie auch »gesellschaftlich« relevante Texte produzieren.

12 Diese Form des Mäzenatentums bestand, gewissermaßen als eine Variante des Frauenlobs, immer schon neben den misogynsten Unterjochungsmechanismen. So verweist Bovenschen etwa auf die Erhebung zur Autorin, welche der Barockdichter und Pfalzgraf Sigmund von Birken Gertrud Eitler 1671 angedeihen ließ – zeitgleich mit Hexenglauben und Weiberschelte (Bovenschen, B 3: 1979, 110). Andere gern zitierte Fälle beziehen sich meist eher auf das 18. Jahrhundert, etwa den Einsatz von Wieland für den Roman *Das Fräulein von Sternheim* seiner ehemaligen Verlobten, Sophie von La Roche.

13 Frauen schreiben immer unter falschem Namen, so die These von Barbara Hahn, B 3: 1991.

14 Sehr informativ dazu die Arbeit von Kord, B 3: 1996.

programm« im männlich autorisierten Text – etwa des Ge-
lehrtengatten – gelangten die Kassiber weiblicher Erfahrung
an die Öffentlichkeit.

Und natürlich blieben auch die Texte selbst von dieser
klandestinen Schmuggeltätigkeit nicht unbeeinflusst: Be-
scheidenheitstopoi durchziehen sie in weit auffälligerem
Maße als Texte von Männern, in denen sie oft als reine rhetorische Makulatur der Form Genüge taten. Für Frauen waren sie ambivalente Markierungspunkte einer Selbsttätig-
keit, die unter dem Makel der Anmaßung stand. Darunter,
als Subtext, aber waren sie eben zugleich Identitätszeichen,
wie zurückgenommen auch immer (vgl. dazu Holdenried, B 3: 1995, 402–421). Selbstreferentielles Schreiben von
Frauen bedurfte anderer Argumentationsmuster als das von
Männern, um ihr Leben als sinnvoll für eine Darstellung erscheinen zu lassen. »Selbstreferentiell« im strikten Sinne des
Wortes sind diese Texte selten, weil eine der Argumenta-
tionslinien gerade darin besteht, das eigene Dasein in Bezug
auf andere, für andere und durch andere zu definieren.[15]
Und sei es im negativsten Falle, indem es noch als verfehlt
der Tugendbildung potentieller Leser dienlich sein konnte,
wie es bei zahlreichen pietistischen Lebensläufen der Fall
war.[16] Die oft nur selektive, zweckgerichtete Rezeption der

15 Nancy Chodorows Begriff des »mothering« als einem zentralen Aspekt
beziehungsdefinierter Identitätsentwicklung (Chodorow, B 3: 1985) hat
Eingang in die Diskussion um die Ausbildung bestimmter Subjektivitäts-
formen gefunden. Dass Frauen wegen ihrer problematisch engen Bindung
an die Mutter ein beziehungsdefiniertes und weniger kategoriales Selbstbild entwickeln können, gibt wichtige Hinweise für die Dispositionen psy-
chosexueller Autorschaft. Auffällig häufig sind es Frauen, die eine stärkere
Beziehung zum Vater haben, welche wirklich »selbstreferentiell« schreiben. Eva Kormann hat Chodorows These für einen Deutungsaspekt eines
Hausbuchs aus dem 17. Jahrhundert herangezogen, macht aber geltend,
dass eine Modifikation für die Frühe Neuzeit notwendig sei (Kormann,
B 4: 1995, 91 ff.). Insgesamt ist es problematisch, einen aus der amerikanischen Gegenwart (und klinischen Fällen) abgeleiteten Befund historisch
über die Existenz der bürgerlichen Kleinfamilie hinaus zu verallgemeinern.
16 Obwohl dies ein Strukturmuster der pietistischen Autobiographie darstellt, wäre es interessant, zu verfolgen, welches genau die Verfehlungen

Autobiographik von Frauen bildet ein letztes Hindernis am
Ende eines langen Weges zum autobiographischen Werk. In
welchem Ausmaß überhaupt eine Publikationsabsicht oder
zumindest -hoffnung die Texte fundiert oder veranlasst hat,
ist häufig durch die Überlieferung bzw. die auktoriellen
Verlautbarungen nicht mehr zu rekonstruieren. Angenommen wird gern, dass Frauen über den engen Kreis der Familie hinaus keine Veröffentlichungsabsicht hatten; manchmal
sollte das Geschriebene nur der eigenen Erinnerung dienen.
Doch sind auch bei der Veröffentlichungspraxis Strategien
der Subversion zu unterstellen, welche darauf zielen, aus
der »Sprecherlaubnis« geradezu ein »Sprechgebot« zu machen. Insbesondere trifft dies für die religiös fundierten
Autobiographien zu, war doch hier die Absicht, Zeugnis
abzulegen – und damit von sich selbst sprechen zu können – durch allerhöchste Gnade legitimiert. Vor Zensur und
Verstümmelung, ja Unterdrückung schützte indessen selbst
göttliche Protektion nicht immer. Bei der Rekonstruktion
einer Geschichte der Autobiographik von Frauen muss die
Art der Veröffentlichungspolitik in Rechnung gestellt werden: Texte müssen nicht nur überhaupt gefunden werden,
sie dürfen auch nicht ohne weiteres als authentisch gelesen
werden.

Fragt man nach den positiven Voraussetzungen autobiographischen Schreibens bei Frauen, so ist Virginia Woolfs
zum Postulat gewordenes Wort vom »Zimmer für sich
allein«[17] sicher nicht hinreichende, aber notwendige Be-

sind, derer sich die Frauen bezichtigen (oder bezichtigt werden, wenn ihre
Lebensgeschichte vom Herausgeber zusammengefasst wird). Im Falle der
berühmten Gelehrten Anna Maria van Schurman bestand die Verfehlung
in genau dieser Gelehrsamkeit (vgl. die so genannte Reitzische Sammlung,
Reitz, B 1: 1730, 67–77; dazu Holdenried, B 3: 1995, 414).

17 Virginia Woolf, B 1: 1986 (1929), erklärt, warum Frauen literarisch weniger
in Erscheinung treten und schließt ihren berühmten Essay: »[…] und
wenn jede von uns fünfhundert im Jahr hat und ein Zimmer für sich allein;
wenn wir an die Freiheit gewöhnt sind und an den Mut, genau das zu
schreiben, was wir denken; wenn wir dem gemeinsamen Wohnzimmer ent-

dingung für jede literarische Produktivität. Besieht man
sich die realen Bedingungen des Schreibens, so war die zu-
treffendere Formel dafür das »Schreiben am Küchentisch«
(Haushofer), wenngleich es stets Frauen gab, die sich das
Privileg der eigenen Schreib- und Studierstube zu nehmen
wussten. Eine dieser herausragenden und zum wissenschaftlichen Liebling gewordenen selbstbewussten und umfassend gebildeten Frauen war Christine de Pizan (vgl. dazu
im vorliegenden Band S. 95 f.) – eine Handschriftenillustra-
tion[18] zeigt sie allein, reich gekleidet, in luxuriösem Ambi-
ente; den Küchentisch versorgten andere. Damals war sie
bereits Witwe; ein höchst erstrebenswerter Zustand in Bezug auf die literarische Tätigkeit. Erst durch die Entfernung
aus dem »gemeinsamen Wohnzimmer« (Woolf) wurden andere Themen als die aus dem engen häuslichen Bezirk stammenden möglich. Lange waren es aber die berüchtigten drei
K's – Kinder, Küche, Kirche –, welche in aller Reduktion die
einzigen Möglichkeiten zum »Selbstbezug« im Schreiben
gaben. Familie, eheliches Leben, das Haus, die Kinder, vielleicht noch die Geschäfte (z. B. in den bürgerlichen Hausbü-
chern), die Beziehung zu Gott – der Themenkreis blieb
lange beschränkt.

Das daraus resultierende Formenarsenal war entsprechend anders als das männlicher Autobiographen. Kanonische autobiographische Gattungen wie die Berufsautobiographie tauchen bei Frauen nicht oder nur verspätet auf.
Aber auch hier muss der Blick tiefer gehen: So sind die von
Frauen bevorzugten »vorästhetischen Räume«[19] durch einen

---

ronnen sind und menschliche Wesen nicht immer nur in ihrer Beziehung
zueinander sehen […,] dann wird diese Gelegenheit [zu schreiben, M. H.]
kommen« (*Ein Zimmer für sich allein*, 130).

18 Die Abbildung befindet sich auf dem Einband ihres Werkes *Das Buch von
der Stadt der Frauen*, 1986.

19 Ich verweise hier auf den wichtigen Beitrag Bovenschens (B 3: 1976, 73)
zur Frage nach einer weiblichen Ästhetik, in dem sie die »vorästhetischen
Räume« als Entreebillet für den Zugang zur »richtigen« Kunst sah: »So
drangen im 18. Jh. die Frauen über den Brief (Briefroman) in die Literatur
ein […]. Die Einverleibung des Mediums in den Kanon blieb nicht aus.«

Wandel der Kulturauffassungen gelegentlich zu ästhetischen Räumen transformiert worden. Für den weitaus größeren Teil der für Frauen zugänglichen oder von ihnen bevorzugten Formen gilt jedoch, dass diese im Schatten der »männlichen« Autobiographik blieben, der einzig »echten«.

2. Vom Kopfkissenbuch zum beschriebenen Laken[20] Prolegomena zu einer Geschichte der Autobiographik von Frauen

»Ausweitung« ist das operative Stichwort, wenn es um die (Re-)Konstruktion einer Geschichte der Autobiographik von Frauen geht. Wuthenow hat als einer der wenigen auf außereuropäische Traditionen der Autobiographik verwiesen (Wuthenow, B 4: 1974), etwa die japanische. Die Konzentration auf die europäische Autobiographik verstellt den Blick zeitlich wie räumlich. Indem andere Kulturen überhaupt erst wahrgenommen werden, und schließlich im komparatistischen Zugriff erforscht werden, wird auch die sehr enge Verbindung zwischen Autobiographik und einer Geschichte der Selbstbewusstwerdung (in der hegelianischen und damit ganz in der europäischen Philosophiegeschichte verwurzeltem Sinne) lockerer. Erstaunlicherweise scheint in Kulturen mit einem völlig anderen Subjektverständnis ebenfalls eine lange Tradition autobiographischen Schreibens zu existieren. Als ein besonderes Beispiel sei hier die japanische Autobiographik genannt, von der die europäische Leserschaft meist nur das so genannte *Kopfkissen-*

---

20 Eigentlich handelt es sich um ein »Skizzenbuch unterm Kopfkissen«, das die Hofdame Sei Shōnagon auf erlesenstem Papier verfasste, ein intimes »Nachtbuch« also; auf ein Laken schrieb im Jahre 1972 eine arme italienische Landarbeiterin, Clelia Marchi, ihre Lebensgeschichte, nachdem ihr das Papier ausgegangen war (Marchi, *Keine einzige Lüge*, B 1: 1994).

buch der Hofdame Sei Shōnagon (*Makura no soshi*, etwa im
Jahr 996) kennt. Nishitani weist darauf hin, dass es eine
reiche Tagebuch-Literatur von Frauen (meist Hofdamen)
dieser Zeit gibt, die in der Forschung als Vorläuferin *der* ja-
panspezifischen autobiographischen Gattung, des »Ich-Ro-
mans«, gilt (Nishitani, B 3: 1995, 380 f.). Der komparatistischen Sicht eröffnet dies neue Horizonte: nicht nur reicht
diese Traditionslinie wesentlich weiter zurück als alle europäischen, sondern auch andere Formen wie das Gedicht
(oder der Gedicht-Brief, *waka*) werden wie selbstverständlich zu den autobiographischen Formen gezählt. Der Einfluss auf die Ausbildung kanonischer Formen schließlich
via Tagebuch-Literatur von Frauen kontrastiert auffällig
mit deren Abwesenheit in der europäischen Tradition.

Die andere Einschränkung, welche ein Großteil der Forschung geltend macht, betrifft die zu untersuchenden Zeiträume: Besteht weitgehend Übereinstimmung darin, als
Blütezeit der Autobiographik den Zeitraum von etwa 1770
bis 1830 zu betrachten, so herrscht Unsicherheit bezüglich
der Phasen davor und danach. Verständlich wird diese zeitliche Fixierung aus der Verbindung mit einem im genannten Zeitraum sich gesamtkulturell besonders stark mani-
festierenden Subjektverständnis, welches auf Autonomie
und Selbstgewissheit zielt. Allzuleicht werden aber dadurch
die »Spitzenprodukte« europäischer Autobiographik zum
Maßstab gemacht, deren normative Ausschließlichkeit alle
anderen in das Dämmerlicht der Frühzeit oder die epigo-
nale Schattenexistenz verweist. Was so schon nicht für die
Hervorbringungen männlicher Autobiographen stimmt,
trifft noch weniger für die Tradition der autobiographischen Frauenliteratur zu. Der Blick zurück im Zorn hat in
der Frauenforschung leider allzu lange nur die Spuren der
Unterdrückung und des Opfers gelesen, doch sind in neuerer Zeit Studien entstanden, die mit interdisziplinär ge-
stärktem Mut an die bislang unhinterfragten Festungen
gesellschaftlicher Geschlechterkonstruktionen herangegan-

gen sind. Philosophische, rhetorische und anthropologische Forschungen können unser Bild von *der* Frau (und natürlich *dem* Mann) entscheidend erweitern, wenn wir bereit sind, nicht nur unsere essentialistische Einstellung[21] gegenüber angeblich historisch stabilen Wesenheiten zu hinterfragen, sondern noch das auf Entgegensetzungen beruhende Prinzip des Denkens selbst. Schon Christine de Pizan, Isotta Nogarola und Laura Cerata haben in der Renaissance (vgl. Fietze, B 3: 1991) in je besonderer und singulärer Weise an einer Aufhebung der Asymmetrie der Geschlechterbeziehungen gearbeitet, indem sie »Frau« nicht auf »Mann« bezogen, sondern als selbstbezogenes Ganzes auf die gemeinsame Kategorie Mensch, den aristotelischen Dualismus so gewissermaßen durch ›Triangulierung‹ durchbrachen.[22] Schon hier wäre also ein für die Geschichte der Subjektgenese von Frauen wichtiger Epocheneinschnitt festzustellen; Frauen begreifen sich allmählich als historische Subjekte.

Literarische Wertungen früherer Epochen geraten durch die enge Verknüpfung mit dem normativ verstandenen bürgerlichen Subjektbegriff des 18. Jahrhunderts nicht selten zur Aburteilung – der literarische Barock ist ein prägnantes Beispiel dafür.[23] Scheint ein ganzes Zeitalter das Klassenziel

21 Unter Essentialismus verstehe ich hier den philosophischen Begriff, der von einer Unwandelbarkeit des Wesens und der Seinsordnung ausgeht.

22 Was heute so selbstverständlich klingt, dass es das Triviale streift, war nicht nur in der Renaissance befremdlich, sondern stellte – wie oben erwähnt – noch bis ins 19. Jahrhundert einen Streitpunkt dar. Ob Frauen Menschen sind, dürfte heute vorsichtig positiv beantwortet werden, was manche Forscher aber immer noch nicht davon abhält, wenigstens den kleinen Unterschied in der Gehirnmasse festzumachen.

23 Vgl. Schönes Einleitung zu seiner monumentalen Sammlung barocker Zeugnisse, in denen er diesen Sachverhalt beklagt: »Das mächtigste Hindernis zwischen dem heutigen Leser und der deutschen Barockliteratur hat die Goethezeit errichtet. Sie bestimmt bis in unsere Zeit hinein das allgemeine Vorverständnis dessen, was eigentlich Dichtung sei: Confessio des vom Genius Berührten, dem es gegeben ist, sein individuelles Erleben, Denken, Empfinden in jenen ursprünglich-persönlichen Ausdruck zu fassen, welcher von Herzen zu Herzen spricht« (Schöne, B 4: 1988, VII).

»individueller Ausdruck« nicht erreicht zu haben, so gilt
dies noch einmal mehr für Frauen, so dass es kein Zufall ist,
wenn bislang einschlägige Untersuchungen zur Autobiographik von Frauen im 17. Jahrhundert fehlen.[24] Die erwähnten Werke der weiblichen Renaissancegelehrten, die
religiös gebundenen Darstellungen etwa der Mystikerinnen
oder die familienorientierten Formen der Hausbücher sollten gattungsgeschichtlich nicht unterschlagen werden, vielmehr als bedeutsame Frühformen der Subjektivität genau –
und ohne normative Vorschrift – befragt werden. »Gelungene Subjektivität« darf kein Kriterium dieser Formen sein,
die an überindividuellen Bezügen (dem ordo-Denken) aus-
gerichtet sind – und dennoch kann der Begriff Autobiographie dafür in Anschlag gebracht werden, ohne dass er seine
Konturen verlöre.
Waren es im deutschen Sprachraum zunächst nur Angehörige privilegierter Schichten, die (autobiographisch)
schrieben – Adlige, (adlige) Nonnen, Patrizierinnen – so
lässt sich spätestens mit dem Pietismus eine Ausbreitung
der Schreibpraxis erkennen, die auch Angehörige anderer
Schichten erfasst. In einem kurzen Zwischenhoch, verursacht durch aufklärerische Wertschätzung, erhielten auch einige der gelehrten Frauen Zutritt zum verbotenen Paradies
des Wissens – die hinterlassenen »Gelehrten«-Autobiogra-
phien von Frauen sind traurige Zeugnisse der umgehend er-
folgten Vertreibung aus diesem Garten Eden.[25] In der Romantik wird die Briefautobiographie – Kay Goodman

24 Annonciert sei hierzu die Habilitationsschrift von Eva Kormann (Arbeits-
titel »Autobiographien von Frauen im 17. Jahrhundert«), deren Erscheinen
Abhilfe schaffen wird. Der gordische Knoten dieser Arbeit wird sein, wie
genau Formen autobiographischer Äußerung, die stark überpersönlich und
typisierend, an den Gesetzen der Gattung orientiert, zur »Einbruchstelle«
eines persönlichen, selbstbezogenen Interesses werden konnten.
25 So die postum herausgegebene Autobiographie von Friderika Baldinger
(in: Heuser [u. a.], B 1: 1994, 7–25). Eine positivere Fallgeschichte haben
Bennholdt-Thomsen/Guzzoni, B 3: 1992, rekonstruiert, wenngleich der
Preis für das Selberdenken auch bei Ernestine Christine Reiske hoch war.

schlug den Begriff der »epistolary autobiography« vor[26] –
bevorzugt, die ein Ich aus dem Widerhall zweier oder meh-
rerer Stimmen entstehen lässt.[27] Briefe, Tagebücher, in mancher Hinsicht auch Reiseberichte stellen dem monumental
befestigten männlichen Ich der »eigentlichen« Autobiographie ein fragmentarisches, auf der Suche befindliches, poly-
phones Ich im Prozess entgegen. (Ob wir es hier mit einem
»modernen« Ich zu tun haben, wie ein Teil der feministi-
schen Literaturwissenschaft frohlockt, bliebe zu klären.) Im
19. Jahrhundert schließlich setzen sich Frauenrechtlerinnen
wie Malwida von Meysenbug, Fanny Lewald u. a. gegen die
endgültige Festschreibung »polarer Geschlechtscharaktere«
(Hausen, B 3: 1976)[28] zur Wehr und pochen auf Selbstver-
wirklichung. Dem zunehmenden Interesse breiterer Schichten an der Artikulation ihres spezifischen Selbstverständ-
nisses – und einem »ethnologischen« Interesse der höheren
Schichten an diesen – verdankt sich eine ganze Reihe von
Dienstbotinnen-, Arbeiterinnen-, Bäuerinnen-Autobiogra-
phien der Jahrhundertwende und des frühen 20. Jahrhunderts.[29]

Kay Goodman bringt die Erfüllung der Gattungsnorm
mit den politischen Entwicklungen des 19. Jahrhunderts,
konkret der ersten Frauenbewegung, zusammen: »Urteilt
man nach diesen Typen [i. e. den »männlichen Formen«,

---

26 Goodman, B 3: 1985, 294: »Tatsächlich scheint die Briefautobiographie
    (zum Teil mit ausgeprägt romanhaften Zügen) eine den Frauen eigentüm-
    liche Form zu sein.«

27 Vgl. die Untersuchung von Hilmes, B 3: 1996. Dazu die Rezension der
    FAZ v. 16. 4. 1997. (Dank an Michael Kohlstruck für diesen Hinweis.)

28 Zur Kritik an diesem schon kanonischen Text der Frauenforschung stellt
    Frevert fest, dass die »Geschlechtscharaktere« in der Tat keine »Erfindung«
    des 18./19. Jahrhunderts gewesen seien, »es jedoch zu dieser Zeit ein beson-
    deres Bedürfnis [gab], den Geschlechterdualismus festzuschreiben, zu legi-
    timieren und mit zeitgenössischen Modifikationen zu versehen« (Frevert,
    B 3: 1988, 43, Anm. 27).

29 Sloterdijk hat in seiner Dissertation diese Ausweitungsbewegung konsta-
    tiert, sie jedoch nur an der Autobiographik von Männern festgemacht (Slo-
    terdijk, B 4: 1978).

etwa der Berufsautobiographie, M. H.], so scheint es, als ob Frauen erst im frühen 19. Jahrhundert ›wirkliche‹ Autobiographien schreiben, d. h. gängigen Definitionen der Forschung nach« (Goodman, B 3: 1985, 297).

Die Möglichkeit, einen Beruf – aus einem sehr engen Spektrum zunächst – zu wählen, auf eigenen Füßen zu stehen, die Forderungen nach Wahlrecht, Bildung und Studium, die schließlich 1918 eingelöst werden, all dies führt dazu, dass Frauen auf öffentlichem Terrain erscheinen und sich schreibend engagieren. Im Faschismus wurde diese Entwicklung natürlich abgebrochen; das propagandistische Frauenbild sah die Frau als Gebärmaschine, als explizit »weiblich« und als engagiert nur innerhalb der völkischen Ziele des Nationalsozialismus vor. Ausdrücklich gefördert wurde aber die Tagebuchkultur: Das Tagebuch wurde aus dem privaten Zusammenhang herausgelöst und als Zweckform in den Zusammenhang eines Beitrages zur »heroisierenden Geschichtsschreibung«[30] gestellt. Nicht Selbstaufklärung, sondern (Selbst-)Stabilisierung war seine wesentliche Aufgabe. Nach dem Zweiten Weltkrieg erscheint eine Flut von autobiographischen Veröffentlichungen, in denen es weniger um »Aufarbeitung« im Sinne der von Mitscherlichs geforderten »Trauerarbeit« geht als vielmehr um Selbstrechtfertigung (vgl. Peitsch, B 3: 1990).

Mit der zweiten Frauenbewegung eng verknüpft sind zahlreiche Werke in den 70er- und 80er-Jahren. An den Werken der Autorin Karin Struck lässt sich symptomatisch ablesen, wohin die »Neue Subjektivität« in ihrer weiblichen Variante auch führen konnte: War Struck in ihrem ersten autobiographischen Werk *Klassenliebe* noch auf der Suche

---

30 Vgl. den Aufsatz von zur Nieden, B 3: 1995, hier 291, ebenso Hammer/zur Nieden, B 1: 1992. Zur Nieden kommt zu dem Schluss: »Die Aufzeichnungen sind ein eindrücklicher Beleg dafür, daß Frauen im Nationalsozialismus nicht ›außen vor‹ standen, sondern herrschende Perspektiven und Hoffnungen teilten und somit die psychischen Voraussetzungen dieser Gesellschaft mittrugen und mitproduzierten« (B 3: 1995, 29).

nach klassenabhängigen Spezifika von Beziehungen, so verabschiedete sie sich mit ihren »Mutterbüchern« aus der emanzipatorischen Diskussion. Im Gewand der Besinnung auf vermeintlich essentielle weibliche Werte erlebte das Gefasel der Gegenaufklärung fröhliche Urständ.

Mit diesem kurzen Überblick über einzelne Phasen kann zweierlei verdeutlicht werden: Zum einen ist eine Entwicklung zu konstatieren, die man als »Nebenprodukt« der Ausdehnung des Literaturbegriffs verstehen könnte. Sie führt zur Aufwertung auch nicht normkonformer autobiographischer Schreibweisen (dem Brief etwa) und setzt deren »demokratische« Energie frei. Sowohl die literarische Autobiographie im engeren Sinne (vgl. im vorliegenden Band S. 19–24) profitiert davon, indem eher experimentelle oder fragmentarische Formen wählbar werden, um damit die in der Hochform der Autobiographik nicht thematisierten Krisenerscheinungen subjektgenetischer Entwicklung zu erfassen. Daneben wird autobiographisches Schreiben zum Verständigungsforum benachteiligter gesellschaftlicher Gruppen (der Frauen, der Arbeiterinnen usw.). Während die literarische Autobiographie sich von Normvorgaben zu befreien sucht, kann man in der so genannten autobiographischen Verständigungsliteratur den Rekurs auf die Zweckform und damit eine Re-Konventionalisierung beobachten. Beide Entwicklungen laufen parallel.

Insgesamt ist, wie Brodzki/Schenk (B 3: 1988, 1) feststellten, für die Autobiographik von Frauen von einem Mangel an Tradition und ihrer Marginalität auszugehen. In jüngerer Zeit sind aber verschiedene Arbeiten entstanden, die sich als erste Beiträge zur Rekonstruktion einer »weiblichen« Autobiographiegeschichte verstehen (Heuser, B 3: 1996; Holdenried, B 3: 1995). Editionsarbeiten, die ein wichtiges Desiderat der Forschung darstellen, könnten den Korpus der Werke noch wesentlich ausdehnen.[31] Der Klärung bedürf-

---

31 Autobiographische Groß-Archive wie das der Herrnhuter Brüdergemeinde sind noch immer archäologisches Brachland; Eda Sagarras Quel-

tige Fragen wie die nach dem Fehlen einer weiblichen Klassik (vgl. Ramm, B 3: 1995) sind gestellt und teilweise beantwortet.

Wichtiger als alle Forschungsarbeit, die noch zu leisten ist, dürfte die Verabschiedung normativer Deutungsmodelle bisheriger Autobiographiegeschichte sein. Bleibt der archimedische Punkt der maßstabsetzende Bezug zum »männlichen« main stream, so wird sich die Geschichte der Autobiographik von Frauen als unvollständiges, gegenläufiges und von Verzögerungen geprägtes Gegenstück erweisen. In diesem »nachholenden« Modell wird der Igel immer schon zuerst da gewesen sein, die Häsin das Nachsehen haben. Mein Plädoyer geht daher in Richtung einer kreativen Kontrastierung »weiblicher« und »männlicher« Lösungen des ›auto-bio-graphein‹ im Sinne eines Slogans aus der jüngstvergangenen politischen Geschichte: »Überholen ohne einzuholen.«

3. Jede ihre eigene Frau?
Über »weibliche« Autobiographik und ihre Theorie

»Aber zurück zu meinen Erlebnissen mit dem Karlshorster Herrenreiter Zitzenau: Wie viele Frauen wollte ich erobert werden [...]. So begann unsere intime Freundschaft. [...] bei ihm fühlte ich mich beschützt.« (v. Mahlsdorf, *Ich bin meine eigene Frau*, B 1: 1992, 101) Die 1992 erschienene Autobiographie der Charlotte von Mahlsdorf ist ein Testfall, weil sie ein Grenzfall ist – oder eine Parodie: Sie hält

lenbibliographie hat wesentliche Vorarbeiten zur Erfassung des autobiographischen Schrifttums schon geleistet (Sagarra, B 3: 1986). Editionen wie die von Heuser [u. a.], B 1: 1994, sind wichtige Bausteine für ein lückenloseres Mosaik.

einer ausschließlich an der Kategorie »Geschlecht« orientierten Auffassung von Autobiographik einen Zerrspiegel vor, erscheinen doch »weibliche« Charakteristika, Kennzeichen und Zuschreibungen vom Wunsch nach männlichem Schutz über detaillierte Kleiderbeschreibungen, Hinweise auf die angeborene »Putzader« im Text selbst bis hin zu den fotografischen Dokumenten eines »weiblichen« Lebens. Den Bilderbogen beschließt das Handtäschchen als Insignie wahrer Weiblichkeit. Aber: Charlotte von Mahlsdorf ist ein Pseudonym – eines Mannes. Oder doch nicht? Lothar Berfelde, durch seinen Einsatz für die Erhaltung von Gründerzeiteinrichtungen in der Ex-DDR sogar mit dem Bundesverdienstkreuz ausgezeichnet, beschreibt als Transvestit ein Leben aus weiblicher Perspektive.

Wie imaginär dieser Blick ist, wie antiquiert die daraus resultierende Erzählhaltung,[32] wirft ein Schlaglicht auf essentialistische Zuschreibungen, denen auch die Gender-Konstruktion nicht vollständig entgeht. Solche Überzeichnung legt parodistisch bloß – ohne parodistisch gemeint zu sein – »daß Weiblichkeit ein inszeniertes Oberflächenphänomen darstellt« (Tebben, B 3: 1997, 271). Eine Auffassung von Gender als sozialem, nicht biologischem Geschlecht transponiert den biologischen Essentialismus lediglich auf das Feld des Sozio-Kulturellen. Zwar stimmt es, wie Brinker-Gabler notiert, dass mittlerweile in der Forschung »vielfache Differenzen auch in der Kategorie ›Frauen‹ in den Vordergrund gerückt [sind], das heißt unterschiedliche Modalitäten aufgrund kultureller und historischer Gegebenheiten; Variablen wie Klasse, Ethnizität, sexuelle Orientierung usw.« (Brinker-Gabler, B 2: 1996, 397). Die Forschung, welche in der Gender-Klassifizierung zunächst

32 Wobei natürlich festzuhalten ist, dass in dieser Autobiographie auch augenzwinkernd mit den tuntigen Accessoires gespielt wird; dass schelmisch in den Vordergrund gestellt wird, was nur als Groteske des transvestitischen Festhaltens an vermeintlich weiblicher Konvention noch bestehen kann.

einmal den deskriptiv allgemeinsten Nenner für eine Abgrenzung von androzentrischer Ästhetik gesucht hat, was sinnvoll und notwendig war, sollte in der Tat dahin kommen, andere und ebenso wichtige identitätskonstituierende Kategorien in den Blick zu nehmen. Dabei darf sie aber nicht stehen bleiben: Was für die fiktionale Literatur gilt, kann auf eine Autobiographik übertragen werden, welche die Zweckform längst hinter sich gelassen hat und nach literar-ästhetischen Maßstäben analysiert werden muss.[33] Die Frage nach einer genuin »weiblichen Ästhetik« hat Silvia Bovenschen schon in den 70er-Jahren zu beantworten versucht. Ihre Ergebnisse sind auch heute noch nicht schlüssig widerlegt: »Gibt es eine weibliche Ästhetik? Ganz gewiß, wenn die Frage das *ästhetische Sensorium* und die *Formen des sinnlichen Erkennens* betrifft; sicher nicht, wenn darunter eine aparte Variante der Kunstproduktion oder eine ausgeklügelte Kunsttheorie verstanden wird.« (Bovenschen, B 3: 1976, 74) Die Betonung des Zusammenhangs von Realität und Text hat für die Autobiographie dazu geführt, in besonderem Maße ein Analogieverhältnis eindeutigster Art, mimetische Verdoppelung, die rückstandslose Auflösung des einen (»auto«/»bios«) in das andere (»graphein«) zu unterstellen. Erfahrung und Ästhetik werden in ein direktes 1:1-Abbildungsverhältnis gesetzt – dieser naive Realismus geistert noch heute durch manche Theorie. Als frauenpolitisches Werkzeug instrumentalisiert, führte diese Abbildungstheorie dazu, den Opferstatus von Frauen in deren Werken zu suchen, zu finden und letztlich zu perpetuieren. Autobiographisches Erzählen konnte nur die Quintessenz

---

33 Im zweiten Kapitel habe ich ausgeführt, dass diese Entwicklung natürlich nur für einen Teil der Autobiographie gilt, nämlich den mit explizit literarischem Anspruch, geschrieben meist von Schriftstellern; hier hat ein Verdrängungsprozess stattgefunden, der vielleicht ähnlich zu lesen ist wie die Aneignung des »vorästhetischen Raumes« (Bovenschen) Brief im 18. Jahrhundert. In einem eher popularisierten, oft auch trivialisierten Bereich hingegen wirken Elemente der Zweckform, nunmehr als »(Selbst)Verständigung« apostrophiert, weiter.

eines verhinderten, problematischen, vielleicht verzweifelten Ringens um Autonomie und Befreiung aus patriarchalen Verhältnissen und Strukturen sein – als solches aber war es keine sinnerfüllte, in sich geschlossene ganzheitliche Erzählung, sondern fragmentiert, vielfach gebrochen, im besten Falle radikal anders.

Heute herrscht in manchen Sektoren des literarischen Marktes sogar eine Präferenz für »weibliches« Erzählen; im Genre des Kriminalromans etwa wird Frauen schon länger eine Begabung zugesprochen, die so gar nicht zu ihrem Opferstatus passen will – es sei denn, man versteht die klammheimliche Freude an Leichen als literarische Rachephantasie und Wunscherfüllung. Neuerdings scheint mir eine Tendenz beobachtbar, die ich als »Hera-Lind-Effekt« bezeichnen möchte: Es handelt sich hier um eine Art »Selbstbehauptungsliteratur«, welche die in den 70er- und 80er-Jahren vorherrschende so genannte Verständigungsliteratur ablöst. An die Stelle der Verständigung über weibliches Leiden vom prämenstruellen Syndrom bis zur multiplen Persönlichkeit tritt die Bejahung der Zarah-Leanderschen Lebensmaxime: »So bin ich, und so bleibe ich« – Frauen mögen marginalisierte, nicht repräsentierbare, ja inexistente Wesen sein (wenn man Lacans Diktum »La femme n'existe-pas« allzu wörtlich nimmt), und dennoch trinken sie lustig Prosecco.[34] Doch muss man vorsichtig bei der Einschätzung solcher Phänomene sein: immer noch handelt es sich um, wenn auch lukrative, Randbereiche der Literatur, keineswegs um deren Zentrum. Und selbst wenn in dem, was vollmundig »Weltliteratur« genannt wird, in den letzten Jahren, vielleicht seit Isabel Allende, verstärkt Autorinnen, gerne aus der »Dritten« Welt, hochgelobt werden, so zeigt sich auch hier eher der unersättliche Hunger einer weltweit operierenden Literaturagentenschaft, die nach bestimmten Parametern wie

---

34 Nach dem Titel eines bei Reclam Leipzig erschienenen Bandes von Marlene Faro, der für eine ganze Richtung dieser Art von Unterhaltungsliteratur als Motto dienen könnte.

»weiblich, schön, medientauglich, konventioneller Erzähl-stil« entsprechende Produzentinnen suchen. (Deren Pro-dukte sind natürlich zugeschnitten auf eine weibliche Leser-schaft, welche noch nicht vollständig in die Virtualität der Computerwelten abgewandert ist, oder statt zu stricken ein Buch liest.)

Wie steht es aber mit dem »literarischen« Sektor? Zu-nächst muss festgehalten werden, dass die Aufwertung des Autobiographischen seinen Aufstieg aus dem vorästheti-schen in die ästhetischen Räume bewirkt hat; bisweilen scheint es gerade so, als ob die Autobiographik zum Para-digma von Literatur überhaupt geworden sei. Was lange Zeit, vom 18. Jahrhundert bis in die erste Hälfte dieses Jahr-hunderts im Roman verhandelt wurde, Identität und Eigen-schaften des Subjekts, wird zur Domäne der Autobiogra-phik. In diesem Zusammenhang ist nun eine fröhliche Auf-erstehung zu beobachten: Das dezentrierte, fragmentierte weibliche Subjekt rückt von seiner marginalen Position ins Zentrum. Mit genau denselben Attributen, die nun aber »postmodern« anders bewertet werden, sieht sich das aus-gegrenzte weibliche Subjekt plötzlich als Vorzeigesubjekt einer ästhetischen Avantgarde, welche im Zeichen der post-modernen Umwertungen aller Werte die Differenz und die Abweichung will. Auf die Konsequenzen dieser »Romanti-sierung reiner Negativität« hat Almut Finck hingewiesen: »Das Weibliche soll als das gelten, was nicht ist, das ganz Andere, die radikale Differenz in ihrer Nichtrepräsentier-barkeit. [...] Als universalisierter Negativität aber wider-fährt ihr die Totalisierung nicht weniger als in den patriar-chalen Vorstellungen von einer essentiellen Weiblichkeit. Man hypostasiert Weiblichkeit zur Differenz an sich, anstatt die Spezifika weiblicher Differenzen zu lokalisieren [...].« (Finck, B 2: 1995, 292)[35]

35 Brinker-Gabler hat den Nachweis geführt, dass poststrukturalistische Um-wertungen jedenfalls nicht geschlechtsneutral seien, sondern – etwa bei Foucaults Bestimmung von Sexualität – sich als androzentrisch erweisen:

Hiermit ist die besondere Schwierigkeit der Befassung mit der Autobiographik von Frauen in ihren theoretischen Aspekten benannt. Reduktionismus oder Ergänzung/ Komplementarität hat Bovenschen als *die* zwei Hauptstrukturen »kultureller Repräsentanzen des Weiblichen« (Bovenschen, B 3: 1979, 17 ff.) benannt. Als theoretische Antwort auf solche kulturtheoretisch untermauerten Strategien der Nicht-Repräsentanz, des Ausschlusses bleibt der Frauenforschung[36] offenbar nur die Wahl zwischen Kontrast und Abkopplung – beides läuft aber auf die Betonung eines eigenständig Weiblichen (was immer das sein könnte) hinaus, auf eine Zuschreibung von der Seite der Frauen selbst. Brodzki/ Schenck haben diese Crux so formuliert: die Absicht, weibliche Besonderheit und Subjektivität zu artikulieren, stehe immer in der Gefahr, in das Fahrwasser des Essentialismus oder der französischen »écriture feminine« (»weibliche Schreibweise«) zu geraten oder aber in die pure Textualität (Brodzki/Schenck, B 3: 1988, 14). Das Verschwinden des weiblichen Subjekts aus dem / in den puren Text sehen sie zu Recht als politisch äußerst bedenkliche Fortschreibung der Marginalisierung der Frau. Eine unkritische Allianz von Feminismus und Postmoderne geht zu Lasten des ersteren.

Um der misslichen Wahl zu entgehen, können vorläufig nur Forderungen an künftige Forschungsansätze formuliert werden: Selbstverständlich sollte ein Anti-Essentialismus sein, welcher »Gender« in einem dichten Netz von Bedeutungen situiert. Dazu können Untersuchungen historischer, soziologischer, anthropologischer, ethnologischer Art beitragen, wie etwa das große Projekt von Georges Duby, Michelle Perrot u. a. (Duby/Perrot, B 3: 1993 ff.) oder auch Natalie Zemon Davis' Studien (Davis, B 5: 1996). Die Ten-

»Der poststrukturalistische Diskurs ist ein Diskurs der Anonymität, allerdings ist er nur scheinbar geschlechtsneutral« (Brinker-Gabler, B 2: 1996, 397).

36 Ein Begriff, der sinnvollerweise immer mehr von dem der »gender studies« abgelöst wird.

denz zur interdisziplinären Überschreitung wirkt hilfreich in dieser Hinsicht; neue Theorie-Ansätze wie die Text-Kontext-Diskussion des New Historicism sind sinnvolle Erweiterungen.

»Dekonstruktion« könnte ein wichtiges Leitwort bleiben, wenn auch weniger in einem radikal entsubjektivierten, als vielmehr in einem ästhetischen und »literaturpolitischen« Sinne: Autobiographinnen wie Schriftstellerinnen allgemein haben sich natürlich auf den männlichen Kanon bezogen, seine Strukturen übernommen, imitiert, sie aber auch subvertiert und ironisch de(kon)struiert. Gertrude Steins »Autobiographie« wird in diesem Zusammenhang gerne genannt, weil sie sich erheiternd und erhellend neue darstellerische Lösungen für knifflige identitäts- und subjekttheoretische Fragestellungen erschrieben hat. Ihre ironisch-humorvolle Auseinandersetzung mit Identität ist vollständig in die Subvertierung der Form geflossen, zur »Anti-Autobiographie« geworden.

Positive Bestimmungen einer frauen- bzw. genderorientierten[37] Autobiographietheorie sollten also folgende sein:

- Ein Anti-Essentialismus, welcher auf vorgängige Zuschreibungen verzichtet und dennoch grundlegende Aspekte unterschiedlicher Identitätsbildung berücksichtigt. Brinker-Gabler hat diese differentielle Bestimmung an der Kategorie Erfahrung festgemacht, wonach »ausgehend von *anderer* Realität und Lebensbedingungen [...] auch *andere* Autobiographien [zu erwarten, M. H.] wären« (Brinker-Gabler, B 2: 1996, 397).
- Kontrastiv muss die Analyse sein, weil der Kanon als männlich bestimmter bislang die These setzt, zu der erst

---

37 Definitorische Eiertänze zeigen die Schwierigkeit an, mit der es zu tun haben: Von einer »weiblichen« Autobiographietheorie kann noch weniger als von ihrem Substrat, »weiblicher« Autobiographik, die Rede sein, setzte dies doch in dualer Logik die Existenz einer »männlichen« Autobiographik und ihrer Theorie voraus. Die Auseinandersetzung mit psychosexuellen Voraussetzungen von Autorschaft (vgl. Brüns, B 3: 1998) führt hier sicher weiter als das Axiom einer geschlechterdifferentiellen Ästhetik.

über die Anti-These möglicherweise zur Synthese gelangt werden kann. Selbstredend heißt dies nicht, dass hier weiterhin normativ verfahren, und das »Weibliche« als Abweichung verstanden wird. Ein Drittes muss aber erst gefunden werden.

– Deskriptiv-aufarbeitend muss sich die Forschung sowohl mit den verschiedenen historischen Phasen der Subjektgenese befassen, um zu einer genaueren Bestimmung historisch gegebener Vorstellungen des Selbst, des »diskursiven Subjekts«[38] (Brinker-Gabler) zu gelangen. Literatur ist selbst Teil dieses Diskurssystems, wie es dieses wiederum formt und mitbestimmt. Die ästhetische bzw. formale Analyse sollte besonderes Augenmerk darauf legen, ob die diskursive Ausbildung eines weiblichen Subjekts tatsächlich zu Spezifika der Darstellung führt, das »Andere« also auch als ein ästhetisch anderes erfasst werden kann.

Abschließend formuliert: Es gibt noch viel zu tun, um die einzelnen Bestandteile des autobiographischen Schreibens, Selbst, Leben und Text in sinnvolle Korrelationen zu setzen. Es fehlt derzeit noch an Grundlegendem, an Quellenbibliographien, Editionen, einer umfassenden Autobiographiegeschichte. Schließlich gilt es, das schon Bekannte zu überprüfen, neu zu interpretieren, zu revidieren. Und nicht zuletzt darf die Forschung nicht den Fehler begehen, sakrosankte Texte zu »weihen«, beispielsweise Gertrude Steins Anti-Autobiographie zum Idealtext zu stilisieren, der er nicht ist. Weit wünschenswerter wäre die Suche nach der Fülle und Heterogenität eines weiten Spektrums autobiographischen Schreibens, verschieden nicht nur nach Geschlecht, sondern nach Nationalität, Klasse, ethnischer Herkunft usw. – ohne Horizontbegrenzung.

38 Diskursiv soll aber nicht bedeuten, dass das Subjekt nur Effekt der Redeweisen über dieses ist; psychologische Faktoren wie das »mothering« (Chodorow) sind Teil dieses »Diskurses«. Renate Schlesiers bedeutende Untersuchung wäre hier zu nennen (Schlesier, B 3: 1981).

Geschichte der Autobiographie

Seit Mischs monumentaler »Geschichte der Autobiographie« gilt es als ausgemacht, dass »die autobiographischen Schriften in den verschiedenen europäischen Sprachen als Zeugnisse für die Entwicklung des Persönlichkeitsbewußtseins der abendländischen Menschheit behandelt« (Misch, B 2: 1989, 36) werden sollen. Während Misch selbst den alten Orient und die arabische Kulturwelt in seine ausgedehnten historischen Studien mit einbezog, hat sich in seiner Nachfolge die Auffassung des autobiographischen Schrifttums fast ausnahmslos noch mehr verengt: »Die S[elbstbiographie] ist im wesentlichen europäisch und vor allem neuzeitlich« (Aichinger, B 4: 1977b, 809). Die Konsequenzen für die Autobiographiegeschichte sind fatal, wird damit doch die klassische Hochzeit der Autobiographik von 1770 bis 1830 zu der Phase, welche das höchste Interesse der Forschung auf sich zieht. Die antiken wie die mittelalterlichen Selbstdarstellungen verbleiben so im Dämmerlicht einer sich ihrer selbst noch nicht bewusst gewordenen Menschheit, von den außereuropäischen Formen ganz zu schweigen. Um diese Gewichtung zu ändern, wäre eine Korrektur der gesamten teleologischen Ausrichtung der Autobiographiegeschichte notwendig. Statt deren Entwicklung zielgerichtet in der zum Idealtypus erklärten Autobiographik des 18. und frühen 19. Jahrhunderts gipfeln zu lassen, wäre eine Lösung vom Diktat der bürgerlichen Selbstbewusstwerdung unumgänglich. Den Epochen müsste zunächst ein Eigengewicht gegeben werden, indem die Forschung eher deskriptiv statt normativ die jeweils besonderen historischen Bedingungen autobiographischer Produktion klärt. Sowohl den »Vor- und Frühformen« autobiographischen Schreibens wie auch

den als epigonal abgewerteten Werken der nachklassischen
Periode würde eine solche Eigengewichtung eher gerecht
werden als ihre schematische Einordnung in ein Geschichts-
konzept von allmählichem Aufstieg, einsamer Vollendung
und unaufhaltsamem Niedergang. Die Geschichte der Autobiographie beginnt nicht erst im 18. Jahrhundert, aber
ihre Frühzeit liegt nicht nur aufgrund fehlender Überlieferung im dunkeln, wie Misch betont hat, sondern auch, weil
es an Forschungsbeiträgen fehlt. Dieses Desiderat kann der
vorliegende Überblick nicht beheben, er möchte ihn aber als
solchen deutlich benennen.

1. Selbstdarstellungen in Antike und Spätantike

»Writers of antiquity often reveal a great deal about them-
selves – Horace, for instance, in his poem and Cicero in his
letters – but there are, strictly speaking, no examples of autobiography surviving from classical literature« (Enc. Brit.,
B 2: 1968, 855). In diesem strengen Sinn hat auch Misch
seine Expeditionen in die altägyptisch-assyrisch-babyloni-
sche Frühzeit unternommen; per definitionem kann es vor
der »Entdeckung der Individualität« (Misch, B 4: 1949,
73 ff.) keine Autobiographie geben. »Totenkult« und »Herr-
scherpreis«, so fasst Müller (B 4: 1989, 313) zusammen,
stehen am Anfang der autobiographischen Literatur. Erkennbare Anfänge sieht Misch erst in der altgriechischen Literatur bei Hesiod (um 700 v. Chr.), erste direkte Anknüp-
fungspunkte bei Archilochos und Solon (um 600 v. Chr.).
Im mystischen Schrifttum der Griechen (im 6. Jahrhundert)
seien Formen der Ich-Darstellung religiöser Persönlichkeiten für ihre Anhänger entstanden. Diese hätten zunächst
keine Fortführung erfahren; erst in den Jahrhunderten nach
Christi Geburt sei Vergleichbares auffindbar. Empedokles

(um 450 v. Chr.) wird als eine »Übergangsgestalt« geschildert; rhetorische Überformung wird die Autobiographie lange beherrschen.

Der Fortgang der Individualisierung und damit der autobiographische Selbstausdruck stehen in direkter Abhängigkeit von der Entwicklung philosophischen Denkens, von den ersten metaphysischen Entdeckungen der Naturphilosophen bis zu einem frühen Höhepunkt, der Sokratischen Selbstbesinnung. Am Ende dieser frühen philosophischen Periode trete die Selbstbiographie das erste Mal in ihrer eigentlichen Gestalt auf: bei Isokrates. Dessen *Antidosis* (353 v. Chr.) sieht Misch als »die erste mit dem Bewußtsein von der Bedeutung der Aufgabe unternommene und selbständig hingestellte literarische Autobiographie« (Misch, B 4: 1949, 158).

Isokrates, ein Zeitgenosse Platons, nutzte die Verteidigungsrede vor Gericht, um die eigenen Tugenden hervorzuheben. An diesem Ort war das, was sonst verpönt war, nicht nur gestattet, sondern sogar geboten. Fuhrmann hat zwei Verteidigungsreden, die von Platon retuschierte *Apologie* Sokrates' und Isokrates' *Antidosis* im Hinblick auf deren Funktion untersucht (Fuhrmann, B 2: 1979). Beide Reden stellten Identität in den Dienst der Rechtfertigung – diese Betonung des Sichselbstgleichbleibens in moralischer (oder politischer) Hinsicht sei eine der Wurzeln des Autobiographischen. Misch hatte Isokrates zwar den Rang des ersten echten Autobiographen eingeräumt, dessen *Antidosis* aber gleichzeitig ausgesprochen negativ beurteilt, da sie in der Tradition antiker Selbstverherrlichung stehe. Was aus der Lebenswirklichkeit des 82-Jährigen Eingang in die Selbstdarstellung fand, sein literarisches Wirken, seine Tätigkeit als Lehrer, die häusliche Ökonomie bis hin zu den Honoraren sowie das Bildungsideal im zweiten Teil sei ausdrücklich in der Perspektive des Enkomion, der antiken Lobrede, zu sehen, welche Isokrates auf die autobiographische Folie auftrug. Die Autobiographie stehe daher nicht im

Zusammenhang mit Selbstbesinnung, sondern mit der rhetorisch erzeugten Wirkung auf die Öffentlichkeit. Dies Moment der schulmäßig durchgebildeten, auf den Effekt kalkulierten Kunst der literarischen Formgebung habe die »freie, lebendige Entfaltung der autobiographischen Gattung« (Misch, B 4: 1949, 180) bis hin zu Augustinus verhindert. Fuhrmann hebt hingegen an Isokrates positiv hervor, dass dieser erstmals »das eigene Ich [...] zu einem ästhetischen Gegenstand gemacht« habe (Fuhrmann, B 2: 1979, 689). Seine Selbstdarstellung sollte dem höchsten Wahrheitsanspruch gerecht werden, wobei seine aufgerufenen Werke die Kontinuität seiner moralischen Gesinnung zu untermauern hatte. Auch einen ersten theoretischen Beitrag zum Autobiographischen sieht Fuhrmann in Isokrates' Vorschlag zur Ordnung des disparaten Stoffes. Die Orientierung an der Sokratischen Apologie hat allerdings eine Weiterentwicklung der Autobiographie verhindert. Dieses Muster bot keine Möglichkeiten, Fehler, Brüche, Irrtümer als zur Identität zugehörige Aspekte in die eigene Biographie aufzunehmen. Erst mit der sittlichen Zergliederung des Ich bei Seneca und Marc Aurel sei dies möglich geworden – wichtigen Wegbereitern für Augustinus.

Im Hellenismus sieht Misch die Autobiographie sich im Zusammenhang mit Persönlichkeitsbildung (als »Verinnerlichung«) und Zeitkontext zu ihrer wahren Gestalt entwickeln. Über die Stoa und deren Begriffsbildungen (Gewissen, Selbstbewusstsein, moralische Persönlichkeit) sei die sokratische Selbstbetrachtung zu einer kulturellen Macht geworden, obgleich sie auch dann noch im Schatten der rhetorischen Überformung und der gattungsmäßigen Dominanz der Biographie stand. Die hellenischen Ansätze umfassen die Selbstdarstellung innerhalb der politischen Sphäre, also die höfischen Memoiren und Kaiserviten, die Tatenberichte (Gesta), »sachlichen Denkwürdigkeiten« und »romanhaft historischen Erzählungen« (Misch, B 4: 1949, 189) sowie die Schriftsteller- und Dichter-Autobiographie.

In dieser Phase der Entwicklung sind mehrere Aspekte hervorhebenswert: Aus der Selbstbesinnung entstehen literarische Formen, die alltägliche Wirklichkeit findet Eingang in sie. Wesentlich neu ist, dass aus der Selbstbetrachtung Formen entwickelt werden, »den individuellen Zusammenhang des Seelenlebens darzustellen« (ebd., 196). Die Berührungen mit der römischen Aristokratie bewirken eine größere Realitätsnähe der Selbstbetrachtung. In Ciceros Privatbriefen schließlich wird über die Anerkennung der »varietates«, der Mannigfaltigkeit von Persönlichkeit, die nicht mehr wie bislang als Fehler getadelt wird, die Wendung zur individuellen Realität vollzogen. Das halbe Jahrtausend von etwa 300 v. Chr. bis ins zweite nachchristliche Jahrhundert ist geprägt von den Selbstdarstellungen der Staatsmänner, der Schriftsteller-Autobiographie seit Cicero und der philosophisch-religiösen Selbstbetrachtung, die schließlich zu Augustinus führen wird.

Misch hat großen Wert darauf gelegt, Augustins (354–430) autobiographisches Werk sowohl als persönliche geniale Leistung zu würdigen, es andererseits aber in den geschichtlichen Zusammenhang zu stellen. Langsame Übergänge zur erzählenden und nicht mehr rein rhetorischen Prosagattung haben den Charakter der Literatur insgesamt verändert. Er spricht sich damit deutlich gegen das Bild aus, das Augustinus' *Bekenntnisse* (um 400) auf den Ruinen der antiken Literatur entstehen sah (Misch, B 4: 1949, 554). Die autobiographische Produktion im vierten und fünften Jahrhundert n. Chr. war mit Ausnahme der politischen Autobiographie so umfangreich wie die der gesamten früheren Epochen. Ihr Spektrum reichte in jener Zeit von den letzten Ausläufern einer reinen Rhetorik (Libanius, 374 n. Chr.) über Reisebeschreibungen, die bereits Stimmungen und Eindrücke des Fremden wiedergeben (Rutilius, Anfang 5. Jahrhundert) bis hin zum »intimen Tagebuch« des Neuplatonikers Synesius, der über die tägliche Selbstbeobachtung die Beachtung der Träume fordert und vorschlägt,

»Nachtbücher« (Epinyktiden) zu führen. Augustinus' Werk schließlich hat Misch zufolge »die rückhaltlos demütig sich preisgebende Bekenntnisrichtung in die europäische Literatur eingeführt« (ebd., 563). Die Ambivalenz, die er in der religiösen Wurzel des Autobiographischen sieht, wirkt über die Augustinische Vorbildfunktion für Mystik und Pietismus bis ins 18. Jahrhundert: Einerseits ist mit der religiösen Verinnerlichung eine »methodische Isolierung« des Selbstbewusstseins möglich, andererseits liegt »in der Ausschließlichkeit des religiösen Verhaltens zum Unsichtbaren recht eigentlich das Verengende« (ebd., 564). Wenn Neumann die Konfessionen als »die erste moderne Autobiographie« (Neumann, B 2: 1970, 33) deklariert hat, so kann dies nur mit Einschränkungen gelten. Von der neuzeitlichen Autobiographik unterscheidet sich das religiöse Bekenntnis, weil es wesentlich auf die Gottesschau zentriert ist und damit zusammenhängend die Seelengeschichte nicht als Entwicklungsprozess auffasst, sondern als Entelechie. Wo individuelles Erleben geschildert wird, steht dies funktional im Begründungszusammenhang einer Bekehrungsgeschichte. Diese erfordert geradezu die Schilderung der Gefährdungen eines tugendhaften Lebens durch weltliche Verwicklungen, damit die Bekehrung zum wahren Leben in Gott umso stärker davon abgesetzt werden kann.

Augustinus stellt sich in seiner confessio – die zugleich Sündenbekenntnis wie preisendes Gottesbekenntnis ist – zunächst als eitlen, überheblichen und jähzornigen jungen Menschen dar, der sich dem Studium der Beredsamkeit widmet, »in der ich zu glänzen begehrte, dies mit dem verwerflichen und windigen Ziel des Genusses menschlicher Eitelkeit« (*Bekenntnisse*, B 1: 1998, 75). Er wird zu einem hochangesehenen Lehrer der Rhetorik an den Universitäten Karthago, Rom und Mailand. Seine langandauernde Anhängerschaft an den Manichäismus wird aus dem Rückblick des Bekehrten als geistige Verwirrung und Verführung verurteilt, ebenso wie seine Verfehlungen aufgrund von »Augenlust« und Fleischesbegierde als sinnliche Entgleisung.[1] In aller Sündhaftigkeit wirkt dennoch Gottes »Ziehen« zu sich hin. Gusdorf sieht im Glauben daran, dass jedes Schicksal von göttlicher Fügung gelenkt werde, die entscheidende neue geistige und anthropologische Orientierung bei Augustinus (Gusdorf, B 2: 1980, 33). Noch in der größten Verirrung ist das verborgene Wirken Gottes spürbar. Dieses äußert sich bei Augustinus als Erkenntnisleidenschaft und Streben nach Wahrheit. Die dramatische Hinführung zur Bekehrung ist daher nicht aus persönlicher Entwicklung abzuleiten, sondern wurzelt in der endlichen Annahme Gottes. Daraus erklärt sich auch die Ungleichgewichtigkeit der Teile: Der erste Teil (Buch 1 bis 4) enthält die ersten 28 Jahre, der zweite, in der Bekehrung gipfelnde Teil (Buch 5 bis 9) behandelt die vier Jahre davor mit Vordeutungen und Bekehrungen anderer, und der dritte, mehr als ein Viertel umfassende Teil, mit einer Zwischenstellung des 10. Buches, kann als religionsphilosophische Erörterung bezeichnet werden.[2]

Berühmt aufgrund ihrer dramatischen Zuspitzung[3] ist die Bekehrungsszene im achten Buch, Kap. 12, in der Augusti-

---

1 Die Selbstbezichtigungen Augustinus' waren immer wieder Anlass für die Forschung, über dessen sexuelle Orientierung zu rätseln. Er selbst spricht sowohl von der törichten Leidenschaft für eine Frau, eine sündhafte Verbindung, aus der der Knabe Adeodatus hervorging, wie von der jugendlichen Liebe zu seinem Freund. Über dessen Tod hat er eine der bewegendsten Passagen des Werkes verfasst, bewegender noch als die Totenklage über seine Mutter Monika. Der berühmte Satz »Ich selbst wurde mir zu einem großen Rätsel« steht im Zusammenhang dieser Passage. Härle hat darauf hingewiesen, dass das Skandalon der Homoerotik durch Herausgeber wie Thimme entschärft worden sei, indem es zur reinen Rhetorik erklärt wurde (Härle, B 2: 1992, 25).

2 Über deren Zusammenhang mit den autobiographischen Teilen im eigentlichen Sinne bestand lange Streit in der Augustinus-Forschung; mittlerweile hat sich die Auffassung von der Einheitlichkeit des Werkes, also aller 13 Bücher, durchgesetzt.

3 Auch daran entzündete sich Streit: sahen manche Forscher in der dramatischen Anlage die der Sache dienliche rhetorische Form, warfen andere Augustinus gerade deshalb Stilisierung, ja Erfindung vor.

nus schildert, wie er in völliger Zerknirschung ob seiner
früheren Missetaten im Garten seines Mailänder Hauses im
Jahr 386 die Stimmen von spielenden Kindern vernimmt,
die ihm mit ihrem »Tolle, lege, tolle, lege« eine Botschaft
Gottes zu vermitteln scheinen. Er folgt diesem geheimen
Wink, nimmt die Bibel und liest eine Stelle aus Römer 13,
und »sofort, als ich den Satz zu Ende gelesen hatte, strömte
das Licht der Gewißheit in mein Herz; jegliche Finsternis
des Zweifels war verschwunden« (*Bekenntnisse*, B 1: 1998,
221). Er lässt sich taufen, gibt seinen Beruf als Rhetor auf
und schildert sein endgültiges Hineinwachsen in das pauli-
nische Christentum. Die Selbstbeobachtung gilt nun dem
Sündenspüren, und gerade die verborgensten inneren Regungen müssen zugänglich gemacht werden, weil sie die
Quelle der Sünde sind. Wichtig im Zusammenhang einer
Geschichte der Autobiographik sind die letzten vier Bücher
aufgrund ihrer Reflexionen zum Gedächtnis (10. Buch) und
der Behandlung des Zeitproblems als einem reinen Be-
wusstseinsphänomen im 11. Buch; die Ausführungen zur
Erinnerung hängen damit zusammen.

Mit der Isolierung und Durchdringung seelischer Zustände hat Augustinus etwas Neues geschaffen. In der Deutung dieser Leistung herrschen allerdings unterschiedliche
Meinungen. Misch selbst hat zwar vom dem Platz in den
»Annalen der Psychologie« gesprochen, den die Wissenschaft vom Menschen dem Kirchenvater zugemessen habe;
er sieht aber doch den vorrangig religiösen Begründungszusammenhang, in dem Augustinus steht, wenn er vom
Begriff des »Seelengrundes« (dem internum aeternum)
spricht. Glagau hat Augustinus im Vergleich mit Rousseau
jede »Psychologisierung« abgesprochen, deutet dieser den
Durchbruch doch als Wunder und nicht »als ein allmählich
gewordenes Lebensereignis« (Glagau, B 4: 1903, 24). Unbe-
streitbar ist aber, dass Augustinus über seine Wirkungen auf
die Mystik und noch den Pietismus seinen historischen Beitrag zur psychologischen Selbsterfassung im engeren Sinn

geleistet hat. Größten Einfluss hat dabei die Sprache des geübten Rhetors. Psalmenton und Hymnus unterstreichen den Charakter des preisenden Gottesbekenntnisses. Beyer geht aufgrund der ästhetischen Überformung sogar so weit, die Konfessionen nicht nur als erste europäische Selbstbiographie zu deklarieren, sie seien »zugleich der erste große selbstbiographische Roman der späten Antike« (Beyer-Fröhlich, B 4: 1930, 216). Howarth erklärt die Konfessionen zum ersten Typus der oratorischen Autobiographie, der im Laufe der Jahrhunderte nicht nur religiös gebundene Autobiographen gefolgt seien, sondern »men who share a common devotion to doctrine, whether in religion, history or politics« (Howarth, B 2: 1980, 89) – bis hin zu Malcolm X, dem afroamerikanischen Rebellenführer. Trotz dieses sicher sehr weitreichenden Einflusses ist Wuthenow zuzustimmen, wenn er feststellt, dass die Voraussetzungen der Gattung, Neugierde, Freude an und Fähigkeit zur Selbstbeobachtung in der Spätantike zwar ihre erste Ausprägung erfahren, aber keine Tradition gebildet hätten (Wuthenow, B 4: 1974, 22). Augustinus' Werk bleibt deshalb lange Zeit singulär.

Die Ausläufer der antiken Autobiographik enden mit Boethius' *Tröstung der Philosophie* (524 n. Chr.), einer christlichen Selbstbesinnung, die zugleich noch ein letztes Mal in der philosophischen Tradition der Antike steht. Von den antiken Formen sieht Misch das Enkomion (die Lobrede), das Porträt und die Aretologie (in den Heiligenleben) weiterwirken.[4]

---

4 Müller führt als Formen der auf das Mittelalter weiterwirkenden frühen christlichen Literatur den »Biographietyp der Evangelien, denjenigen der Heiligenlegenden, die christliche Reflexionsautobiographie mit didaktisch-apologetischer Tendenz (Augustin, ›Confessiones‹) sowie die dialogisch-allegorische Autobiographie in Art der resümierenden ›Consolatio‹ (Boethius)« auf (Müller, B 4: 1989, 315).

2. Zur Autobiographie
in Mittelalter und Renaissance

Zwischen dem 5. und dem 12. Jahrhundert klafft eine Lücke, in der die individualistische Tradition der Spätantike wieder verloren ging. Zu unterscheiden sind dann für das Mittelalter zunächst die lateinische Autobiographik insbesondere des kirchlichen Lebens, welche in Abhängigkeit von Augustinus' *Bekenntnissen* zu sehen ist, und die Literatur der Volkssprachen im Hohen Mittelalter.

Wo die religiös-ekstatischen Berichte des Mittelalters nicht nur von rein religionshistorischem Interesse sind, finden sich in ihnen, auf der Folie und im Schatten der Vision, z. B. im 11. Jahrhundert bei dem Mönch Otloh, erstaunlich alltagsrealistische Schilderungen, die aber immer rückzubeziehen sind auf den Kontext der religiösen Praxis (Lehmann, B 4: 1988, 286). Bei Margaretha Ebner lässt sich das nachweisen, ebenso wie bei dem späten Ausläufer dieses Typus, Adam Bernds *Lebensbeschreibung* aus dem frühen 17. Jahrhundert. Die meisten autobiographischen Schriften, die Lehmann anführt, sind wegen ihrer begrenzten Wirkung für den Kontext einer allgemeinen Geschichte der Autobiographik zu vernachlässigen. Mit zwei entscheidenden Ausnahmen allerdings: der *Historia calamitatum* des Petrus Abaelard und des Briefwechsels von Héloise und Abaelard (12. Jahrhundert).

In seiner Leidensgeschichte erzählt Abaelard von seinen Studien in den Wissenschaften, in Logik und Rhetorik, von wissenschaftlichen Intrigen und Eifersüchteleien, von seinem Lehrstuhl in Paris. Dort lernt er als Hauslehrer die 17-jährige Héloise kennen und beginnt ein Verhältnis mit ihr. Der Kanoniker Fulbert, ihr Onkel, rächt sich, als er von der Entehrung seiner Nichte erfährt, mit drastischen Mitteln: Er lässt Abaelard entmannen. Dieser beschließt daraufhin, sich ins Kloster zurückzuziehen, und die ihm

heimlich angetraute Héloise folgt ihm darin. Beide gründen selbst Klöster, und Abaelard wird zum geistigen Be-
rater der Nonnen. Der Briefwechsel zwischen beiden, von
Héloise eröffnet, resümiert noch einmal die Geschichte ihrer Leidenschaft und endet mit theologischen Belehrungen
Abaelards.

Leidensgeschichte und Briefwechsel gehören zusammen;
gibt die Leidensgeschichte Rechenschaft über die öffentliche
Wirksamkeit und die äußeren Ereignisse, so wird in den
Briefen ein genaueres Bild der beiden Persönlichkeiten gezeichnet. Die Authentizität der Briefe ist nicht geklärt, doch
unter der Prämisse ihrer Echtheit wird Héloisens schönen
Liebesbriefen in der Forschung gehuldigt. In der Verbindung von Minne-Ideal und Briefform scheint der Grund für
das Überdauern dieser Zeugnisse zu liegen. Bei Héloise
wird die Heftigkeit der Liebe zum autobiographischen
Rechtfertigungsanlass. Dies dürfte somit der erste Fall einer
Apologetik auf dem Boden des abendländischen Liebesideals sein. Hier ist zugleich der Scheideweg für die Weiterentwicklung in eine weltliche Richtung und in die mystische
Vitenliteratur anzusetzen.[5]

Christine de Pizan hat zwei Jahrhunderte später mit ihrem *Buch von der Stadt der Frauen* (1404/05) die Ebene individueller Rechtfertigung verlassen und in höchst selbstbe-
wusster Weise die Gleichheit der Geschlechter eingefordert
und theoretisch begründet. Wie man den Briefen Héloisens
autobiographischen Charakter zusprechen darf, insofern sie
ihre unbeugsam individuelle Haltung gegenüber den Regeln
ihrer Zeit betonen, ist das Buch Christines nicht nur ein frühes Dokument der Emanzipation, sondern eine subjektive
Darstellung, in die autobiographische Daten zum Zweck
der anthropologischen Beweisführung einfließen. Der eigene Bildungsgang, die Förderung durch den Vater, die Be-

5 Zum genaueren Zusammenhang von Autobiographik und Individualisie-
rungsaspekten im Zeichen des Liebesideals und zur Umdeutung der Forschung vgl. Holdenried, B 3: 1995, 404 ff.

tonung der eigenen Person sollen sowohl Individualität wie Exemplarität demonstrieren.[6]

Beide Werke sind singuläre Erscheinungen ihrer Zeit, auch wenn sie nicht losgelöst von literarischen Zusammenhängen zu sehen sind. Im Falle Héloise vermutet man als literarisches Muster Ovid,[7] bei Christine de Pizan ist der Hintergrund der Debatte um den misogynen *Rosenroman* Jean de Meungs (oder de Meuns) zu berücksichtigen. Dennoch handelt es sich um Texte, welche die Rolle schreibender Frauen beim Übergang zur individuellen Darstellung stark unterstreichen. Vergleichbares hat es offensichtlich im deutschsprachigen Raum nicht gegeben. Erst in der Mystik erhalten Darstellungen von Frauen in der Autobiographiegeschichte einen herausragenden Platz zugewiesen, auch dort aber nicht ohne grundsätzliche Einschränkungen.

Den Zeugnissen der Mystiker sowie der bürgerlich-städtischen »Rechnungslegung« sprach die frühe Autobiographiegeschichte die Ehre zu, als Vorstufe der Renaissance-Autobiographik[8] zu gelten. Mahrholz fand in den »Kreisen der deutschen Mystiker« die »notwendige Steigerung des Ichgefühls« (Mahrholz, B 4: 1919, 13), während Rein – ebenfalls 1919 – in deutlicher Absetzung davon mehr vom »unbewußten Sichherausarbeiten der Autobiographie aus den Geschäfts-, Haus-, Familien-, Merk- und Tagebüchern des ausgehenden Mittelalters« (Rein, B 4: 1989, 342) ausging.[9] Nicht

6 Zu diesem außergewöhnlichen Werk vgl. Zühlke, B 5: 1994.

7 Vgl. den Hinweis bei Ulrich Müller auf den Gelehrtenstreit um Héloise (Müller, B 4: 1989, 316, Anm. 27).

8 Üblicherweise werden unter Renaissance-Autobiographik die Werke der italienisch-französischen Renaissance, von Petrarcas Briefen bis Montaignes Essais verstanden; Adolf Rein (B 4: 1989) meint hingegen die deutsche Autobiographik des 16. Jahrhunderts.

9 Dass es sich um entgegengesetzte Auffassungen handelt, wird deutlich daran erkennbar, wie Mahrholz immer wieder auf die Mystik und ihre Popularisierung verweist, die erst den Grundstein für eine »individualistische Stimmung« (Mahrholz, B 4: 1919, 59) geschaffen habe, während Rein ebenso apodiktisch den städtisch-bürgerlichen Löwenanteil unterstreicht und deren realistischen Gehalt für die Entwicklung der Autobiographik als unverzichtbar erklärt.

nur Mystik und Familien- bzw. Geschäftsbereich trugen indessen zur Entstehung der endgültigen Form neuzeitlicher Autobiographik bei, sondern auch Formen wie die Reisebeschreibung, die im Zusammenhang mit dem Heraufkommen eines bürgerlichen Kaufmannsstandes zunahm und Zeugnis von Weltgewandtheit und Bildungsaufstieg des Bürgertums ablegte, die Herrscher-Autobiographik, die an die antiken Vorbilder angelehnt, auf den Idealtypus der Renaissance, das strahlend-selbstgewisse Individuum vorauswies und die Prosagattungen, die fiktionale Muster bereitstellten.[10] Plurale Anstöße erklären eher als monokausale oder »bifokale«, dass die Wechselwirkungen etwa zwischen weltlichem Liebesideal und dem Vereinigungsgedanken der Mystik sehr eng sind, dass der religiöse Bereich trotz der Vorherrschaft des Geschäftlichen in den Kaufmannschroniken auch dort eine Rolle spielt und dass die Sprache der Mystik erst das Instrumentarium bereitstellte, mit dem Innerlichkeit ausgedrückt werden konnte. Aichinger betont, dass die im Mittelalter ausgeformten Genres der Vita und Heiligenlegenden »dem autobiographischen Schrifttum mit Wundern, Visionen und Träumen neue Elemente vermittelten« (Aichinger, B 4: 1977b, 810).

Mechthilds von Magdeburg *Das fließende Licht der Gottheit* (Mitte 13. Jahrhundert) zeigt musterhaft Grundstrukturen der mystischen Autobiographik. Im zweiten Kapitel ihres Buches spricht sie über sich selbst, wobei dies lediglich exemplarisch den Weg einer »unwürdigen sunderin« zu Gott darstellen soll. Mahrholz hat dieses »Bruchstück« als die erste Selbstdarstellung in deutscher Sprache bezeich-

---

10 Ulrich Müller (B 4: 1989, 308 ff.) hat bereits für diesen frühen Zeitraum auf die stilisierende Transformation des Autobiographischen aufmerksam gemacht (u. a. am Beispiel von Ulrich von Lichtenstein). Man kann dies Borgen auf Gegenseitigkeit zum durchgängigen Muster autobiographischen Schreibens erklären. Leider hat sich die Forschung vornehmlich den moderneren Formen dieser Übernahmepraxis gewidmet, so dass wir in der Gefahr sind, die frühen Selbstdarstellungen allzu bereitwillig als »authentisch« zu lesen.

net. Welthaltig seien die Mystiker-Autobiographien ohnehin nur, insofern sie das sündige Leben vor Bekehrung und
Durchbruch zur Darstellung brächten. Bei Mechthild sei
noch »nirgends [...] ein Verweilen bei seelischen Zergliede-
rungen zu spüren« (Mahrholz, B 4: 1919, 16). Stattdessen
sieht er viel »Mönchisches« und Befangenheit im Typischen.

Die Selbstbiographie des Heinrich Seuse (1295–1366),
Vita (um 1360), hingegen erscheint unter der Rubrik der
»Kunstform« bei Mahrholz. Seuse wird damit der Rang der
ersten vollgültigen deutschen Autobiographie zugesprochen, obgleich die Autorschaft bis heute nicht geklärt ist.
Mahrholz selbst ging auch davon aus, dass Elsbeth Stagel
Seuses »Selbstbiographie« geschrieben hat.[11] Er beharrt aber
darauf, dass dies als Diktat und nicht als eigenständige Aufzeichnung geschehen sei.[12] Im Bereich der Mystik sind solche Bearbeitungen und biographischen Landnahmen keineswegs selten; noch im Pietismus gibt es den Fall einer
gewissermaßen »biographischen Autobiographie« häufig.
Zu rekonstruieren sind die genauen Anteile meist nicht.
Wenngleich immer noch gewisse typisierende Betrachtungs-
weisen vorherrschen, ist die Seusesche *Vita* doch gekennzeichnet durch lebendige Schilderungen. Beyer-Fröhlich
sieht aufgrund der Anklänge seiner Erzählungen von Leiden und Abenteuern an novellenartige Erzählformen eher
einen »Roman« denn eine Lebensbeschreibung vorliegen.
Sie spricht damit die stilisierende Überformung an; die le-
bensgefährliche Szene einer Bedrohung durch einen Mörder
im dunklen Wald und seine gnädige Errettung findet sich
nachweislich auch in anderen Mystiker(auto)biographien.[13]

---

11 Beyer-Fröhlich gibt ein Jahrzehnt später als Forschungsmeinung wieder,
   ein begeisterter Anhänger habe die Vita verfasst (B 4: 1930, 216 f.).
12 Stagel wird im Verlauf seiner Argumentation völlig aus der Ko-Autor-
   schaft verdrängt. Schon im dritten Absatz ist nur noch von Seuse die Rede
   (Mahrholz, B 4: 1919, 16 ff.).
13 Müller liefert diesen Hinweis, um zu zeigen, dass solche Stilisierungen immer vorliegen, was nicht zu tadeln, wohl aber zu erklären sei (Müller, B 4:
   1989, 310).

Absicht der Vita ist wie bei allen Mystikerautobiographien
die Darstellung des Wirkens Gottes im Verborgenen. Wie
bei Augustinus wird die Seele von Gott »gezogen«. Der Ab-
lauf solcher exemplarischer Viten folgt einem strengen
Schema: Die Bekehrung steht am Ende eines meist kurz
abgehandelten weltverfallen-sündhaften Lebensabschnitts,
Durchbruch und Kasteiungen folgen sowie Berichte von
Anfechtungen, Verleumdungen und Verfolgungen. In exemplarischer Weise steht die Lebenserzählung für ein Fröm-
migkeitsmuster ein, das in der Form des Erbauungsbuches
zur Nachfolge anhalten soll. Ein »Erstarken des Individualismus«, wie es Mahrholz (B 4: 1919, 16) sieht, ist denn auch
weniger aus der Schemadarstellung abzuleiten als vielmehr
aus der mystischen Spracherneuerung, die das Wirken des
visionären Erlebnisses auf die Seele zu fassen sucht.

War noch bei Mechthild das Fehlen psychologischer Analyse von Mahrholz lediglich erwähnt worden, so wird in
ausgesprochen zwiespältiger Weise in den Aufzeichnungen
der Nonne Margaretha Ebner aus dem 14. Jahrhundert »ein
breites Sich-Ergehen in psychologischen und physiologi-
schen Einzelheiten« (ebd., 23) festgehalten. Die autobiographischen Aufzeichnungen gehen den eigentlichen *Offenbarungen* voran, die mit der Schilderung ihrer Visionen den
weitaus größten Teil des Textes ausmachen. Wie in Non-
nenviten üblich, bedarf es der expliziten Erlaubnis des
Beichtvaters, um überhaupt schreiben zu dürfen. Ebner
setzt sich in längeren Passagen ausführlich mit dem Schreiben auseinander. In exzessiver Weise wird die körperliche
Seite der Mystik beschrieben, von Krankheit, Selbstkastei-
ung bis hin zur visionären Extase einer Vereinigung mit
dem androgynen Jesuskind.

Die ambivalente Einschätzung der Offenbarungen, die
Ebners Text zu einem Paradigma für den Hysteriediskurs
machte, kann durch die Ergebnisse neuerer Forschung
objektiviert werden. »Geschwätzigkeit« und »Hysterie«
sind keine besonders weittragenden Untersuchungskatego-

rien.[14] Vielmehr ist mit den Ergebnissen der Frauenforschung von einem »double-voiced discourse« auszugehen,
wie ihn Fietze (B 3: 1991) etwa in ihrer Untersuchung zu
anthropologischen Umwertungsversuchen von Frauen im
15. Jahrhundert entdeckt hat, d. h. die Texte sind als Palimpseste zu lesen, die ihre eigentliche »Wahrheit« verbergen. Die Unsagbarkeitstopoi, von denen die mystischen
Werke durchzogen sind, gilt es zu entschlüsseln, ohne sie
durch die Einordnung in pathologische Erklärungsmuster
zu denunzieren (vgl. Holdenried, B 3: 1995, 407 ff.).

Die Entwicklung des Autobiographischen in der Form
exemplarischen, an die religiöse Offenbarung und den erbaulichen Zweck gebundenen Erzählens, kommt Ende des
14. Jahrhunderts zum Erliegen.[15] Für die weltlichen autobiographischen Aufzeichnungen kann hingegen in Spätmittelalter und Frührenaissance von einem Anwachsen in bis
dahin unbekanntem Ausmaß ausgegangen werden.

Am Beispiel von Petrarca hat Price Zimmermann die Abhängigkeit der in der Renaissance sich herausbildenden
Autobiographie vom mittelalterlichen Sündenbekenntnis
in der Beichte rekonstruiert. Ganz allgemein setzt er die
christliche Beichte als Vorläufer der idealen (d. h. eigentlichen) Autobiographie, war sie doch als »festgefügtes System der Selbstbeobachtung« »das wichtigste Instrument
der Selbsterkenntnis gewesen« (Price Zimmermann, B 4:
1989, 345). Der Bekenntnisimpetus sei dauerhafte Motivation für das Schreiben einer Autobiographie geblieben. Anleitungen zur richtigen Beichte in volkssprachlichen Bußbüchern, die Empfehlung, sich vorher schriftliche Notizen zu
machen, gestalten die Gewissenserforschung und die an

---

14 Zur Hysteriedebatte aus feministischer Sicht vgl. v. Braun, B 4: 1985.
15 Gerne werden Dantes *Divina Commedia* und seine *Vita Nuova* an dieser
Stelle genannt; erstere »enthält einen Schatz autobiographischer Details«
(Lehmann, B 4: 1989, 296), letztere stelle eine autobiographische Umformung der Trobador-vidas dar (Müller, B 4: 1989, 317).

schließende Beichte zu einem systematischen Unternehmen auf hohem Niveau. Allerdings mussten neue Erkenntnisinteressen hinzukommen, um den Typus der Renaissance-Autobiographie auszubilden: »Als zu diesem Typus der Selbsterkenntnis durch die Wiederbelebung der Antike neue Arten des Ichbewußtseins hinzutraten, entstand jene Form der Selbstbeobachtung, die als Autobiographie bekannt ist« (ebd., 351). Der Humanismus stellt den neuen Kontext dar, in dem sich diese Umformung vollzieht.

Zur »Modernität« der Schriften Petrarcas, *Secretum*, *Brief an die Nachwelt* und *Die Besteigung des Mt. Ventoux* herrschen in der Forschung unterschiedliche Positionen. Vielen Forschern gelten sie als Vorläufer moderner Autobiographik – eine Position, die Price Zimmermann zu differenzieren gesucht hat. Die Themen seien zwar bereits denen späterer Autobiographen ähnlich (körperliche Erscheinung, Vorlieben, die Liebe zu Laura, Ruhmbegierde, die Neigung zu den klassischen Autoren), doch sei es ihm nicht gelungen, klassisches und christliches Gedankengut miteinander zu vereinbaren. Die starke Orientierung an den klassischen Autoren einerseits, die eine Ausbildung eigener Rede verhindern, sowie das weitgehende Fehlen einer Entwicklungsidee unterscheiden seine Schriften von späteren. Wenn Price Zimmermann allerdings im Vergleich mit Augustinus' *Konfessionen* die zahlreichen Unterschiede als Unvermögen notiert, an das klassische Vorbild heranzureichen, so wäre durchaus eine Gegenposition denkbar, die gerade in diesen Abweichungen das Heraufkommen eines Neuen anerkennt.[16] Brief und Dialog, die typischen humanistischen

---

16 Die durchgängige Vereinnahmung Petrarcas als einem »Schwellenheiligen der Neuzeit« erschüttert die höchst gelehrte (und dennoch vergnüglich zu lesende) Abhandlung Pfeiffers (B 5: 1997, hier 2). Gegen die festgefügte Theoriebastion der »Realitätstreue« Petrarcas, die den alpinistischen Bericht von der Besteigung des Mont Ventoux zum autobiographischen deklariert hat, liest er ihn »zunächst und vor allem als Literatur« (ebd., 23). Literarizität und theologische Verweise stehen dabei nach Pfeiffer in einem sehr viel engeren Konnex zur Augustinischen Tradition als bisher gesehen;

Formen, verweisen bereits auf die Notwendigkeit einer Selbstvergewisserung im zwischenmenschlichen und nicht mehr rein religiösen Bereich. Fehlt Petrarca die Gottesgewissheit Augustins, muss er sich eingestehen, dass es Züge seiner Persönlichkeit gibt, die nicht christlich sind (seine Ruhmbegierde), und zieht er dem öffentlichen Bekenntnis die private Selbsterforschung vor, so sind gerade dies Stufen einer Ablösung aus der religiösen Bestimmung autobiographischen Schreibens,[17] wie sie vollständig erst bei Cellini und Cardano erreicht ist.

Die *Vita* des Benvenuto Cellini (zwischen 1558 und 1566 geschrieben, erst 1728 erschienen) ist unter dem Titel *Leben des Benvenuto Cellini florentinischen Goldschmieds und Bildhauers von ihm selbst geschrieben* in der Übersetzung von Goethe (1796) auf uns gekommen.[18] Cellini hat die Autobiographie zum Teil bei der Arbeit diktiert, wir kennen nur die Abschriften. Allgemein wird mit diesem Werk (und demjenigen Cardanos) der Beginn moderner, d. h. neuzeitlicher Autobiographik angesetzt.[19] Aus dem städtischen Bürgertum, auf dem Hintergrund von Machtkämpfen zwischen Fürstentümern und Stadtrepubliken, in denen rei-

---

darauf will er ihn aber nicht reduziert sehen. Vielmehr komme es darauf an, »jenen entscheidenden Zugewinn an Komplexität zu erfassen, der gemeinhin als Charakteristikum der Neuzeit dem Mittelalter gegenüber behauptet wird« (ebd., 23). Dieser Zugewinn sei aber primär einer des Kunstcharakters.

17 Auf einen wesentlichen Aspekt machte Craemer-Schroeder neuerdings aufmerksam: Die wahrscheinlich fingierte Darstellung der Besteigung des Mont Ventoux, auf dessen Gipfel er Augustins' *Confessiones* liest, deutet sie als Vorläufer einer modernen autobiographischen Konfiguration, mit welcher der in eine Genealogie von Lesern sich einreihende Petrarca sich selbst schließlich als Autor inauguriere (Craemer-Schroeder, B 5: 1993, 13 f.).

18 Kritik an dieser Übersetzung betraf die Glättung des Textes und seine Harmonisierung, die die Originalität Cellinis zu einem guten Teil getilgt habe (Cellini, B 1: 1981, Nachwort, 558).

19 Auch hier scheiden sich allerdings die Geister. Wuthenow sieht weder Montaignes *Essais* noch Cardanos *Vita* als Autobiographien »im strengen Sinn des Wortes« (Wuthenow, B 4: 1974, 16).

che Bankiers das Regiment innehaben, erwachsen die ersten »großen« Autobiographien. Neumann hat kritisch angemerkt, dass diese Genese der Gattung aus dem städtischen Bürgertum einen engen Zusammenhang zwischen der Wirtschaftsform des Kapitalismus und der Bewusstseinsform uneingeschränkter Individualität nahe lege (Neumann, B 2: 1970, 110). Gerade die Autobiographie des Raufbolds Cellini ist dafür ein markantes Beispiel. Muster ist nun nicht mehr das religiöse Schema von Durchbruch und Weltabkehr, sondern die Hinwendung zum Diesseitigen. Die Familienchronik mit ihrem genealogischen Anspruch liefert den idealen Vorwurf für eine Verortung in dieser Wirklichkeit und die Behauptung des Individuums in einer Welt zunehmender Unsicherheit und mörderischer Konkurrenz.

Howarth stellte die autobiographischen Schriften von Cellini, Montaigne, Pepys und Casanova zum Typus der »dramatischen Autobiographie« zusammen (Howarth, B 2: 1980, 95 ff.). Dieser zeichnet sich durch Abenteuerfülle, hohe Selbsteinschätzung mit märchenhaften Zügen (so behauptet Cellini, unter bestimmten klimatischen Bedingungen könne man einen Heiligenschein um sein Haupt sehen), Aktion, Handlung, Dialoge aus. Intrigen, dramatische Ereignisse, militärische Heldentaten werden ausführlich geschildert, wobei die eigene Genialität als Künstler sowohl in der Wertschätzung durch die jeweiligen Potentaten als auch in den Auseinandersetzungen mit Neidern unterstrichen wird. Etwas zu streng hat Howarth diesen Typus dramatischer Autobiographie als oberflächlich und sogar »lügenhaft« (ebd., 100) etikettiert. Von Reflexion oder gar einer »These« über die eigene Entwicklung könne keine Rede sein. Die Vergangenheit sei daher nichts anderes als eine Reihe gleichgewichteter Ereignisse, weswegen auch der Begriff der »pikaresken« Autobiographie anwendbar sei. Kontinuität wird in der Tat nicht über die erst herzustellende Einheit der Person erreicht (diese ist immer schon, darin ganz sokratisch, sich selber gleich), sondern über die zahlreichen künstlerischen Projekte, deren Ausführungsbedingungen, Planung, Hindernisse. Dennoch muss betont werden, dass die Hinwendung zu einer abenteuerlichen Vielfalt des Lebens, geschildert in einer naiv-volkstümlichen Sprache, deren Eigenständigkeit schon die Literaten seiner Zeit anerkannten, eine neue Form der Literarisierung bietet.[20] Wenngleich die Aussagen über sich selbst »modernen« Ansprüchen nicht genügen können, so bringt doch gerade die dramatische Inszenierung eigener Erfahrung neue Töne in die Selbstdarstellung. Die letzten Jahre (1563–66) fehlen; die Autobiographie bricht deshalb abrupt ab. Erst auf Umwegen hat sie die Nachwelt überhaupt erreicht; 1728 erschien die erste vollständige italienische Ausgabe. Goethe übersetzte nach dieser aus einer englischen Übersetzung.

Cardanos 1574 begonnene Lebensbeschreibung *De propria vita* gilt als wesenlich nüchterner als Cellinis schillerndes selbstbespiegelndes Werk. Der Blick des Arztes aus Mailand auf sein eigenes Leben, das einige Parallelen zu dem Cellinis aufweist (vgl. Cellini, B 1: 1981, Nachwort 552), ist von analytischer Schärfe. Eher scheint es diese Ausrichtung gewesen zu sein, die in die Zukunft der Autobiographik weisen sollte. Mit dem verstärkten Interesse am Humanen, der Dominanz wissenschaftlichen Erkenntnis-

---

20 Zum Vergleich könnten die Aufzeichnungen eines Zeitgenossen Cellinis herangezogen werden, die hier nur kurz erwähnt seien: Jacopo Carucci, genannt Pontormo, Maler des Florentiner Manierismus, hat von 1554 bis 1556, bis kurz vor seinem Tod, Aufzeichnungen gemacht, die Dittberner in einer Rezension der »Frankfurter Rundschau« (8. Juli 1989) »merkwürdige Notate« nannte. In ihrer Zusammenhanglosigkeit und Beiläufigkeit scheinen sie keinen erkennbaren Zweck zu verfolgen, geschweige denn Kontinuität zu erzeugen. Aber hier wie bei anderen Werken gilt es, sich so einzulassen, wie es Manganelli in seinem Vorwort getan hat. Auch die Tagebücher Pepys enthüllen nicht ohne weiteres ihren Zweck, und auch Thomas Manns Tagebücher geben oft nur Belangloses wieder.

interesses eignet Cardanos Blick auf die Welt jene unabding-
bare Dimension der Neugierde und des Forscherdrangs,
welche für die neuzeitliche Autobiographie als Impuls vor-
auszusetzen ist. Eine bloße Aufzählung der Themen, mit denen sich Cardano beschäftigte, würde dies unterstreichen;
von der Moralphilosophie bis zur Lösung mathematischer
Probleme reicht das Spektrum. Geht es Cellini eher um die
Lobpreisung seiner selbst (was an Isokrates und die Tradition des Enkomion erinnert), so macht Cardano einen deutlichen Schritt hin zur Betonung seiner – keineswegs unpro-
blematischen – Individualität. Seine Lebensbeschreibung ist
thematisch, nicht chronologisch nach sachlichen Gesichts-
punkten geordnet, etwa seine Reisen betreffend, seine Ge-
sundheit und natürlich Familie und Herkommen.

»Dies hier ist ein aufrichtiges Buch, Leser. Es warnt dich
schon beim Eintritt, daß ich mir darin kein anderes Ende
vorgesetzt habe als ein häusliches und privates. [...]. Ich
will, daß man mich darin in meiner schlichten, natürlichen
und gewöhnlichen Art sehe, ohne Gesuchtheit und Geziert-
heit: denn ich bin es, den ich darstelle.« (Montaigne, *Essais*,
B 1: 1985, 51) So lauten die berühmten Sätze aus der An-
sprache »An den Leser« des Michel de Montaigne (1533–
1592), die dieser seinen *Essais* (1580–95) vorangestellt hat.
Über deren Platz in einer Geschichte der Autobiographie
ist sich die Forschung bis heute uneins. Ist die Einzigartigkeit seines Unternehmens, Welt vollständig mit kritischem
Bewusstsein zu durchdringen, auch weithin anerkannt, so
wird andererseits genau diese Nichtunterscheidung zwischen Ich und Welt moniert. Es fehle an der Ausgewogenheit von Selbst und äußeren Ereignissen, welche als nur im
Bewusstsein reflektierte Gegebenheiten erscheinen. Montaigne gehe es gerade, so Wuthenow, nicht um das innere
Anliegen der Autobiographie, um erinnernde Vergegenwärtigung, sondern um Gegenwärtigkeit selbst. Zwar wird eingeräumt, dass das Werk auf Selbsterkundung gerichtet sei,

auf »Entwicklung, Einheitlichkeit, Folge und Eindeutigkeit« (Wuthenow, B 4: 1974, 12) werde jedoch verzichtet.
Tatsächlich müsste eine solche Einsinnigkeit dem Skeptizismus Montaignes diametral entgegenstehen: Das Leben
vom Tode her zu begreifen, lässt nur ein prekäres Gleichgewicht zwischen Carpe diem und melancholischer Daseins-
flucht zu. Die bekannten kulturrelativistischen Essais (»Von
den Menschenfressern«, »Über Kutschen«, das so genannte
Conquistadorenfragment) übertragen diese skeptisch-me-
lancholische Grundhaltung von der philosophischen Betrachtung des Einzellebens auf das Gebiet einer Kritik der
eigenen Kultur. In der angloamerikanischen Autobiographietheorie, die stets einen weiteren Begriff vom Autobiographischen hatte, wird in den *Essais* ein Bekenntnis gesehen, dem nur die narrative Form einer längeren Erzählung
fehle. »Von der Traurigkeit«, »Von den Lügnern«, »Daß
man über Glück nicht eher urteilen soll als nach dem Tode«,
»Über die Kindererziehung«, »Von den Menschenfressern«,
»Über das Alter« sind nur einige der Titel der Essays, die
als eine Art Sammelsurium (moral-)philosophischer, aber
auch alltäglicher, pädagogischer, literarischer Reflexionen
und Maximen verfasst wurden. Die »Beweglichkeit« des
Montaigneschen Denkens hat Starobinski in seiner Mon-
taigne-Studie zum Kernpunkt gemacht. Das Leben selbst ist
so unordentlich und so übervoll, dass es nicht in eine hierar-
chische oder gar chronologische Ordnung gebracht werden
kann. Der Begriff des Essai ist in der Bedeutung des »Ver-
suchs« bei Montaigne in erster Linie »Selbstversuch«, nicht
rhetorischer Selbstzweck. In der Auseinandersetzung mit
dem Tod als letztem Fluchtpunkt sieht Starobinski den Antrieb eines fortwährenden Schreibens (Starobinski, B 5:
1986, 364) und fortwährender Korrektur – bis zu seinem
Tod hat Montaigne dies betrieben. Vielleicht kann man dies
Schweifen eines dezentrierten Bewusstseins als seinen we-
sentlichsten Beitrag zur Entstehung moderner Autobiographik begreifen. Mit Montaigne erscheint das Bewusstsein

von sich selbst als ein vollständig säkularisiertes:[21] »Es richtet sich in der Entfernung von Gott ein; im Horizont des Todes und in der Intimität des Lebens« (ebd., 369).

Die im Deutschland der Reformation entstandenen Selbstzeugnisse sind trotz ähnlicher Ursprünge[22] mit der italienischen und französischen Renaissance-Autobiographik nur mit Einschränkungen zu vergleichen, weil keines dieser Werke sich so weit von seinen Wurzeln gelöst hat, dass es aus der Schemaform herausragen würde. Allerdings ist festzuhalten, dass es neuere Forschungsergebnisse gibt, die die Vernachlässigungs- und Deklassierungstendenzen bezüglich des 16. Jahrhunderts bemängeln und auf der Basis eines historischen Verständnisses von Individualität zu erstaunlich anderen Lesarten gelangen. So hat Pastenaci (B 4: 1993) im Anschluss, aber auch in entschiedener Absetzung von Lugowski (vgl. im vorliegenden Band S. 112–115) als umfangreichen Textkorpus die wichtigsten Autobiographien von Sastrow bis Platter untersucht und dabei eine einleuchtende Einteilung in privat und öffentlich vorgenommen. Während in den für die Öffentlichkeit gedachten Darstellungen der individuelle Bezug zu vermeiden war, stellen die oft unter Geheimhaltungsverfügung gestellten privaten Selbstdarstellungen den Einsatzort individueller Reflexion dar. Gerade die »Sinnbruchstellen«, so könnte man es nennen, in denen der einzelne nicht mehr im vorbehaltlos anerkannten Sinngefüge der mittelalterlichen Welt aufgehoben ist, sind Anstöße für Individualisierungsgeschehen. Nicht das Unvermögen des Autobiographen zum individuellen

21 »Die Mystiker, die diese Art von Weltabkehr praktizieren, wenden sich ihr nicht mehr zu und pflegen allein mit Gott Umgang. Montaigne aber findet, nachdem er mit dem Leben abgeschlossen hat, das menschliche Leben und die irdische Welt in einem neuen Licht wieder« (Starobinski, B 5: 1986, 367).

22 Rein zitiert Burckhardt (»Kultur der Renaissance«), mit der Vermutung, dass in den florentinischen Bibliotheken noch viele der Haus- und Familiengeschichten archiviert sein könnten (Rein, B 4: 1989, 341).

Ausdruck ist Grund für eine zu beobachtende schematische, kaleidoskopartige Form mit dem vorherrschenden annalistischen Reihungsprinzip, sondern die Trennung in zwei völlig unterschiedliche Sphären.[23] Insgesamt ist von einer allmählichen Durchsetzung der endgültigen Gattungsform auf breiter Basis auszugehen, so dass Rein konstatieren kann: »Die Autobiographie als eine selbständige feststehende literarische Gattung ist von der Nation gefunden. Vom 16. Jahrhundert an begegnet sie uns allenthalben.« (Rein, B 4: 1989, 338 f.)

Vornehmlich in den Erzeugnissen einer bürgerlich-städtischen Kultur[24] sind die Vorläufer dieser ausgebildeten Autobiographik zu finden: in Handlungsbüchern seit der Mitte der 14. Jahrhunderts, also Geschäfts- und Rechnungsbüchern, die von jeher einen persönlichen Charakter besaßen und deswegen und ihrer Formlosigkeit wegen besonders geeignet zu einer Ausdehnung der Notizen waren. Oft unter Ausnutzung von Rändern oder anderen Leerstellen wurden diese persönlichen Merkbücher zu chronikalisch geordneten Familienbüchern, die ihre Herkunft aus der Rechnungslegung zunächst nicht leugnen. Neben Einnahmen und Ausgaben vermerkten diese städtischen Privataufzeichnungen zunehmend auch über den vermögensrechtlichen Bereich hinaus Ereignisse aus dem familiär-häuslichen Bereich. Besonders in den freien Reichsstädten

---

23 Ob Pastenaci nun seinerseits nicht eine zu strikte Unterteilung vorgenommen hat, und ob die »Geheimhaltungsverfügung« als Begründungsebene ausreichend ist, müssen andere Arbeiten weiter verfolgen. Das Plädoyer für eine Aufwertung des 16. Jahrhunderts unter dem Aspekt der Beachtung einer Historizität von Individualität gilt, wie einführend bemerkt, für alle »Vorstufen« des Autobiographischen.

24 Wenzel stellt allerdings klar, dass die »bisher edierten Selbstbiographien des späten Mittelalters […] etwa zu gleichen Teilen aus dem Adel und aus dem Bürgertum der Städte« stammen, entgegen der verbreiteten Ansicht, die Anstöße zur Ausbildung gesteigerten Ich-Bewusstseins kämen nur aus dem Bürgertum. Für alle neuen Ansätze gelte auch gleichermaßen, dass sie zunächst weitgehend im privaten Bereich verblieben (Wenzel, B 4: 1991, 169 f.).

wie Nürnberg tauchen solche Aufzeichnungen gehäuft auf.[25]

Der Nürnberger Papierfabrikant Ulman Stromer führte 1360 bis 1407 eine solche Familienchronik, *Püchel von meim geslechet und von abentewr*, das die Aufmerksamkeit bereits auf die genealogische Aufzeichnung konzentriert; noch stärker ist dies bei Erasmus Schürstab der Fall. Dass das Schreiben solcher Familienbücher mit ihrem regen Interesse am Herkommen – Cellini hatte sein Herkommen mit der Gründung der Stadt Florenz verbunden (Cellini, B 1: 1981, 16) – in den Bürgerfamilien weit verbreitet war, zeigt die Ansammlung solcher Aufzeichnungen der Tucherschen Familie, ebenfalls aus Nürnberg, vom *Memorialbuch* Bertold Tuchers (1386–1454) bis zu Anton Tuchers *Haushaltbuch* (1507–17). Aus München, Danzig, Wien, Frankfurt, Hildesheim liegen weitere solcher Haus- und Familienchroniken vor, in denen neben Geldangelegenheiten und genealogischen Aufzeichnungen auch Seelenmessen, Stiftungen der Familie verzeichnet sind, desweiteren aber auch – in der *Voglerschen Haus-, Familien- und Geschichtschronik* – »Briefe und Prozeßakten, Abschriften von Gedichten, Schwänken, Liedern und Sprüchen, eine Unmasse von Rezepten für die Küche und für Arzneien, ein Kalender über bedeutsame Schlachten, ein Verzeichnis der ehelichen und unehelichen Kinder, kurze Angaben über das Schicksal von Verwandten« (Rein, B 4: 1989, 332).

Zwischen all diesen Aufzeichnungen gibt es nur graduelle Unterschiede in der Chronik der Ereignisse. Als übereinstimmendes Merkmal kann der Bezug zur eigenen Familie gelten, war doch der Familiensinn, den Rein und Mahrholz als eine Art natürliche Gegebenheit des mittelalterlichen Lebens so hervorheben, nicht zuletzt in Gegenstellung zum Adel und dessen genealogischer Verankerung entstanden.

---

25 Für den folgenden Abschnitt beziehe ich mich vor allem auf die Darstellung Adolf Reins (B 4: 1989).

Stammbaumforschung und die Genealogisierung, aber auch
die Zeichnung familiärer Gemeinsinnigkeit bis hin zum
Genrebild machen die Familie zur Keimzelle eines erwerbs-
und aufstiegsorientierten Bürgerstandes. Ebenfalls als Orientierung an und zugleich Abgrenzung von den Abenteuer-
geschichten der Ritterschaft versprechen die Hausbücher
»Abenteuer«, die sich bei Stromer etwa als Prozesse wegen
seiner Papiermühle entpuppen. Gemeinsam ist allen Chroniken ferner ihr »Realismus«, den Rein argumentativ gegen
eine vorrangige Ableitung der »Renaissance-Selbstbiogra-
phie« aus der Mystik einsetzt. Er betont stattdessen ihren
»weltlichen« Charakter (ebd., 330). Diesen realistischen Zug
findet man nun auch bei einer Äbtissin, Caritas Pirckheimer,
deren *Denkwürdigkeiten* (1524–28) über die Auseinandersetzungen mit der Stadt Nürnberg bezüglich des kirchen-
rechtlichen Status' des Klosters aber eher kulturhistorisch
interessant sind.

Die Formlosigkeit der Merkbücher – trotz ihrer chroni-
stischen Anlage bezüglich der Familienereignisse – gibt den
Hintergrund für eine Ausdehnung persönlicher Notizen ab,
die denn auch, bei dem Wiener Arzt Johannes Tichtel etwa,
immer ausführlicher werden: »Aus der Familienchronik
entsteht das individuelle Tagebuch« (Rein, B 4: 1989, 333;
im Original kursiv). Weiter geht die Entwicklung dann über
diese immer noch chronistische Literatur hin zum zusammenhängenden Lebensbericht. Im 15. Jahrhundert taucht
dieser erst vereinzelt auf, etwa bei Burkard Zink, einem
Augsburger Kaufmann. Zink hat seine Lebensgeschichte
(1466), Teil seiner Augsburger Chronik, nicht nur im Zusammenhang eines Lebenslaufes von der Kindheit an erzählt, sondern ein familiäres Genrebild und Szenen seines
Lebens breit ausgemalt. Der Kaufmannsstand wird beschrieben, wie Ehr' und Gut gewonnen, Reisen, Hausstand,
Gelderwerb und sozialer Aufstieg werden anschaulich
vermittelt – ein wahrer Lebenslauf in aufsteigender Linie.
Rein gibt die Zinksche Autobiographie als Gründungs-

datum deutschsprachiger Autobiographik an: »Wer nach einem festen Datum für das Erscheinen der modernen Selbstbiographie in Deutschland verlangt, dem kann man dieses Jahr 1466 angeben« (ebd., 337).[26] Tatsächlich kann man in Zinks Darstellung das vollausgebildete Muster neuzeitlicher Autobiographik erkennen. Ein anderes Merkmal »eigentlicher Autobiographik«, die Retrospektive, setzt sich am Ende des Jahrhunderts ebenfalls immer mehr als gängige Form durch, nämlich als »rückschauende Berichte bejahrter Männer«, etwa des schwäbischen Ritters Georg von Ehingen (Rein, B 4: 1989, 337). Der nächste entscheidende Schritt wird dann die Herauslösung des eigenen Lebensberichts aus dem familiären Kontext sein. Dies geschieht erstmals bei Ludwig v. Diesbach (1488–1518).

Die Bedeutung der Reisebeschreibung[27] für die Ausbildung der Selbstbiographie kann hier nur gestreift werden; sie bedarf aber schon deshalb der Erwähnung, weil sie eine wesentliche »Dispositionsform« des Autobiographischen bereitgestellt hat, und weil natürlich Pilger- oder Entdeckerreise dazu angetan waren, die Erfahrung eines Individuums von der eigenen Person in fremden, gefährlichen oder doch widrigen Umständen zu vertiefen. Interessant ist der Fall

26 Anzumerken ist, dass auch in Bezug auf ein solches Gründungsdatum die frühen Gelehrten offensichtlich aus weltanschaulichen Gründen uneins waren. Wird die Entstehung der Selbstbiographie eher aus den Zeugnissen der Mystik und deren Verinnnerlichung abgeleitet, so liegt es nahe, Seuse den Ehrenplatz einzuräumen; wird jedoch Wert darauf gelegt, den Realitätscharakter der modernen Autobiographik aus ihrer Herkunft von den weltlichen Vorläufern der Familienchroniken abzuleiten, so gebührt dieser Platz Zink. Mahrholz stimmt in diesem Fall aber mit Rein überein. Zink versuche erstmals »das Ganze seines Lebens darzustellen« (Mahrholz, B 4: 1919, 46).

27 Auf deren Rolle Mahrholz intensiv eingeht (Mahrholz, B 4: 1919, 24 ff.; »Das Erlebnis der Reise als Anstoß zur Selbstdarstellung«); die jüngere Autobiographietheorie hat daraus eine von zwei »Dispositionsformen« der Autobiographik gemacht. Am Muster der Reise (oder der Biographie) orientiert sich nach Müller die »Handlungsautobiographie«; demgegenüber stellt die »Reflexionsautobiographie« das erbauliche Grundmodell (die *Confessiones*) nach (Müller, B 4: 1989, 306).

der Margery Kempe, deren Aufzeichnungen im frühen
15. Jahrhundert geschrieben, aber erst 1934 in Lancashire
entdeckt wurden. Die »Encyclopaedia Britannica« charakterisiert den Bericht verschiedener Pilgerfahrten und anderer Reisen nicht nur als einen der lebhaftesten seiner Art,
sondern – und dadurch werde er zur Autobiographie – als
»a realistic portrayal of an interesting and complex persona-
lity« (Enc. Brit., B 2: 1968, 855). Mit den sich ausdifferen-
zierenden Reisezwecken entstehen verschiedene Typen der
Reisebeschreibung, die Abenteuerreise (Philipp von Hutten), die Bildungsreise (Albrecht Dürers niederländische
Reise), die Kaufmannsreise (Ulrich Krafft), die aber doch
eher einzelne Charakterzüge ihrer Verfasser erkennen lassen, als dass sie im eigentlichen Sinn autobiographisch zu
nennen wären.

Das *Wanderbüchlein* (1506) des Johannes Butzbach, eines
Mönchs, der auf lateinisch sein Leben als fahrender Schüler
bis zum Eintritt ins Kloster erzählt hat, stellt die humanisti-
sche Version des Reisebuchs dar. Sein bis heute ungedruck-
ter Text ist einmal mehr Beleg dafür, dass aus zeitgenössischen Werken abgeschrieben wurde, hier bei den Schilderungen Böhmens und des Rheintals, wie Beyer-Fröhlich
festhielt. Aus der künstlerischen Bearbeitung der Reiseerlebnisse sei dennoch »eine kleine Stimmungsnovelle«
(Beyer-Fröhlich, B 4: 1930, 217) entstanden. Schumacher
hat Butzbachs deprimierend brutalen Bericht über seine
Zeit als fahrender Schüler hingegen mit wesentlich mehr
Recht direkt in Bezug zu Thomas Platters Autobiographie
gesetzt (Schumacher, B 4: 1975, 8). Eine Linie dieser be-
drückenden Berichte über die »Rute der Schulmeister« führt
über Moritz und andere bis in die jüngste Gegenwart, zu
Autobiographien wie denen Thomas Bernhards, Franz Innerhofers oder Georges-Arthur Goldschmidts.

Lugowski hat in seiner berühmten Abhandlung über *Die
Form der Individualität im Roman* (1932) die »nicht kunst-
bewußte Prosa« des 16. Jahrhunderts zu Vergleichszwecken

der eigentlich dichterischen Darstellung gegenübergestellt.[28]
Die Autobiographik ist danach zwar als »dichterisches
Grenzphänomen« (Lugowski, B 4: 1976, 148) aufzufassen,
doch unterscheidet sich ihre Wirklichkeits- und Individua-
litätsauffassung entschieden von der dichterischen Prosa
des 16. Jahrhunderts. Die von Misch vorgegebene Leitlinie
von der sich in der Autobiographik herausarbeitenden Individualisierung wird von Lugowski damit zumindest pro-
blematisiert. Anhand der autobiographischen Darstellungen des Götz von Berlichingen, Hans von Schweinichen,
Bartholomäus Sastrow, Hermann von Weinsberg stellt er
klar, dass der »Lebensbegriff« dieser frühneuzeitlichen
»Biographien« (!) anders aufzufassen sei: Leben sei nicht
im heutigen dualistischen Sinn als etwas vom Schreibenden
Unterschiedenes aufgefasst, sondern als Identisches, so dass
die Darstellung nicht im »Selbst« zentriert sei, sondern
außerhalb seiner selbst. Das Moment der Zeithaftigkeit, die
Dimension des Zukünftigen findet keine Beachtung, da
der Chronist Wissen vermitteln wolle. Welt wird nicht
anschaulich zur Darstellung gebracht, sondern berichtet;
nicht das Erlebnis als psychologische Dimension, sondern
das Erlebbare wird wiedergegeben. »Welt« erscheint dabei
eben nicht als Zeitkontinuum, sondern als »›Perlenkette‹
von unverbundenen Historien, Ereignissen, Denkwürdigkeiten« (ebd., 159). Die Akzentuierung des öffentlichen
Wirkens, der Verteidigungszweck lassen Götzens und andere »politische« Autobiographien als Anfänge der Me-
moirenschreibung erscheinen. Die Scheidelinie zwischen
»öffentlicher«, d. h. den »res gestae«, den Tatenbüchern,
und »privater« Form scheint im 16. Jahrhundert noch nicht
sehr ausgeprägt zu sein, auch wenn manche der Schriften

28 Auf seine Theorie des mythologischen Analogons kann hier nur hingewiesen werden. Während die Dichtung noch letzter Hort des Mythos sein
   kann, ist dieser aus dem Leben vollständig verschwunden. Die Autobiographik gibt nach Ansicht Lugowskis eher diesen mythosfernen Lebensbegriff wieder als den der Dichtung etwa Wickrams.

nach dem Willen ihrer Verfasser ausdrücklich dem familiären Gebrauch vorbehalten sein sollten. Pastenaci hat aus letzterem sehr weitreichende Konsequenzen gezogen, indem er gerade die Beschränkung auf die familiäre Tradierung als Schutzraum der Individualitätsenthüllung festmachte.

Wenn Autobiographiehistoriker wie Mahrholz die These vertreten hatten, dass in der Autobiographik des 16. Jahrhunderts bereits Entwicklungs- und Individualitätskonzepte der Neuzeit vorgebildet seien, so widerspricht Lugowski dem am Beispiel der Lebensbeschreibung Sastrows (1595) ausdrücklich. Ist es für Mahrholz das Bewusstsein von »Leben als einem organischen Ganzen« (Mahrholz, B 4: 1919, 70), welches Sastrow vor anderen auszeichnet, so bestreitet Lugowski dies direkt: »Sastrow steht überhaupt eigentlicher Lebensbeschreibung in einem ›individualistischen‹ Sinn sehr fern« (Lugowski, B 4: 1976, 151). War die frühe Autobiographietheorie allzu schnell bereit, aus ›lebendiger, anschaulicher Schilderung‹ auf die Dimension des individuellen, authentischen Erlebnisses zu schließen, so haben in jüngerer Zeit Forschungen den Vorstoß Lugowskis in Einzelbefunden bestätigt. So ist etwa das Anekdotisch-Frivole (Schilderung der Hochzeitsnacht) wie die Schilderung von Erlebtem als Erzählen nach pikarischem Muster entziffert worden; es ist insofern weniger ein Ausweis von Individualleistungen, als der Übernahme literarischer Muster für den eigenen Lebenslauf (vgl. Bachorski, B 4: 1988). Die »individuelle Färbung«, z. B. die Trauer Schertlins über den Tod seiner Frau, so hatte schon Lugowski seinen Befund zusammengefasst, sei durch ein »Schema« erzeugt, durch die zeittypische überpersönliche Form (Lugowski, B 4: 1976, 155). Aichinger hatte dazu kritisch notiert: »Nirgends findet sich die Problematik der Individualität berührt« (Aichinger, B 4: 1977b, 811). Auf dem Hintergrund der neueren Untersuchungen von Bernheiden (B 4: 1988), Pastenaci u. a. erscheint diese Verallgemeinerung doch zu apodiktisch. Zu fordern bleibt, dass die sich z. T. diametral widersprechenden Befunde am Material weiter überprüft werden.

Eine Ausnahmestellung billigt auch Lugowski bereits den Aufzeichnungen Thomas und Felix Platters zu. Hier fänden sich »gewisse ichzentrierte Gebärden« (Lugowski, B 4: 1976, 175), Ansätze zur Synchronizität der Betrachtung, gar die Annäherung an lineare Handlung. Einschränkend gibt er aber zu bedenken, dass auch hier noch eher von einem »sozialen Ich« (Scheler) auszugehen sei, denn vom »>beseelten‹ Einzelmenschen« (ebd.). Die Lebensgeschichte des Vaters Thomas Platter (um 1580) und die im nachhinein zusammengefassten Tagebuchaufzeichnungen seines Sohnes Felix (1612) sind aufgrund einiger Besonderheiten für das 16. Jahrhundert aber markant genug: so tritt bei Thomas Platter mit der breiten Schilderung von Kindheits- und Jugenderlebnissen erstmalig eine Art Phasenverschiebung auf, die die Eigenwertigkeit dieser frühen Lebenszeit erfasst. Züge dieser Darstellung wie die raue Behandlung durch die Mutter, die Ausnutzung durch den Vetter, der als fahrender Schüler (Vagant) den Jungen betteln schickt, brutale Erziehungsmethoden geistlicher Herren sind nicht mehr nur als Illustrierung des späteren Aufstiegs vorangestellt, sondern als Szenen ausgearbeitet, die für sich stehen: »Da ging es mir erst recht übel, denn der Herr war ein gar zorniger Mann, ich aber ein ungeschickt Bauernbüblein. Der schlug mich grausam übel, nahm mich vielmals bei den Ohren und zog mich von der Erde auf, dass ich schrie, wie eine Geiss, die am Messer steckt, so dass oft die Nachbarn ihm zuriefen, ob er mich morden wolle« (Platter, *Lebenserinnerungen*, B 1: 1977, 11). Moritz hat zwei Jahrhunderte später ähnliche Schilderungen in den Kontext psychologisch und pädagogisch interessierter Kritik gestellt. Bei Platter findet sich ein kommentierender Zusammenhang nicht, allenfalls ironische Markierungen. Der Aufstieg vom Geißbuben

zum Rektor des Baseler Gymnasiums, nebst Schilderungen
der beruflichen Zickzacklinie (Tätigkeit als Hebräischlehrer,
Diener; Eröffnung einer Druckerwerkstatt), der Begrün-
dung eines Hausstandes (»ich wibete«), des Erwerbs von
Häusern steht dann wieder formal ganz im Rahmen der
Hauschronik, wenngleich Platter »erzählerischer« vorgeht.
Die Tagebuchaufzeichnungen seines Sohnes Felix setzt
Mahrholz als zeittypische Erscheinung des nachreformato-
rischen Zeitalters der Unruhe des reformatorischen (und
damit Vater Platters Aufzeichnungen) gegenüber. Erst in
diesem Zeitalter sei eine solche »beruhigte Darstellungsweise« möglich geworden; »niemals vorher [sei] eine ähnlich breite, klare und reiche Darstellung eigenen Lebens in
deutscher Sprache geschrieben« (Mahrholz, B 4: 1919, 53)
worden.[29] Kindheitserlebnisse, Erinnerungen und Eindrücke, die nachwirkten, Jugend, das Studium der Medizin
mit 15 Jahren, zu dem er an die Universität von Montpellier
geschickt wird, interessante Einblicke in das akademische
Leben, bisweilen sogar makaber anmutende Szenen, in denen die Studenten der Medizin sich als Leichenräuber betä-
tigen, um ihren anatomischen Kenntnissen nachzuhelfen,
die Eheschließung und die Gründung einer erfolgreichen
Praxis werden festgehalten. Danach werden die Tagebuch-
eintragungen weniger. Die »Neigung zur psychologischen
Kleinschilderung« (Mahrholz, B 4: 1919, 53) und die teleologische Ausrichtung des Lebenslaufs deutet Mahrholz als
Vorgriff auf den Entwicklungsbegriff des 18. Jahrhunderts.

---

29 Pastenaci sieht den Unterschied zwischen den beiden Autobiographien
eher darin, dass der Vater seine Aufsteigersage unter erheblichem öffentlichem Legitimationsdruck schrieb, wodurch das Wirken göttlicher Gnade
eine entlastende Funktion erhält; die Selbststilisierung für den öffentlichen
Bedarf führt zur Ausklammerung von Konfliktpunkten. Beim Sohn hingegen sei von einer »Sonderstellung« (Pastenaci, B 4: 1993, 250) auszugehen,
da »die Verschriftlichung subjektiver Zustände« erstmals nicht unter Ge-
heimhaltung fiel. »Dies kann als ein Hinweis auf einen Meinungsum-
schwung in der Öffentlichkeit bezüglich der Legitimität solcher Darstellungen gewertet werden« (ebd.).

Hier ist sicher etwas Skepsis angebracht. Dass Platter Interesse an Psychologischem hatte, erhellt zwar auch daraus, dass er empirische Studien auf diesem Gebiet durchführte.[30] In seinen eigenen Tagebuchblättern finden sich sehr bezeichnende Beschreibungen von Eigenheiten, aber von »Seelenschilderung« ist dennoch nur mit Vorsicht zu sprechen.

Eher wäre den Tagebuchnotaten eine Zwischenstellung zwischen privatisiertem Merkbuch und Gelehrtenautobiographie einzuräumen. Der Trieb zur Gelehrsamkeit wird von Platter in zartester Kindheit verankert, etwa wenn geschildert wird, wie der junge Platter aus Versehen einen Vogel tötet, nur weil er dessen Blutäderchen genauer untersuchen wollte, worüber er lange Zeit betrübt ist. Von einer teleologischen Ausrichtung ist denn auch eher in Bezug auf die berufliche Laufbahn auszugehen.

Mit einigen Bemerkungen zu einer interessanten historischen Form des französischen 16. Jahrhunderts kann die Gattungsentwicklung noch um eine Facette bereichert werden. Natalie Zemon Davis (B 4: 1991) hat Gnadengesuche untersucht, »lettres de remission«, in denen wegen Kapitalverbrechen Eingekerkerte um ihre Begnadigung bitten durften. Für eine Schicht, für die sonst wenig Aufzeichnungen vorhanden sind, bieten die Gnadenbriefe erstaunliche Einblicke in ein realistisches Erzählen, das doch rhetorische und fiktionale Mittel einzusetzen wusste, die die Beglaubigung unterstützten. Die Apologie taucht hier in einer spannenden Variante auf, als Verteidigungsrede innerhalb einer Schicht, über deren Lebensläufe sonst nicht viel zu erfahren wäre. Der humanistisch-gelehrten Selbstbefragung korrespondiert ein volkstümliches Erzählen, in dem die Übergänge zur literarischen Form aber ebenfalls erkennbar sind.

---

30 »Durch seine Beobachtungen an rund hundert Menschen wurde er zu einem Vorläufer der modernen Psychopathologie« (Schumacher, B 4: 1975, 11).

Zusammenfassend kann für die (groß)bürgerliche Autobiographik des 15. und 16. Jahrhunderts von einer veränderten Wirklichkeitserfassung ausgegangen werden, in deren
Sog auch die Selbstwahrnehmung gerät. Neugierde (curiosi-
tas), das Interesse für Sitten und Gebräuche (vita et mores)
anderer Nationen, welches durch die Entdeckungs- und Er-
oberungsreisen gefördert wird, die zunehmende Bedeutung
der Familienkonstellation und die Einbeziehung genealogischer Zusammenhänge in das Gegenwartsgefüge verstärken
die Aufmerksamkeit für das eigene Ich, auch wenn dieses
noch weitgehend »soziales Ich« bleibt. In einzelnen Beispielen ist ersichtlich, wie der Fokus von der »Perlenkette« äußerer Ereignisse sich auf das Wahrnehmungssubjekt selbst,
seine Eindrücke und Empfindungen richtet. In Übergängen
zu und Verbindungen mit rhetorischer und schließlich sich
von der Rhetorik lösenden literarischen Form werden Darstellungen möglich, die das Schematische verlassen.

3. Autobiographik des Barock

Nach der Blütezeit der Viten von Großbürgern und mit ihnen verbundener Künstler scheint ein Verfall dieser autobiographischen Kultur eingesetzt zu haben. Das städtische
Großbürgertum als Träger von Bildung und Kultur wie der
wirtschaftlichen Macht ging mit dem Dreißigjährigen Krieg
zugrunde. Eine Reihe von politischen und wirtschaftlichen
Gründen ist für diesen Niedergang auszumachen: Der Mer-
kantilismus engt den privat-bürgerlichen Handel ein, die
Handelsstädte und die freien reichsunmittelbaren Städte
verlieren ihre Eigenständigkeit gegenüber der politischen
Übermacht des Absolutismus. Was vor dem Krieg bereits
eingesetzt hatte, nämlich die Verschiebung wirtschaftlicher
Gewichtungen innerhalb Europas, wird durch den Krieg zu

Ende geführt. Deutschland wird wieder zum Agrarstaat. Ungeheure Verluste an Menschenleben, die Entvölkerung ganzer Landstriche, die Entwurzelung und Pauperisierung vieler Millionen lassen den Gedanken an bürgerstolze Selbstdarstellung als absurd erscheinen.

Selbstbezügliches Schreiben findet im 17. Jahrhundert jedoch andere Ausdrucksformen: Die literarische Überformung des Selbsterlebten bei Grimmelshausen (*Der abenteuerliche Simplicissimus*) ist oft hervorgehoben worden (z. B. Könnecke, B 5: 1926–28); auf der anderen Seite nehmen die Selbstzeugnisse im eigentlichen Sinn vielleicht deutlicher als bisher literarische Tendenzen auf. Insbesondere die reiche französische Memoirenliteratur jener Zeit, etwa des Kardinals von Retz, die Briefe der Madame de Sévigné, ist hier hervorzuheben.[31] Nach dem Dreißigjährigen Krieg, gegen das Ende des Jahrhunderts, entstehen aus der Aneignung hergebrachter Formen durch Autobiographinnen neue Tendenzen autobiographischen Schreibens, auf die weiter unten eingegangen wird.

Ebenfalls eine wichtige Rolle spielen die Tagebücher, welche die politischen Ereignisse der Zeit zu ihrem Gegenstand haben. Hier sind die Aufzeichnungen des Marine-Administrators Samuel Pepys zu erwähnen, die dieser als *Geheimes Tagebuch* von 1660 bis 1669 führte (entdeckt wurde es allerdings erst 1818). Pepys beschreibt nicht nur minutiös seinen Tagesablauf vom Rasieren, das er aus Ersparnisgründen

---

31 Schon in der Renaissance treten auf diesem Gebiet bemerkenswert viele Frauen aus der hohen Politik mit ihren Lebenserinnerungen und Denkwürdigkeiten an die Öffentlichkeit. Erwähnenswert sind die Memoiren der Margaretha von Valois, Königin von Navarra und Frankreich, die als skandalumwitterte Grande dame ihre Erinnerungen schrieb, denen die Nachwelt den »Wert eines persönlichen Dokuments aus jener Zeit, da auch außerhalb des Italiens der Renaissance sich die Bildung und mit ihr der Individualismus bei den Frauen der höheren Stände entwickelte [zumaß, M.H.], wodurch allerdings gleichzeitig die Lockerung und der Verfall der Sitten fortschritt«. (!) (Herausgeber Beatus Rhein, in: Margaretha von Valois, *Lebenserinnerungen*, B 1: 1922, 5)

selbst besorgt (was ihm »mächtig gefällt«), über die Speisen, Zusammenkünfte, Spiele, Amüsements bis hin zum Zubettgehen. Zugleich gibt er auch eine Chronik der zeitgeschichtlichen Ereignisse des Rumpfparlaments, also der bürgerlichen Revolution in England. Interessant sind seine zum Teil kuriosen Notierungen, weil sie scheinbar absichtslos chronistisch das höchst Private, speziell seine amourösen Abenteuer, neben die Rolle als Person des öffentlichen Lebens stellen. Renza hat in einer sehr treffenden Bemerkung zum Charakter des *Geheimen Tagebuchs* von dessen Dispensfunktion gesprochen: Indem Pepys geheim und gewissermaßen »postum« schrieb, nämlich für eine imaginierte Leserschaft in irgendeiner Zukunft, habe er sich von einer »implicit identity as an alienated voyeur or private person in a bourgeois society« unendlichen Aufschub verschafft. Zum Zeitpunkt der Entdeckung würde er dann »only the self signified by his diaries« (Renza, B 2: 1980, 280) sein.

Die in der deutschen Literaturgeschichte bisweilen anzutreffende Neigung, den Barock aufgrund seiner schwülstigen, dekadenten, gesuchten Tendenzen als bloßen Auftakt zum eigentlich bedeutsamen 18. Jahrhundert zu lesen, ihm jedenfalls keine Eigenständigkeit zukommen zu lassen, ist auch in der autobiographiehistorischen Forschung zum Verdikt geworden. Mahrholz hat dies zum Leitsatz gemeißelt, und seitdem ist die These von der Unfruchtbarkeit des Barock in autobiographischer Hinsicht nie ernstlich in Frage gestellt worden.

In jüngster Zeit jedoch hat die Frauenforschung auf dem Gebiet der Autobiographietheorie und -geschichte solche überkommenen Thesen einer kritischen Überprüfung unterzogen. So zeichnet sich durch die Forschungsergebnisse in Heuser (B 3: 1996) und Holdenried (B 3: 1995)[32] eine Neubewertung ab. Wünschenswert wäre, dass dies als An-

---

32 Zuvor gab es Ansätze bei Bernheiden, Westphal, Woods/Fürstenwald, die sich einlässlicher mit dem Barock beschäftigt hatten, als lange Zeit üblich.

stoß für eine Revision der »Lücke« Barock insgesamt dienen kann.

Die wichtigsten Revisionen betreffen die bislang wenig untersuchten »Höfischen Ego-Dokumente« (Meise, B 5: 1996), die religiöse Autobiographik (Kormann, B 3: 1996; Holdenried, B 3: 1995) und die Haus- und Familienbücher (Jancke, B 5: 1996; Kormann, B 4: 1995). Meise hat die »Ausweitung diaristischen Schreibens seit dem 16. Jahrhundert und die damit einhergehende Differenzierung der Texte« (Meise, B 5: 1996, 49) am Beispiel der Tagebücher zweier Landgräfinnen von Hessen-Darmstadt untersucht. Die Entwicklung, welche »langfristig die Verselbständigung des Tagebuchs als Textsorte bewirkt« (ebd.), kann bereits an der strukturellen Unterschiedlichkeit der beiden Tagebücher illustriert werden. Standen beide Tagebücher trotz gewissermaßen »doppelter Buchführung« – es gab ein »offizielles« wie ein »privates« – zwar gleichermaßen unter dem Diktat des Gesellschaftlichen, gehörten sie also durch den stereotypen Aufzeichnungsmodus und das Fehlen jeglicher »Innerlichkeiten« »eher in die Tradition des ›Hofjournals‹« (ebd., 59), so ist bei der Schwiegertochter doch ein markanter Neuansatz zu bemerken. Meise hat festgestellt, dass deren Aufzeichnungen sich ganz dem eigenen Ich zuwenden und dabei einen Genrewechsel vollziehen. Nicht mehr die Familienchronik[33] gibt das Muster für eigenes Schreiben vor, sondern die Geschäftsbücher, in denen – analog zur bürgerlichen Autobiographik – eine allmähliche Ausdehnung in Richtung »Rechnungslegung« über die eigenen Angelegenheiten stattfindet. Immer häufiger finden sich Eintragungen in Form von Reflexionen bis hin zu einzelnen »Aufsätzen«, die den diaristischen Rahmen sprengen. Gerade aus solch isolierten Textkörpern »wanderten« die Ich-Aussagen aber wieder in das diaristische Schreiben zurück.

---

33 Wobei es auch in dieser mehr um dynastische Angelegenheiten als um emotionale Beziehungen geht.

Mussten Selbstaussagen bei der Schwiegermutter über signifikante strukturelle Änderungen des Aussagemodus mit Beginn der Witwenschaft analytisch erst erschlossen werden,[34] so ist die innovative Tendenz bei Elisabeth Dorothea ganz offenkundig. Mit der Formänderung nimmt der Raum für Selbstaussagen zu. Meise sieht damit auch die höfische Memorialistik »in eine neue Phase« (Meise, B 5: 1996, 70) treten.

Mit der »Religion als Argumentations- und Legitimationsmuster« (Kormann, B 4: 1995, 71) befassen sich viele Beiträge in jüngerer Zeit. Kompensatorische Funktionen der Flucht in Religiosität, deren Befreiungsaspekte, aber auch die Problematik der Selbstäußerung in einem patriarchalisch vorgegebenen und beherrschten Medium wurden herausgearbeitet. Sozialgeschichtliche Deutungen lösten den Hysteriediskurs ab, bzw. wurde dieser selbst umformuliert (etwa durch v. Braun, B 4: 1985). Die neueren Arbeiten setzen den Schwerpunkt dabei eher auf die Konstruktion der Texte selbst und lesen diese als widersprüchliche und dennoch wahrnehmbar subversive Setzungen. Das bereits bei Margaretha Ebners *Offenbarungen* angezeigte Diskursmuster wird seit der Mystik als mögliche, in einer Art Schutzraum situierte Äußerungsform von Frauen tradiert. Bei Teresa von Avila (1515–1582), deren Schriften eine Brücke zwischen dem Diskurs der Mystik und ihrer pietistischen Adaption bilden, ist die schmale Gratwanderung zwischen einer fremdbestimmten, von der Inquisition argwöhnisch beobachteten Diktatpraxis, in welche die Ekstase und die visionären Erlebnisse zurückgebogen werden, und deren subversiver Unterminierung sehr gut zu beobachten (vgl. dazu einlässlicher Holdenried, B 3: 1995). Ihr *Libro de la vida* (erste deutsche Übersetzung 1649) steht unter dem Schreibbefehl der allerhöchsten Instanz, nämlich Gottes.

---

34 Genau in dieser Lebensphase tritt sehr oft eine Veränderung des Schreibens auf, oder wird überhaupt erst zur Feder gegriffen; bei Sophia Eleonora wird das Tagebuch nun zum Gedenkbuch (Meise, B 5: 1996, 60).

Dessen Autorität schützt sie bis zu einem gewissen Grad
vor der kirchlichen Zensur und macht das Schreiben zum
Gebot. In auffälliger Form berührt Teresa immer wieder
das Schreiben, wie auch – in den kurzen Abschnitten zu ihrer Jugend – die Leseleidenschaft. Teresa hat es gewagt, ihr
in einschränkende Klammern gesetztes Ich in höchst selbstbewussten Ausführungen zur kirchlichen Lehr- und Deu-
tungspraxis zur Geltung zu bringen. Der Befund, dass es
unter den veröffentlichten Selbstzeugnissen von Frauen im
17. Jahrhundert auffällig viele religiöse Bekenntnisse gibt,
kann mit dieser Legitimationsstrategie in Zusammenhang
gebracht werden, wie Kormann an einem anderen Beispiel,
der Pietistin Anna Vetter, ausführte: »[…] die pietistischen
Selbstzeugnisse konnten zur ›Einbruchstelle‹ werden, in
denen persönliches Unbehagen an der traditionsgeleiteten,
patriarchalischen Denk- und Lebensordnung der Zeit, am
barocken Ordo-Denken, sich äußert und Selbstvergewisserung auf dem eigenen, Grenzen überschreitenden Weg gefunden werden kann. Vetter hat das religiöse Erweckungs-
modell gewählt, um Schreiben und Veröffentlichung ihrer
Autobiographie zu legitimieren.« (Kormann, B 3: 1996, 90)
Wie selbstbestimmt diese Wahl war, muss hier dahingestellt
bleiben. Klar ist jedoch, dass der religiöse Rahmen für
Frauen eher als die anderen Kategorien autobiographischer
Zeugnisse eine Gewähr für Veröffentlichung und damit
Tradierung bildeten.

Wie oben festgehalten, waren auch die von Männern ver-
fassten Familienbücher oft nicht zur Veröffentlichung vor-
gesehen; manchmal, etwa bei Hans von Schweinichen, wird
sogar ausdrücklich vermerkt, dass seine Erben es geheim
halten sollen, damit »nicht grobe Hübeler, Ausschwätzer
und Wäscher darüber kommen, mich in meiner Gruben
ausschwätzen, das Gelächter darüber halten und also im
Lande herumgeführt werde, sam [dass] ich von mir selber
hätte Bücher ausgehen lassen, welches mir niemals in meinen Sinn kommen« (*Hans von Schweinichen*, B 1: 1971, 16).

Und dennoch sind sie überliefert worden. Bei Werken von Frauen hat erst die Forschung manches wieder zutage gefördert, was sonst verloren gegangen wäre. So die Hausbücher von Frauen aus dem 17. Jahrhundert. Anzufügen ist ein interessanter Aspekt der Forschungsgeschichte, den Kormann verfolgt hat: Sowohl für Misch wie auch für andere Forscher nach ihm sei die Familienchronik oder das Hausbuch so eng an die freie (männliche) Bürgerschaft gebunden, dass spätere Übernahmen dieser Form, zumal durch Frauen, gar nicht in den Blick gerieten. Die Hauschronik bietet anscheinend für die auf stringente Ich-Entwicklung ausgerichtete Autobiographiegeschichte keine Fortsetzungsmöglichkeiten an.[35] Demzufolge können Hausbücher von Frauen, obgleich diese eines der wenigen »Muster weltlicher Autobiographik« (Kormann, B 4: 1995, 85) im Barock darstellen, nur als längst historisch geworden Form erscheinen.

Speziell den *Memoiren* der Glikl von Hameln (1645–1724) kam in den letzten Jahren sowohl durch Editionen wie durch Forschungsarbeit verstärkte Aufmerksamkeit zu. Die Tradierung erfolgte lange Zeit innerhalb der Familiengenerationen, bis sie 1896 in der jüdisch-deutschen Urfassung von David Kaufmann veröffentlicht wurden. Breitere Wirkung können die Memoiren allerdings erst erlangen, als die jüdische Feministin Bertha Pappenheim 1910 die *Sichronoth* übersetzt. Es handelt sich um die erste Autobiographie einer jüdischen Frau, begonnen im Jahre 1691. Jancke hat die Eigenständigkeit dieses Werkes unterstrichen, konnte Glikl sich doch vermutlich nicht – wie Angehörige der Bildungselite – an autobiographischen Mustern orientieren, denn Autobiographien lagen um 1700 meist nur in handschriftlichen Fassungen vor;[36] erst in der zweiten

---

35 Einzig Niggl hat auf die struktural bedeutsame Verknüpfung mit der Berufsbiographie hingewiesen (Niggl, B 4: 1977, 14 ff.).
36 Eine Ausnahme bildet Philipp von Zesens 1645 erschienener Roman *Adriatische Rosemund*, der bereits für die Zeitgenossen erkennbare autobiographische Züge aufwies. Erwähnenswert ist in diesem Zusammen-

Hälfte des 18. Jahrhunderts wurden immer mehr Autobiographien gedruckt und damit als Muster allgemein verfügbar. In sieben Büchern mit 333 Druckseiten hat Glikl ihren Kindern nicht nur Familiengeschichtliches hinterlassen; untrennbar davon war das Geschäftliche. Auch Glikl orientiert sich grundlegend an Geschäfts- und Rechnungsbüchern; deren Struktur nutzt die nach dem Tod des ersten Ehemannes selbständige Kauffrau als generellen Leitfaden. Die ehelichen Beziehungen sind in den Büchern zentral; Jancke sieht eine wesentliche Funktion der Aufzeichnungen darin, den verstorbenen Mann in seiner Ratgeberposition zu ersetzen, Kompensierung und Trost zu finden. Die Autobiographie hat also einen selbsttherapeutischen und kriseninterventionistischen Hintergrund; sie »richtet sich darauf, die eigene Handlungsfähigkeit zu erhalten, wiederherzustellen und unter veränderten Umständen teilweise neu zu konstituieren. In dieser Hinsicht stärkt sie die eigene Person« (Jancke, B 5: 1996, 131). Ebenso wie bei der Landgräfin von Hessen ist auch hier wenig Platz für »Innerlichkeiten«. Trotz einer Mischung von Genres (wie Gebeten, Lebensmaximen, Geschichten, Dialogen, Bibelzitaten)[37] fundiert die eigentlich autobiographische Erzählung alles Übrige – und zwar, wie Jancke betont, nicht nur als »Gerüst«, sondern als innere Struktur. Wie bei den vorgenannten Autobiographinnen ist auch bei Glikl der Akt des Schreibens – bei Nacht, wenn das Tagwerk vollbracht ist – der eigentlich ich-

hang, dass sich Zesen nicht nur besonders darum bemühte, Frauen für die von ihm gegründete Rosenzunft in Amsterdam zu gewinnen – wobei ihm das fortschrittliche Frauenbild in den Niederlanden entgegenkam –, sondern dort auch den Boden für den Pietismus mit vorbereitete.

37 Natalie Zemon Davis hat in ihrer sehr ausführlichen Studie zu Glikl auf einen entscheidenden Unterschied zwischen jüdischer und christlicher Autobiographik hingewiesen, der darin bestand, dass »jüdische Lebensberichte besonders von der jahrhundertealten Tradition des moralischen Testaments geprägt [waren], einer Darstellung moralischer Lehren und persönlicher Weisheiten, die zusammen mit Anweisungen für das eigene Begräbnis und Verfügungen über Hab und Gut an die Kinder weitergegeben wurden« (Davis, B 5: 1996, 32).

konstitutive Aspekt, und nicht die Selbstreflexion an sich.
Über die pietistische Zwischenstufe der Gewissenserforschung wird letzteres erst in den Autobiographien des
18. Jahrhunderts zum verbindlichen Anspruch.

Wenn in diesem Abschnitt die Autobiographik von
Frauen besonders in den Blick gerückt wurde, so hat dies
zum einen seinen Grund darin, dass die Forschungstätig-
keit sich hier besonders entfaltet hat, zum anderen aber
auch in zeitgeschichtlichen Umständen. Es scheint so – Nä-
heres müsste erforscht werden –, als ob Frauen sich jetzt
erstmals in nennenswerter Zahl autobiographisch geäußert
hätten. Gründe dafür sind in den Umgestaltungen nach
den schrecklichen Kriegsjahren zu sehen, in denen Frauen,
jedenfalls im Witwenstand, doch eine gewisse Eigenständigkeit zugestanden wurde. Erst jetzt kann also über Bereiche geschrieben werden, welche vorher Männern vorbehalten waren. Eine markante Erscheinung in dieser Hinsicht
sind die zunehmenden Reiseberichte von Frauen und sogar
die Hinwendung zur Gelehrsamkeit und zur Forschung
(Anna Maria von Schurman; Maria Sibylla Merian). Doch
handelt es sich hier immer noch um Ausnahmeerscheinun-
gen. Auf breiterer Basis schreiben Frauen erst im Pietismus,
dort aber unter der Maßgabe des Bekenntnisses und der
Abkehr vom Weltlichen – das positiv sanktionierte religiöse
Muster.

4. Zwischen Pietismus und Säkularisation
Auf dem Weg zur literarischen Emanzipation
der Autobiographik

Als »Reaktion gegen eine dogmatisch erstarrte Obrigkeits-
kirche« (Niggl, B 2: 1989, 366) entstand die Bewegung des
Pietismus,[38] in dessen Zirkeln und gemeindeverbundenen
Konventikeln eine aus dem eigenen Herzen kommende, tief
empfundene Frömmigkeit herrschen sollte. Die pietistisch
Gesinnten waren gehalten, sich über ihren Glaubensstand
tagtäglich Rechenschaft zu geben, sich zu prüfen, und – zumindest in den frühen Phasen der Bewegung – vor den
anderen Gemeindemitgliedern zu offenbaren. Eine reiche
Tagebuchkultur entstand aus dieser Selbstprüfungstätigkeit;
Lebensüberblicke wurden von den Gemeindemitgliedern
selbst verfasst, um an deren Grab verlesen zu werden. Ent-
scheidendes religiöses Erlebnis ist die Überzeugung von
dem trotz eigener Sündhaftigkeit wirksamen »Ziehen« Gottes, dem »Durchbruch« und der »Wiedergeburt« zu einem neuen, Gott wohlgefälligen Leben. Aus Selbstüberwa-
chung[39] und dem individuellen Bekenntnis sind neue Formen entstanden: das pietistische Stunden- und Tagebuch
mit nur gelegentlich retrospektiver Darstellung sowie die
pietistische Autobiographie. Deren Muster hat August
Hermann Francke vorgegeben, Schüler des pietistischen
Gründervaters, Philipp Jacob Spener. Seine Bekehrungsgeschichte (*Lebenslauff*, 1690/91) wurde als Exempelschema

---

38 Zur umfassenderen Information über die Existenz verschiedener Strömungen, die Nähe zur katholischen Mystik, das überkonfessionelle und auch
das häretische Moment vgl. den Artikel »Pietismus« im Reallexikon, B 4:
1977.

39 Manfred Schneider (B 4: 1986) hat in seinen plakativen, aber einleuchten-
den Thesen zu autobiographischen Ursprüngen von der »Polizei des Her-
zens« gesprochen; dazu ist sicher auch die pietistische Überwachungspraxis
zu zählen, deren »säkularisierte« Form in manchen württembergischen
Gemeinden heute noch spürbar bleibt.

von sündigem Leben, Bußkampf und Gnadendurchbruch – gestaffelten Stationen, in denen die Augustinische Tradition erkennbar schematisiert erscheint – zum Muster eines ganzen »Systems«. In pietistischen Sammlungen wie der Reitzischen verarmt das detailreiche und erzählerische Muster bald zur uniformen Ansammlung gleichgerichteter »Beweisschriften« von der Gnade Gottes. Der Pietismus wies anfänglich durchaus separatistische Neigungen auf, entwickelte sich dann aber entweder in ein zum Schwärmertum neigendes »Konventikelchristentum« oder in die Richtung einer Aussöhnung mit der protestantischen Amtskirche. Von diesem Schwärmertum, insbesondere der von den Schriften der Madame Guyon[40] beeinflussten quietistischen Zirkel gibt Karl Philipp Moritz ein sehr anschauliches Bild in seinem *Anton Reiser*: »Das ganze Hauswesen [...] bestand aus lauter solchen Personen, deren Bestreben nur dahin ging oder zu gehen schien, in ihr *Nichts* (wie es Madam Guyon nennt) wieder einzugehen, alle Leidenschaften zu *ertöten* und alle *Eigenheit* auszurotten« (Moritz, *Werke* 2, B 1: 1981, 11).

Aus solcher Negation alles Individuellen konnte nicht direkt eine autobiographisch interessante Form entstehen. In den davon sich absetzenden Schriften eines Moritz wirkt die psychologische Schulung aber nach, wenngleich in einem gänzlich säkularisierten Sinn. Säkularisation ist denn auch das Stichwort Niggls für die Weiterentwicklung der pietistischen Autobiographik. Von Anfang an habe die Beschreibung des sündigen Weltlebens eine »Einbruchsstelle für eine thematische Erweiterung der religiösen Bekenntnisschrift« (Niggl, B 2: 1989, 371) gebildet. Im Gegensatz zur älteren Forschung, Mahrholz und Bertolini, vertritt Niggl erstmals mit Nachdruck die gattungsgeschichtlich bedeutsame These von der typologischen »Säkularisation«, d. h. der von Anfang an gegebenen Überlagerung der Bekennt-

---

40 Vgl. zu Guyon aus psychoanalytischer Sicht Kristeva, B 4: 1989.

nisschrift durch die Berufs- und speziell die Gelehrtenautobiographie. Bei Hamann[41] und Spangenberg weist er diese
Verselbständigungstendenz nach; bei letzterem, einem Bi-
schof der Herrnhuter Brüdergemeinde, habe die Berufsautobiographie sogar schon die Oberhand gewonnen. Auch
aus anderen Schriften ist zu ersehen, dass konfessions-
fremde Elemente Dominanz erlangen.[42] Einen Sonderfall
stellt die Autobiographie (*Schubart's Leben und Gesinnungen. Von ihm selbst im Kerker aufgesetzt*) des Schriftstellers
Christian Friedrich Daniel Schubart dar, geschrieben in der
Kerkerhaft (zwischen 1778 und 1791) auf dem Hohen
Asperg, wohin er wegen Aufrührertums kam. Er bediente
sich der pietistischen Form, ohne im eigentlichen Sinn Pie-
tist gewesen zu sein – an seiner Darstellung hat Müller gezeigt, dass die Literarisierung notwendig geworden sei,
»weil der Wirklichkeitsbegriff der überlieferten Typen der
Zweckform hinter den inzwischen erreichten Maßstäben
der Erfahrung von Individualität zurückblieb« (Müller, B 4:
1976, 53). Vorbedingung aber war die Säkularisierung; im
Gegensatz zum streng pietistischen Muster wird bei Schubart die weltliche Existenz nicht abgeschnitten, Psychologisierung und Individualisierung sowie die Adressierung an

41 Hamanns *Gedanken über meinen Lebenslauf* (1758) hat Müller (B 4: 1976,
40) typologisch ganz in den Zusammenhang der pietistischen Durch-
bruchsschemata gestellt; überraschend allerdings erscheint, dass es sich um
die Autobiographie eines 28-Jährigen handelt, der seinen Lebenslauf mit
dem Gnadenerlebnis als abgeschlossen betrachtet. In neueren Arbeiten, bei
Groppe etwa, wird wesentlich mehr Gewicht auf die Identitätsproblematik
Hamanns, seine krisenhafte soziale Verortung etwa als Hauslehrer gelegt
(Groppe, B 4: 1990, 83 ff.).

42 Sehr zu Recht gibt Aichinger aber zu bedenken, dass diese Überlagerung
der confessio durch die Berufsautobiographie »vorerst keineswegs zu einer
stärkeren Berücksichtigung der Außenwelt« geführt habe (Aichinger, B 4:
1977b, 812); vorherrschend seien Registrieren und Sammeln. Diese Art der
pragmatischen Lebensbeschreibung, oft als Verteidigungsschrift gegen An-
würfe von Widersachern geschrieben, überdauert nur als Teilbereich, nicht
als eigenständige Form. Eine Deutung der »Lebensgeschichten des Denkens« als konstruktive Bewältigung »kognitiver Störfälle« liefert wiederum Groppe (B 4: 1990, 41).

ein weltliches Publikum als Abnehmer seiner »Beichte«
erweisen die Zwischenstellung des Werks. Dessen Widersprüchlichkeit und Funktionsgebundenheit als Selbstbehauptung, möglicherweise masochistische Unterwerfung,
Selbstschutz, aber auch Aspekte der Literarizität gilt es dabei noch stärker als bislang zu berücksichtigen.

Jung-Stillings Lebensgeschichte ist für Niggl das späte
Erbe einer solchen Instrumentalisierung des Vorsehungsschemas. Mahrholz hat Jung-Stilling als »literarischen Ver-
fechter eines erneuerten Pietismus gegen das Ende des
18. Jahrhunderts« (Mahrholz, B 4: 1919, 187) eingeordnet.
Generell wird der *Lebensgeschichte* (3 Teile, 1777–1817) im
Kontext einer Literarisierung der Autobiographik ein be-
deutsamer Platz eingeräumt. Nicht nur das »Abenteuer der
Seele«, von dem Mahrholz spricht, sondern ein von ständi-
gem Scheitern begleiteter Aufstieg in sozialer Hinsicht bildet den Grund der autobiographischen Darstellung. Hatte
Mahrholz, ganz der Stillingschen Selbstdeutung folgend, das
teleologische Muster mit dem Gipfelpunkt in einem Leben
als erbaulicher Schriftsteller bruchlos übernommen, so weist
die jüngere Forschung gerade auf die Notwendigkeit der
ständigen Überbrückung von Bruchstellen hin. Jung-Stilling
zeichnet ein Leben nach, das sich von der kleinbürgerlichen
Herkunft aus einem dörflichen Schulmeisterhaushalt über
verschiedenste Stationen – Tätigkeit als Schneider, junger
Schulmeister, Hauslehrer, Prokurist, Medizinstudent, berühmter Augenarzt, Professor der Kameralistik, schließlich
erbaulicher Schriftsteller – aus einem »mächtigen Grundtrieb« (Jung-Stilling, *Lebensgeschichte*, B 1: 1983, 572) entwickelt habe. Er sei stets diesem Grundtrieb gefolgt, den
Gott »[s]einem Wesen eingegeistet, und zur eigentümlichen
Eigenschaft gemacht habe«, so gibt er in seinem »Rückblick«, dem letzten resümierenden Teil seiner Lebensgeschichte (ebd., 574) zu Protokoll, in dem er auch die Rede in
der dritten Person ablegt und die Wahrheit seiner Lebensgeschichte durch den guten Namen des Hofrats Jung bezeugt.

Müller wie Niggl sehen in dieser Herstellung von Kontinuität eines ausgesprochen wechselvollen, von der Gunst von Gönnern abhängigen Lebenslaufes eine nachträgliche »Rationalisierung des Vorsehungsglaubens« (Niggl, B 2: 1989, 382). Niggls abschließendes Negativurteil beruht darauf, dass es Jung-Stilling nicht gelungen sei, »die pietistische Vorsehungsstruktur mit der modernen entelechischen Idee zu verbinden« (ebd.). Deshalb sei »die religiöse Autobiographie [...] zu einem pseudotheologischen Mittel der Selbstbestätigung erstarrt« (ebd.). Zweifellos ist eine solche Herauslösung der Entwicklungsidee individuellen Lebens erst durch die Abkehr von einem religiös determinierten Vorsehungsschema möglich, wie es bei Karl Philipp Moritz schließlich der Fall sein wird. Sicherlich wäre eine psychologische Deutung möglich, welche auf den Kompensationscharakter des teleologischen Schemas verweist, wie es ansatzweise in der Analyse von Müller geschieht. Die Prozesse ständigen Scheiterns können anders als bei Moritz immer wieder aufgehoben werden im unsichtbaren Wirken Gottes. Die Autobiographie hat dabei die Funktion einer Objektivierung des Lebensganzen. Entgeht die Jugendgeschichte aufgrund ihrer farbigen Darstellungsweise dieser Unterwerfungstendenz, so gilt der Rest der Lebensgeschichte im durchgängigen Urteil der Forschung als trocken und uninspiriert. Festzuhalten bleibt dennoch, dass Jung-Stillings Lebensgeschichte einige markante Neuerungen in die umwegsame Geschichte der Autobiographik bringt: Bereits die Kindheitsdarstellung ist zwar nicht, wie Müller schreibt, ein »Novum« (Müller, B 4: 1976, 133), durch weltlichen Gehalt und psychologische Einfühlung ist sein Werk hierin aber tatsächlich »bahnbrechend« (ebd.). Ähnlich wie kurz nach ihm Moritz hat er damit nicht nur der Erfahrungsdimension breiten Raum geschaffen, sondern die psychologisch bedeutsame These von der Wichtigkeit der ersten prägenden Eindrücke in der Kindheit formuliert. Insgesamt ist von einer Emanzipation der literarischen Tendenz von der pietistischen Selbsterfahrung auszugehen, parallel dazu von einem Übergang der »Innenschau vom religiös bestimmten Sünden- und Bußbewußtsein zur moralischen Selbstkontrolle« (Wuthenow, B 4: 1974, 34). In dieser Übergangsbewegung gewinnt das Tagebuch größte Bedeutung als »Medium der Gewissensbefragung« (ebd.). Alltägliche Erfahrung und psychologische Selbstbeobachtung, beide erwachsen aus religiösen Kontrollmechanismen, unterwandern allmählich das erbauliche Schema. Diesen Prozess ermöglichen und verstärken die Literarisierungstendenzen, welche zur Ablösung von der religiös oder auch berufsbedingten Zweckform führen.

Die zweite wichtige Tendenz dieses Übergangs ist neben der typologischen die psychologische Säkularisation. Niggl hat sich in Absetzung von der älteren Forschung bemüht, die Rolle des Tagebuchs dabei besonders zu betonen. Erst über den Umweg der minutiösen Selbstbeobachtung im geistlichen Tagebuch kommt es seiner Ansicht nach zur psychologischen Selbstbeobachtung in der Autobiographik, aber auch in anderen literarischen Gattungen wie Brief und Romanliteratur. Befördert wird die »Beobachtung seiner Selbst« durch den öffentlichen Diskurs darüber, in dem die Strömung der Empfindsamkeit als Vorform bürgerlicher Öffentlichkeit und die pietistische Aussprache konvergieren. Im *Geheimen Tagebuch* des Züricher Pfarrers Lavater (1771) ist die erste Stufe dieser psychologischen Säkularisation erreicht, die Selbsterforschung als Selbstzweck. Die zweite Stufe stellt die Beschreibung kausalpsychologischer Entwicklung seit den 1770er-Jahren dar. Mit Karl Philipp Moritz' Bemühungen um eine wissenschaftliche Fundierung der Erfahrungsseelenkunde ist dann ein vorläufiger Höhepunkt der Selbstbeobachtungskultur des 18. Jahrhunderts erreicht, das unter Popes Maxime »The proper study of mankind ist man« stand.

Die etwas mechanistische Argumentation Niggls, aus der vertikalen Polarität des Vorsehungsschemas habe sich nicht

unmittelbar die horizontale Kette der psychologisch klas-
sifizierten Empfindungen ergeben können, ist mit Hinblick auf eine andere Traditionslinie durchaus anzuzweifeln.
Adam Bernds *Eigene Lebensbeschreibung* (1738) kann seiner Ansicht nach aufgrund der in ihm enthaltenen isolierten
nosologischen Schilderungen nicht als Gegenbeweis gelten;
erst nachträglich seien diese in den Rahmen einer Berufsautobiographie gestellt worden. Die Autobiographie des wegen theologischer Kontroversen suspendierten Leipziger
Predigers wurde denn auch lange als Krankheitsbericht und
wie bei Niggl als bloßer Vorläufer gehandelt.[43] Neumann
(B 2: 1970) hatte hingegen einerseits eine soziopsychologi-
sche Deutung vorgelegt, in der die masochistische Introver-
sion als Ergebnis einer rigiden puritanischen Erziehung erscheint, andererseits aber eine zwischen Autopathographie
und Autobiographie schwankende Einordnung vorgenommen. Bernd sei nie zu einer fest umrissenen Identität gelangt, weshalb er – ähnlich wie Rousseau – auch nur eine
fortwährende Autobiographie habe schreiben können. Vor-
sichtiger als Mahrholz, der »vielleicht die erste psychologische Autobiographie in deutscher Sprache« (Mahrholz, B 4:
1919, 219)[44] in Bernds Aufzeichnungen erkennt, formuliert
Neumann seine These, Bernd vollziehe als erster den Übergang zur psychologischen Diagnose. In vielem ist der
Bericht über die »Anfechtungen« die erstaunlich frühe
Beschreibung psychischer Störungsbilder. Diese »seltsame
Trübsal, Krankheit oder Anfechtung« (Bernd, *Eigene Lebens-Beschreibung*, B 1: 1973, 147), die hypochondrische
Melancholie, führt den Prediger bis hin zur Reflexion über
den Selbstmord. Geschrieben hat Bernd einen verstörenden

---

43 Andere Stimmen haben ihn indessen als Vorwegnahme der Rousseauschen
    Confessions ehrenvoller verortet (Schumacher, B 4: 1975, 21).
44 In einer Art Stufenfolge der Psychologisierung verkörpert Bernds Lebens-
    beschreibung bei Mahrholz die erste moralische Stufe vor der »rein« psy-
    chologischen Säkularisation (bei Lavater) und schließlich der pädagogi-
    schen Psychologie als endgültiger Stufe der Verwissenschaftlichung.

Text, zu einem Zeitpunkt, als es für seine psychische Verfassung kaum Ansätze zu wissenschaftlicher Erklärung gab. Er selbst wechselt in seinen Erklärungsansätzen zwischen Temperamentenlehre und wissenschaftlichen Theorien seiner Zeit hin und her, ebenso in den Formen der Selbstbeschreibung zwischen Tagebuchdetail und wenig integrierten Vor- und Rückblicken. Die Krisenzyklen seiner Krankheit bestimmen die autobiographische Ordnung, und nicht die annalistische oder gar lineare Progression. Groppe hat die seelische Krankheit als Säkularisierungsfaktor interpretiert, wenngleich Bernd selbst den letzten Schritt dazu nicht getan habe. Er sei als aufgeklärter Kleriker in einer »Interimssituation« (Groppe, B 4: 1990, 67) geblieben. Erst Moritz wird das Leiden an der Religion, das Bernd benennt, ausdrücklich in seine psychische Ursachenforschung aufnehmen.

In seinem sehr informativen Nachwort nimmt Volker Hoffmann Bernd noch nachträglich gegen die Ablehnung in Schutz, welche ihm von Beförderern der Autobiographik wie Herder widerfuhr. Die klassischen Ideale werfen ihre Schatten voraus; Bernd fiel als »Zwitter« oder »Tragelaph« (unorigineller Vorläufer) einer Auffassung vom Autobiographischen zum Opfer, die »statt Proben niederdrückender Selbsterfahrung die Überwindung des Deprimierenden kraft literarischer Gestaltung aus der Perspektive souveräner Überschau fordert« (*Eigene Lebens-Beschreibung*, B 1: 1973, Nachwort 420). In einer Reihe von neueren Arbeiten wird die überzeitliche Gültigkeit dieser klassischen autobiographischen Maßstäbe in Frage gestellt und durch deskriptive Verfahren die Konturen einer parallelen Traditionslinie neben der klassischen skizziert. Wintermeyers Arbeit (B 5: 1993) ist hier zu nennen, in der erstmals monographisch Bernds Autobiographie und der Beginn der psychologisch fundierten Autobiographik in engen gattungsgeschichtlichen Zusammenhang gebracht werden. Trotz der zahlreichen Befangenheiten der Lebensbeschreibung in al-

ten anthropologischen, religiösen und medizinischen Gewissheiten habe sich unter der Hand die neue Gewissheit
einer persönlichen Entwicklung als »Apologie eigener Existenz« Bahn brechen können.

Ebenso wie die Traditionslinien psychischer Introspektion unvoreingenommen neu zu überdenken sind, ist auch
die Rolle der Pietistinnen in vielfältigeren Zusammenhängen zu rekonstruieren. »Der Anteil der Frau am religiösen
Leben des P.[ietismus] ist sehr groß. Ihre gesellschaftliche
Stellung wird dadurch gehoben, auch dies eine Vorform der
Frauenkultur und -literatur des 18. Jhs. seit der Empfindsamkeit.« (»Pietismus« im »Reallexikon«, B 4: 1977, 109) So
lapidar und mit dem Verweis auf die fermentierende Funktion der »schönen Seele« für den »männlichen« Text ist
diese Rolle nicht mehr beschreibbar. Anna Vetter, Johanna
Eleonora Petersen, Beata Sturm u. a. Pietistinnen werden
allmählich aus der Namenlosigkeit zurückgeholt, in die der
bald wieder allein tonangebende pietistische Patriarchalis-
mus sie verbannt hatte. Waren Pietistinnen zu Anfang maßgeblich beteiligt, ja wie Petersen Mitbegründerinnen der
Bewegung, so werden ihre Texte bald durch männliche »Paratexte« (Genette) flankiert und dadurch ihre subversive
Energie kanalisiert. Der männliche Kommentar vollendet
damit in den meisten Fällen nur, was die Lebensläufe de
facto schon vollzogen haben. So zielt der Begleittext in der
Reitzischen Sammlung zur Autobiographie der berühmten
Gelehrten Anna Maria van Schurman auf deren Abkehr von
der Wissenschaft, als sie sich den Labadisten zuwandte[45]:
»Sehr merckwürdig ist in gedachtem Buch ihr Bekenntniß,
in welchem sie gestehet, wie sehr sie sich durch das Lob der
Menschen zur eiteln Wissens-Sucht antreiben lassen«
(Reitz, B 1: 1982, 73). Die ambivalenten Folgen solcher Ein-

---

[45] Zu dieser Erweckungsbewegung im niederländisch-friesischen Wieuwerd
stieß auch Maria Sibylla Merian, nachdem sie sich von ihrem Mann getrennt hatte; sie verließ die Kommune aber nach einiger Zeit wieder (vgl.
Davis, B 5: 1996, 192 ff.).

kapselung haben Blackwell u. a. mit unterschiedlicher Akzentuierung beschrieben. Sieht Blackwell Reste des ekstati-
schen Bewusstseins in der Frauenliteratur erhalten (Blackwell, B 4: 1988, 289), so betonen Schlientz (Schlientz, B 4:
1995) und Kormann eher den Negativsaldo. Die Unterwerfung unter das Demutsideal habe fatale Konsequenzen für
das Selbstbild der Frauen des 18. und 19. Jahrhunderts ge-
zeitigt (Kormann, B 3: 1996, 92). Psychosomatische Reak-
tionsbildung, so könnte zusammengefasst werden, begleitet
die religiösen Texte von Frauen seit der Mystik; doch andererseits bilden diese einige der wenigen Artikulationsmög-
lichkeiten für Frauen – ein Dilemma, das noch in den genuin literarischen Formen etwa des Frauenromans nachwir-
ken wird.

Stehen Adam Bernds Lebensbeschreibung ausdrücklich
und die autobiographischen Texte der Pietistinnen verdeckt
unter dem Signum der Psychosomatik, und bilden sie damit
die widerspruchsvolle Randnotiz zum Haupttext, der Ausbildung und autobiographischen Formulierung eines männ-
lich-bürgerlichen Selbstbewusstseins, so nimmt auch Ulrich Bräkers Lebensgeschichte eine Sonderposition ein.
Der Reflex auf pietistische Grundeinstellungen ist schon so
schwach, dass fraglich ist, ob seine Schriften überhaupt noch
innerhalb des pietistischen Schrifttums zu behandeln sind.[46]
Die Zahl der Selbstdarstellungen wächst im 18. Jahrhundert
stark an; Angehörige der unteren sozialen Schichten schreiben ihre Lebensgeschichten auf und manche davon werden
auch veröffentlicht.[47] So die *Lebensgeschichte und Natür-*

---

46 Groppe hat für die Tagebuchführung wie schon Völlmy eine »sukzessive
     Loslösung Bräkers von der Vorherrschaft der religiös-pietistischen Orien-
     tierung und seine Hinwendung zur Aufklärung« (Groppe, B 4: 1990, 133)
     konstatiert. Für die Lebensgeschichte trifft dies noch stärker zu.
47 Ebenfalls in diesem Zusammenhang wäre die »Autobiographie der Kar-
     schin in den Briefen an Sulzer« (Beyer-Fröhlich, B 4: 1930, 219) zu erwäh-
     nen. Anna Louisa Karsch, aus einfachen Verhältnissen, machte als »Natur-
     dichterin« Karriere in Berlin: als erste freie Schriftstellerin. In den vier
     Briefen ist von den Umständen ihrer Herkunft die Rede, von dem frühen

liche Ebenteuer des Armen Mannes im Tockenburg (1788/
1789). Bräker stammte aus dem Bauernstand und eignete sich
autodidaktisch Bildung an. Gern wird er als »Ahnherr [...]
der deutschen Arbeiter-Autobiographen« (Bräker, B 1: 1973,
Vorbemerkung) apostrophiert. Aus regelmäßig geführten
Tagebüchern hat Bräker die merkwürdigsten Begebenheiten
zur Lebensgeschichte zusammengefasst. Kindheit, Jugend,
harte Arbeit als Salpetersieder, erste Liebeserfahrungen
werden beschrieben, dann fällt er Soldatenwerbern in die
Hände, dient in Berlin und desertiert ohne Gewissensbisse
aus der Schlacht bei Lobositz, kehrt in die Heimat zurück,
heiratet schließlich eine Frau, die er nicht liebt, und ist in
seinen verschiedenen Tätigkeiten etwa als Garnhändler
nicht sehr erfolgreich. Anders als Jung-Stilling, den er nach-
ahmt, schafft er den sozialen Aufstieg nicht; er bleibt lebenslang der arme Mann, verliert mehrere Kinder und
lamentiert über seine Ehe, aber auch über seine eigene Unzulänglichkeit. Allzusehr hat die ältere Forschung die pietistische Grundnote seiner Aufzeichnungen betont, ganz dem
Klischee vom gläubigen, gottergebenen Bauern entsprechend, dem es so gelinge, die Wechselfälle des Schicksals
auszuhalten. Das Schreiben, so Mahrholz, diene dazu, »die
Not seines Daseins durch den Schimmer einer Idylle zu ver-
golden« (Mahrholz, B 4: 1919, 200). Von abenteuernder Romantik ist ferner die Rede und von romantischem Ästheti-
zismus. Ganz anders die neuere Forschung, die sehr viel
differenzierter die Funktion des Schreibens als »Flucht,
Kommunikation, Selbstverständigung, Selbstrechtfertigung
und Verklärung der eigenen Vergangenheit« (Müller, B 4:

Willen des Mädchens nach Bildung und deren Verhinderung (durch die
Mutter, die befindet, Lesen und Schreiben reiche aus), von ihrer unglück-
lichen Ehe und von ihrer Berufung zur Dichterin: »ich weiß nicht, ob diese
Kinder [ihre Lieder, M. H.] vollkommen genug sind; die Kunst hat keinen
Anteil daran, die Belesenheit nur hat hie und da einen Zug getan« (Kar-
schin, *Gedichte und Lebenszeugnisse*, B 1: 1987, 29). Im Briefwechsel mit
Gleim, vorzüglich ediert von Nörtemann (B 5: 1996), sind ebenfalls auto-
biographische Spuren enthalten, wenngleich nicht in gedrängter Form.

1976, 174) erklärt. Zwar geht auch Müller von einem letztlich pietistischen Impuls zur Selbstdarstellung aus; Bräker
sei aber der Fluchtcharakter seiner Religiosität sehr bewusst
gewesen, so dass von einer »aus sozialpsychologischen
Gründen nicht zu Ende geführten Säkularisation« auszugehen sei (ebd., 172). In dieser liege auch der Ursprung der
Schriftstellerei. Vergleicht man seine Selbstdarstellung mit
der Jung-Stillings, so fällt insbesondere der stark selbstironische Gestus des Erzählens auf, eine Form der Selbst-
distanz, vielleicht sogar Selbstentfremdung, die durch religiöse Einbindung nicht mehr aufgehoben werden kann,
auch wenn das Buch mit einer Empfehlung in Gottes Hand
endet. Lust an der Erzählung, Flucht in das eigene Schreiben
und die Lektüre stellen demnach einen säkularisierten Rahmen für die eigene Lebensgeschichte bereit. Nicht zuletzt
die kritische Orientierung an den Mustern Jung-Stilling und
Rousseau erweisen den literarischen Anspruch der Darstellung. Dass Bräker mit der Literarisierung seiner Existenz
zugleich sein Scheitern beschrieben hat, indem statt »Abenteuer« die ärmliche Monotonie seines Lebensalltags aufscheint und unabweisbar wird, hat jüngst Groppe noch einmal umzudeuten versucht: Zwar sei sein Traum einer literarischen Existenz »konstruktiv« gescheitert, doch habe er
sich im Erzählen »der Unwiederholbarkeit seines Daseins
positiv versichert« (Groppe, B 4: 1990, 42). Mit scheitern-
den Lebensläufen scheint sich auch die aktuelle Forschung
nicht abfinden zu können. Dass die Literarisierung aber
als säkulare Möglichkeit der Ich-Auseinandersetzung endgültig in den Horizont auch eines kleinbürgerlich-provin-
ziell lebenden Menschen treten konnte, ist das eigentlich Erstaunliche.

Der Bogen von den protokollarischen Aufzeichnungen
der Erweckten über ihren Glaubensstand zu subjektivisti-
scher Welt- und Selbsterfassung spiegelt eine wesentliche
Etappe autobiographischer Entwicklung, die am Ende des
18. Jahrhunderts noch längst nicht zum Abschluss gekom-

men ist. Auch wenn gemeinhin Ulrich Bräkers und Karl
Philipp Moritz' autobiographische Werke einen solchen
Schlussstein bilden, ist die Wirkung des Pietismus über die
»Verweltlichung« hinaus noch lange spürbar, etwa in den
Tagebüchern Novalis'. Aufrichtigkeits- und Wahrheitstopos
bleiben als unhintergehbare Erbschaft einer religiösen Herkunft des Autobiographischen strukturell verankert, auch
wenn dieser Bezugsrahmen längst verlassen wurde. Am
Ende des pietistischen Jahrhunderts hat sich die Autobiographie zur literarischen Form mit psychologischem Interesse an der Genese des Ich gewandelt. Berührungen und
Konvergenzen mit der literarischen Entwicklung, speziell
mit dem Roman, sind im Pietismus vorbereitet, und werden
in der klassischen Phase absolut gesetzt.

5. Multiple Projekte literarischer Autobiographik zwischen 1780 und 1830

Die Zerrissenheit »innerer Geschichte« als gegenklassisches Projekt: Moritz' »Anton Reiser«

Die Selbstverständlichkeit, mit der die Autobiographiegeschichte kanonische Lektüren und Interpretationen vorgab,
zeigt sich am besten in deren Ausrichtung auf die Goethezeit als »Hochzeit« klassischer Autobiographik. Fast uni-
sono war lange Zeit der Tenor, dass es vor dieser Phase
keine vollausgebildete Selbstdarstellung gegeben habe,
deren Kennzeichen in der Ausbalancierung von Ich- und
Weltseite gesehen wird. Beherrschend war also ein Modell
des Vorläufertums, der Höhepunkte und des epigonalen
Abschwungs. Gemäß diesem Modell verortet ein Teil der
Forschung Bräker und Moritz im unmittelbaren »Vorfeld«

wie auch erstaunlicherweise Rousseau. Aus dem Kanon fallen nicht-gelingende oder gar vom Grundmuster abweichende Autobiographien heraus.

Dass es andere Traditionslinien als die zur Klassik führenden gibt, dass der Maßstab »gelungener Identität« eher die Problematik und Krisenhaftigkeit identitätsgeschichtlicher Genese verschleiert und dass unser anthropologisches Wissen von jenen »abweichenden« Projekten mindestens ebenso sehr befördert wird, gerät in einer Reihe neuerer Arbeiten in den Blick. Seit der Weichenstellung durch Pfotenhauer (B 4: 1987) werden diese bislang vernachlässigten oder instrumentalisierten[48] »Konkurrenzentwürfe des Gleich- und Nachzeitigkeitsraumes« (Groppe, B 4: 1990, 36) von *Dichtung und Wahrheit* aus dem Abseits geholt. Moritz ist hier sicher das eindrücklichste Beispiel, zeichnet sich doch immer mehr die Eigenständigkeit seiner psychologischen Autobiographie *Anton Reiser* ab. Eine Akzentverlagerung wie die von mir beschriebene (B 2: 1991) beschränkt sein Werk nicht länger auf den Säkularisierungsprozess, durch den es den pietistischen Rahmen verlassen hat, und auch nicht auf die pädagogische Zweckform, sondern sieht es als möglicherweise selbst traditionsbildendes und literarische Maßstäbe setzendes Projekt. Als solches ist es in einer exemplarischen Reihe zu denken, auf die ich hier nur verweisen kann. In einer solchen Traditionslinie wären dann rückgreifend sowohl Bernd als auch Bräker aufzurufen; Lebensgeschichten wie seine eigene (und Jung-Stillings) hat Moritz in seinem *Magazin zur Erfahrungsseelenkunde*, der ersten deutschen psychologischen Zeitschrift, als Beispielfälle empirischer Psychologie gesammelt und bereits als eine Art Krankenberichte verstanden. Abgebrochen ist diese Tradition nie wieder, auch wenn es angesichts der überragenden Dominanz des goetheschen Musters schwerfällt,

---

48 Beliebter Topos dafür ist der des »kulturgeschichtlich interessanten Zeugnisses«. Damit ist jede weitergehende Berücksichtigung im Rahmen literaturgeschichtlicher Analysen von vornherein suspendiert.

eine direkte Fortsetzungslinie zu rekonstruieren.[49] Eine
eigenständige Form hat Moritz durch die Schwerpunkt-
setzung auf die »*innere* Geschichte« (Moritz, *Werke* 2,
B 1: 1981, 9) geschaffen, wie sie in dieser Form vorher nicht
existierte.

Lange Zeit hielt man sich damit auf, in biographistischer
Annäherung den autobiographischen Gehalt des »psychologischen Romans« zu entschlüsseln, und das Für und Wider von Roman oder Autobiographie abzuwägen. Die Rede
war von »romanesker Verkleidung« einer Autobiographie
(Wuthenow, B 4: 1974, 110), von Autobiographie in der
Form einer Biographie (Tarot, B 2: 1985), von Roman bzw.
idealer Synthese von Autobiographie und Roman, ja von
»Autobiographie in dritter Potenz« (Müller, B 4: 1976,
168). Diese Diskussion ist angesichts größerer monogra-
phischer Arbeiten wie der Lothar Müllers (B 5: 1987), welche sich umfassend mit der Bedeutung Moritz' auseinandergesetzt haben, in den Hintergrund getreten.[50] Schings
(B 4: 1977) hatte vorher schon neue Rezeptionsvorgaben
geliefert, die einen Erfahrungszusammenhang der Melancholie in den Blick fassten. Aus diesen wenigen Angaben
erhellt schon, dass die Rücknahme Moritz' in den engen
Erlebnishorizont »kleinbürgerlichen Wesens« (Mahrholz,
B 4: 1919, 235) noch vielfacher Widerlegung bedarf. Gerade
die »reine Innerlichkeit und Aufsichselbstbezogenheit des
Individuums« (ebd.), die aber in ihren psychischen wie gesellschaftlichen Ursachen analysiert wird, begründet einen
konkurrierenden Entwurf zur »Ausbalancierung« von Ich
und Welt im goetheschen Muster, dessen Gewinn unschätz-
bar ist.

---

49 In meiner Dissertation (Holdenried, B 2: 1991) habe ich einen Anknüp-
   fungspunkt bei Weiss gesehen, aufgrund der Anlage der Arbeit konnte es
   hierbei nur um strukturelle und inhaltliche Affinitäten zweier zeitlich sehr
   weit auseinanderliegender Werke, nicht aber um die Erstellung einer Traditionslinie gehen.
50 Gelegentlich erscheinen aber noch in der neuesten Forschung Wiederauf-
   nahmen dieser Diskussion, etwa bei Birgit Nübel (B 5: 1994, 232).

1785 bis 1790 erschien *Anton Reiser* als »psychologischer Roman« in vier Teilen.[51] An der eigenen Lebensgeschichte wollte Moritz weiteres beispielhaftes Material für das *Magazin* vorlegen. Insbesondere der Einfluss der frühesten Kindheitsjahre auf die weitere psychische Entwicklung von Individualität hat ihn interessiert. Seine Geschichte beginnt mit der Geburt als Leidensgeschichte, wird Reiser doch in ein völlig zerstrittenes, dabei aber von quietistischer Frömmelei geprägtes Elternhaus hineingeboren. Nach einem kurzen Besuch der Lateinschule wird er sehr jung zu einem Hutmacher in die Lehre gegeben, der in bigotter Weise seinen Untergebenen ausbeutet und ihn härteste Arbeiten verrichten lässt. Berührungen mit der Religion erlauben immer wieder kurze Ausbrüche aus der Welt des Mangels und der Unterdrückung. So wird ihm ein Prediger zum besonderen Vorbild, er übt sich selbst im Deklamieren und erlangt einige Fertigkeit darin. Seine weitere Existenz ist geprägt von Schulbesuchen und Freitischen, die er reichen Gönnern verdankt, und einer Dachstubenexistenz, in der er seine psychischen Krisen entweder durch wilde Zerstörungsorgien an Kirschkernen ausagiert oder in die Literatur als »idealische Welt« flüchtet. Er führt ein vereinsamtes Leben, aus dem ihn nur augenblicksweise die Zuwendung anderer rettet, bevor er Freundschaft mit Philipp Reiser schließt. Richtungslos geht sein Leben dahin, bis er seine Theaterleidenschaft entdeckt, die ihm, wie zuvor schon die Poesie, zum Zufluchtsort gegen alle Demütigungen der realen Welt werden soll. Er schlägt den Weg zur Schauspielerei ein, doch endet der Roman als Fragment mit der Zerschlagung auch dieser Hoffnung, weil der Prinzipal der Schauspieltruppe die Gelder veruntreut hat: »Die Sp.sche Truppe war also nun eine zerstreute Herde« (Moritz, *Werke* 2, B 1: 1981, 441).

Der *Reiser* kann keine in sich gerundete, abgeschlossene

Geschichte bieten, wie nichts besser als dieser abgebrochene Schluss zeigt. Ganz andere Aspekte werden wichtig, die Arbeit als Lehrling, die ebenso wie weitere Elemente eines Lebens (Schulverhältnisse, Mäzenatentum, allgemeine Lebensbedingungen) als Angehöriger des Vierten Standes einen bis dahin ungekannten Raum einnehmen. Eine fast schizophrene Existenzweise wird in beklemmender Eindringlichkeit nachgezeichnet: »Er lebte auf diese Weise gleichsam ein doppeltes Leben, eins in der Einbildung und eins in der Wirklichkeit« (ebd., 346). Lesesucht und Theatromanie werden von Moritz zwar in den Kontext einer Empfindsamkeitskritik gestellt, doch nicht bloßgestellt, sondern in ihrer kompensatorischen Funktion für die tief verstörte Psyche des Jugendlichen gezeigt. Nicht nur als psychologisches Dokument erlaubt der *Reiser* tiefe Einblicke. Das klinische »Vollbild« einer Minderwertigkeitsneurose und schweren Depression wird sichtbar, aber eben nicht nur als diagnostische Pathographie. Dass es sich gleichzeitig um Literatur handelt, macht das Werk umso eindrücklicher: »Es war die unverantwortliche Seelenlähmung durch das zurücksetzende Betragen seiner eignen Eltern gegen ihn, die er von seiner Kindheit an noch nicht hatte wieder vermindern können. [...] jeder schien ihm auf irgendeine Art *wichtiger, bedeutender* in der Welt als er zu sein – [...] – weil er nun *glaubte, verachtet werden zu können,* so wurde er wirklich verachtet« (ebd., 326 f.).

Moritz war sich als Autor der Problematik einer Scheinwelt Kunst durchaus bewusst; sein Reiser verspürt über die »vergeblichen Anstrengungen eines falschen Dichtungstriebes« (ebd., 435) Verzweiflung und Lebensüberdruss. Klaus-Detlef Müller u. a. haben das Dilettantismus-Problem auf die so genannten Nicht-Autoren (oder Naturdichter) um 1800, d. h. Autoren der Unterschicht, also auch auf Moritz selbst bezogen. Diese seien ausschließlich zu autobiographischer Äußerung imstande gewesen. Gegen diesen Dilettantismus-Verdacht kann man den dualen Aufbau des Mo-

ritzschen Werkes aufrufen, in dem die Erzählerfigur literarisch wirksame Distanzen zu der Figur Reiser aufbaut. Es
gilt daran zu erinnern, dass es für dieses Projekt keine Vorläufer gab – Bernd machte keinen Anspruch auf Literarizität
geltend –, dass Moritz bisher ungehörte Töne wahrnehmbar
macht. Die Darstellung einer versäumten Kindheit, der De-
tailrealismus einer psychischen Verarmung und einer öden
Welt, die nur durch die Liebe zur Kunst bereichert werden
kann, zeugt vom Gelingen einer innovativen Verbindung
von Literatur und Psychologie, welche nicht dem Maßstab
der harmonischen Rundung unterstellt werden darf.[52] Moritz hat kein »Naturwerk« geschrieben, weil anderes ihm
nicht gelingen konnte, sondern er hat, anknüpfend an das
wenige Vorhandene, daraus etwas Neues geschaffen: eine
Art gegenklassisches Projekt moderner Selbstverständigung
auf dem Boden der durch ihn angestoßenen empirischen
Psychologie.[53] Statt von »Vorfeld« zu reden, wäre es sicher
sinnvoller, von einem spätestens mit Moritz (und dann seit
Goethe) datierbaren dualen Kanon der Autobiographik
auszugehen. Jung-Stilling, Moritz, Bräker und Laukhard[54]
zählen zu diesem repräsentativen Spektrum autobiographischer Möglichkeiten vor Goethe – die Literarisierung der
Autobiographie ist vor Goethe erreicht, und Moritz ist einer ihrer Vollender.

52 Die Vorreden bzw. Geleitworte vor jedem Teil suggerieren eine solche
Harmonisierungsmöglichkeit; der Inhalt der Lebensgeschichte sprengt diesen didaktisch-pädagogischen Rahmen jedoch stets von neuem und entlarvt die Unhaltbarkeit eines solchen Anspruchs.
53 Im Urteil der Forschung gereicht ihm dies zum großen Nachteil; Pascals
abschätzige Wertung, dass die Aufgabe der Autobiographie bei Moritz
(und in der modernen Autobiographie) nicht bewältigt worden sei (Pascal,
B 2: 1965, 188), ist weit verbreitet.
54 Laukhards *Leben und Schicksale, von ihm selbst geschrieben* (1792–1802)
in sechs Bänden nähert sich nach Klaus-Detlef Müller der Memoirenform,
die Darstellungsweise sei eher journalistisch als autobiographisch; eine
Sonderform sei sie auch, insofern sie nicht die Individualität des Autors
zum Vorschein bringe, sondern dessen intellektuelle Reflexivität betone
(Müller, B 4: 1976, 183 ff.).

Der Epochenschnitt um 1800 führt pointiert gesagt zum Ausschluss zweckbezogener, lehrhafter Literatur. Repräsentativität, Innovation und Originalität sind die neuen Parameter, welche an Literatur, und damit auch an die literarische Autobiographik angelegt werden. Nübel hat die gleichzeitige Anthropologisierung der Diskurse und die entscheidende Rolle Herders ausführlich reflektiert. In ihrem Fazit zu dessen mehrschichtigem »Autobiographie-Programm« hält sie fest, dass zwar das funktionale Moment – die Autobiographie als »Medium der anthropologischen Erkenntnis als auch individuelles und gesellschaftliches Bildungs-›Mittel‹« (Nübel, B 5: 1994, 198) –, also die Zweckform über die Kunstform dominiere. Es zeige sich aber, dass gerade deren ästhetische Möglichkeiten den Zweck erfüllen.

Die »Demokratisierung«, also die Ausweitung autobiographischen Schreibens auf Angehörige auch der Unterschicht, des Kleinbürgertums und sogar auf Frauen, wird tendenziell durch die Etablierung der (freien) Autorschaft wieder zurückgenommen.[55] Der Status »Autor« wird unter den neuen Produktivitätsmaßstäben nicht nur zugewiesen, sondern selbst ge- und besetzt. Dies geschieht durch die Codierung von Anfang und Ende einer unverwechselbaren Rede. Die »Geburtsanzeigen«, die sich so erstaunlich oft am Beginn von Autobiographien finden, sind Markierungen einer solchen Rede eines unverwechselbaren Subjekts – wenn es männlich ist. Um die »Schlussproblematik«, das Hinschreiben auf den eigenen Tod, kommen auch sie nicht herum. In seinen Überlegungen zu den »zerrissenen Fäden der Autobiographie« im Italien des 18. Jahrhunderts hat

---

55 Auf diese sehr komplexen Vorgänge kann hier nicht weiter eingegangen werden. Berührt werden damit Fragen der Autorschaft, der Entstehung neuer kultureller und literarischer Paradigmen und institutionalisierter Wertungsprozesse (dazu immer noch grundlegend Bosse, B 4: 1981) und nicht zuletzt Kanonisierungsvorgänge. Diesen wird in den letzten Jahren verstärkte Aufmerksamkeit gewidmet.

Battistini die Geburtsanzeige innerhalb der unsicher gewordenen Form als das einzig gewisse Datum ermittelt (aber auch hier gibt es Irrungen und Wirrungen). Wenn auch in den Autobiographien Vicos, Alfieris, Casanovas u. a. unter dem Einfluss Rousseaus keine geschlossene Struktur mehr herrsche, lineares Erzählen von Unsicherheit und Unbeständigkeit abgelöst werde, so werde das Datum der Geburt in erstaunlich klassisch-konventioneller Weise betont, in der Nachfolge des Petrarcaschen »Honestis parentibus [...] natus sum« (Battistini, B 4: 1997, 87). Die Autobiographinnen am Ende des 18. Jahrhunderts rücken sich hingegen in die familiäre Genealogie ein, ohne einen besonderen Platz zu beanspruchen, oder sie lassen die Geburt als Leerstelle bestehen. Kein Wunder angesichts der Moritzschen »Geburtsanzeige« – »Unter diesen Umständen wurde Anton geboren, und von ihm kann man mit Wahrheit sagen, daß er von der Wiege an unterdrückt ward« (Moritz, *Werke* 2, B 1: 1981, 15) –, dass er zu den »weiblichen« Genies gezählt wurde – wie auch Rousseau.

Frauen hatten unter den Bedingungen des 18. Jahrhunderts immer noch Schwierigkeiten, Autorinnen zu werden, und mehr noch, so scheint es, zu Autobiographinnen. Eigenartigerweise ist es gerade das Ende des Jahrhunderts, in dem die Aufklärung den Frauen Mut zur Gelehrsamkeit, zur Äußerung im öffentlichen Diskurs gemacht hatte, an dem eine solch auffällige autobiographische Lücke klafft. Texteditionen machen in jüngerer Zeit mehr autobiographische Werke von Frauen wieder zugänglich, wie die von Charlotte von Einem, Friderika Baldinger und Angelika Rosa (Heuser [u. a.], B 1: 1994). Am Beispiel der von Heuser u. a. wiederveröffentlichten Autobiographie Baldingers (1791) lässt sich sehr gut zeigen, wie Frauen »männliche« Formen wie die Gelehrtenautobiographie nutzen, dabei aber nicht nur – gattungstheoretisch gesprochen – zu spät kommen, sondern in fataler Weise die Form verfehlen. Während Männer häufig Ausweise ihrer Gelehrsamkeit in rechtfertigender Absicht anhäufen, können Frauen im Grunde nur die Hindernisse beschreiben, die den Weg zur Gelehrsamkeit, wo nicht gänzlich verbauten, so doch erheblich erschwerten. Baldinger gibt so etwa zu Protokoll, sie habe vor allem ihre Wochenbetten genutzt, um zu lesen. Madame Rolands »persönliche Memoiren«, *Mémoires particuliers de Madame Roland*, die sie im Gefängnis schrieb, bevor sie 1793 von den Jakobinern guillotiniert wurde, erweist sich als ganz ähnlicher Fall einer (versteckten) Gelehrtenautobiographie – hier endet solch weibliche Selbstüberhebung auf dem Schafott.[56] Erstaunlich ist die wechselhafte Rezeptionsgeschichte solcher Lebensgeschichten: Hatte Goethe sich noch bewundernd über Roland geäußert, so wurde sie von verschiedenen Forschungswellen überschwemmt, die in ihr einmal ein besonders krasses Beispiel für die fatalen Folgen psychologisierender Selbstbetrachtung fanden, andere Male aber ihr bemerkenswertes schriftstellerisches Talent hervorkehrten. Seit sich die Frauenforschung solcher fast vergessener Texte annimmt, sie neu ediert oder biographisch flankiert, kann wenigstens gehofft werden, dass das buchstäblich vernichtende Urteil der Zeitgenossen nicht noch einmal vollstreckt wird.

Andere Forschungsarbeiten bemühen sich um die Erklärung der dennoch bleibenden Lücke (Hahn, B 3: 1991; Ramm, B 3: 1995 und B 4: 1998; Kord, B 3: 1996 u. a.). Ramm hat in ihrer jüngst erschienenen Dissertation ein umfangreiches Textkorpus von 65 Schriften untersucht, von dem ein Großteil Briefe bzw. Briefsammlungen waren, und ist zu dem Ergebnis gelangt, dass nur 13 autobiographische Schriften bereits zu Lebzeiten der Verfasserin veröffentlicht

---

56 Zum Vergleich der beiden Selbstzeugnisse Holdenried, B 3: 1997. Tatsächlich gab es für die Jakobiner einen Kausalbezug zwischen dem Verlassen weiblicher »Bestimmung« und der Hinrichtung, nachzulesen im revolutionären »Salut public«: »Der Wunsch, Gelehrte zu sein, ließ sie die Tugenden ihres Geschlechts vergessen, und dieses Vergessen, immer gefährlich, brachte ihr schließlich den Tod auf dem Schafott« (wiedergegeben in Roland, *Memoiren und Korrespondenzen*, B 1: 1988, Nachwort 421).

wurden – unter deren eigenem Namen und nicht anonym
oder pseudonym (Ramm, B 4: 1998, 41). Lediglich drei davon seien »geschlossene Lebensbeschreibungen« (ebd., 45),
die anderen 10 »gemischte Schriften« (ebd., 43). Die Voran-
nahme einer autobiographischen Lücke musste von ihr no-
lens volens bestätigt werden: »*die* Frauenautobiographie
dieser Zeit [existiert][nicht]« (ebd., 15). Im gleichen Zeitraum ist aber die literarische Produktion von Frauen insgesamt stark angewachsen. Dies bestätigt zum einen die These
von den vorästhetischen Räumen, in die Frauen ausweichen
(Bovenschen, B 3: 1976), sowie dass sie andere Gattungen
der eigentlichen Autobiographie vorziehen. Dies geschieht
keineswegs freiwillig, sondern aus dem Wissen heraus, dass
»die Autobiographie um 1800, von einer Frau geschrieben,
eine gesellschaftliche Provokation bedeutet hätte« (Ramm,
B 4: 1998, 17). Auch hier entstehen also Seitenzweige autobiographischer Produktion, natürlich nicht aus freier Wahl,
und weil dies, wie Goodman vermutete, die den Frauen gemäßere Äußerungsform darstellte, sondern weil ihr Spiel-
raum eng war, weil sie eben nicht die »Relevanzproduktion«
(Sloterdijk) beherrschten, die zur Selbstautorisierung nötig
war, sondern immer noch eine Rechtfertigung, eine »Sprecherlaubnis« brauchten. Dies wird sich in Deutschland erst allmählich, mit der ersten Frauenbewegung im 19. Jahrhundert,
ändern.

Das Paradigma moderner Autobiographik: Rousseaus »Confessions«

Von nicht zu überschätzendem Einfluss auf die weitere Entwicklung auch der deutschen Autobiographik waren die
Bekenntnisse Jean-Jacques Rousseaus, die vier Jahre nach
seinem Tod erschienen (1782). Programmatisch gibt er vor,
was nach ihm jedes autobiographische Werk dokumentieren
wird: Dass einziger und hinreichender Anlass des Schrei-

bens über sich selbst die eigene, unverwechselbare Individualität ist, dass es keines gesellschaftlichen Privilegs oder religiöser Rechtfertigung mehr bedarf, um die innere Geschichte eines Menschen aufzuzeichnen: »Ich plane ein Unternehmen, das kein Vorbild hat und dessen Ausführung auch niemals einen Nachahmer finden wird. Ich will vor meinesgleichen einen Menschen in aller Wahrheit der Natur zeigen, und dieser Mensch werde ich sein. Einzig und allein ich. Ich fühle mein Herz – und ich kenne die Menschen.« (Rousseau, *Bekenntnisse*, B 1: 1985, 37) Ein hochgestimmter Ton, und ein ungeheuerlicher Plan – der ehemalige Lakai, Autodidakt und »Bildungsparvenü« (Starobinski, B 5: 1993, 277) beansprucht für seine brüchige und vielgestaltige Selbstdarstellung universale Geltung, einzig legitimiert durch das Recht des Gefühls. Damit hat Rousseau eine neue Ära eingeläutet, so unterschiedlich sein Werk auch beurteilt wurde. Noch bei Aichinger wird den *Bekenntnissen* eher widerstrebend ein Platz unter den klassischen Werken eingeräumt, habe ihr Verfasser doch jenes Gleichgewicht zwischen Ich und Welt nicht erreicht, das dazu vonnöten wäre (Aichinger, B 4: 1977b, 813). Auch Misch betonte die »Zweistimmigkeit« der *Confessions* als etwas Mangelhaftes und als Folge unzureichender Gestaltung – eine Deutung, der Neumann widersprach, indem er diese Dualität vielmehr als »den literarischen Reflex der ungelösten Widersprüche [begriff, M. H.], in denen Rousseaus Leben verlief« (Neumann, B 2: 1970, 41). Die Spannung zwischen zwei Zeitebenen, zwischen dem Erleben selbst und dem Wiedererleben in der Erinnerung, mutet auch als literarisches Gestaltungsmittel höchst modern an. Doch auch Neumann konnte nicht umhin, Rousseau (nach Adam Bernd) einen Platz innerhalb seiner Kategorie der »fortwährenden« Autobiographie zuzuweisen, deren Kennzeichen nicht erreichte Identität sei. Schon die Zeitgenossen fühlten sich bemüßigt, Rousseau entweder als pathologischen Fall abzustempeln, oder ihm aufgrund seiner offensichtlich gestörten Identität Hilfestellung zu leisten; Wieland nahm ihn aufgrund seiner damaligen Jugend in Schutz, als Vorabdrucke die berühmte Bändchen-Affäre (d. h. die falsche Diebstahlsbeschuldigung eines Dienstmädchens durch Rousseau, der das Band selbst gestohlen hatte) öffentlich machten. An seiner Person zunächst und dann an seinem Werk, das als anstößig, ja exhibitionistisch betrachtet wurde, schieden sich die Geister. Heute kann kein Zweifel mehr bestehen, dass der Beginn einer neuen Ära moderner Autobiographik mit Rousseau anzusetzen ist. Endgültig wenden sich die Autobiographen von der Genretradition ab und sich selbst als absolutem Maß von Bedeutung und Form zu. Von der Widersprüchlichkeit der Person Rousseau ist dieser Vorgang indessen nicht abzutrennen.

Den Bekenntnissen gingen die *Briefe an Herrn von Malesherbes* (1762) voraus, die als Vorstufen anzusehen sind; ein erster direkt autobiographischer Entwurf trug den Titel *Mon portrait* (1761 geschrieben, veröffentlicht 1861). Als »Epilog« zu den Bekenntnissen hat Werner Krauss die *Träumereien eines einsamen Spaziergängers* (1778), das letzte Werk vor seinem Tod, bezeichnet. Der erste Teil der *Confessions* gibt die Erlebnisse seit seiner Geburt 1712 wieder, wobei der Schwerpunkt nicht auf der Lückenlosigkeit des Erlebten liegt, sondern auf der Charakterprägung durch entscheidende Ereignisse (Lektüre; Wollustempfindung bei der Züchtigung). Die Bekanntschaft mit seiner späteren mütterlichen Geliebten, Frau von Warens, wird geschildert, ebenso die Zeit in Turin, wo er sich als Lakai verdingt und sich des Bändchendiebstahls schuldig macht. In freimütigster Weise werden sowohl seine Liebesbeziehung zu Frau von Warens geschildert, als auch die exhibitionistischen Akte des Jugendlichen. Dabei lag es Rousseau nicht daran, eine *Chronique scandaleuse* seiner sexuellen Verfehlungen oder Abenteuer zu schreiben, sondern die erotische Seite als einen Teilaspekt einer widerspruchsvollen Entwicklung nicht zu verschweigen. Reiseerlebnisse, Tätigkeit als Graveur und die autodidaktische Beschäftigung sind weitere Inhaltsmomente des ersten Teils. Im zweiten Teil sehen wir Rousseau in Paris, wo er als mittlerweile Dreißigjähriger Bekanntschaft mit den Enzyklopädisten macht und sich insbesondere mit Diderot anfreundet. Er geht als Gesandtschaftssekretär nach Venedig, lernt schließlich seine Lebensgefährtin Thérèse Levasseur kennen, eine ungebildete Wäscherin, mit der er fünf Kinder hat, die der Verfasser des berühmten Erziehungswerks *Émile* (1762) alle ins Findelhaus gibt. Rousseau zeigt sich als Autor, in seiner Tätigkeit als Notenschreiber und schließlich in den letzten Büchern als angefeindeter Mensch, dem nicht nur sein Ruhm als Autor streitig gemacht wird. Seine früheren Freunde, so sieht es der immer mehr im paranoiden Wahn Befangene, setzen alles daran, ihn zu vernichten. Ihn, der doch als gutherziger, den Menschen wohl gewogener Einzelner nur seiner Einsamkeit leben will, und die Natur als seinen Rückzugsort wählt. Zuletzt wird er auch aus diesem Paradies, einer Insel im Bieler See, vertrieben.

Die knappe Inhaltsangabe erhellt, dass Rousseau sein Versprechen, die Wahrheit ohne jede Heuchelei zu sagen, einzuhalten gedachte. In solcher Radikalität hatte bislang kein Autobiograph gewagt, »Ich« zu sagen. Die Selbstentblößung, welche Rousseau betrieb, war allerdings kein Selbstzweck, sondern sollte der wissenschaftlichen Erkenntnis dienen. Wie nach ihm Moritz gab er sein eigenes Beispiel als unvergleichlichen und dennoch lehrreichen Fall zu Protokoll. Dabei empfand Rousseau sich selbstredend nicht als psychopathologisches Lehrbuchbeispiel, er blieb von der Einheitlichkeit seiner Person überzeugt: »So bin ich nun aber, und sollte ein Widerspruch darin liegen, so ist er von der Natur und nicht von mir geschaffen; aber es liegt gar keiner darin, sondern ich bin dadurch gerade stets der gleiche« (Rousseau, *Bekenntnisse*, B 1: 1985, 879). Renza spricht von der Paradoxie, dass es Rousseau bei aller Selbstenthüllulung doch gelungen sei, sein Ich zu verbergen: »In

the invisible recesses of his text, Rousseau retains the
›I-ness‹ of his written ›I‹ the more he reveals it self-con-
sciously before his anticipated readers« (Renza, B 2: 1980,
289). Starobinski hat in seinen brillanten Studien zu Rousseau (Starobinski, B 5: 1993) diese scheinbare Widersprüchlichkeit aufgelöst: Rousseau habe unter der Bedrohung
durch seine »Feinde« geschrieben, deshalb seien das selbst-
gesetzte Diktat, alles zu sagen und die apologetische Tendenz des Textes gleichermaßen wirksam. Alles soll enthüllt
werden, das Gute wie das Niedrige, damit sich die Leserschaft ein Urteil bilden kann. Der Autobiograph betreibt
somit seinen Fall als einen gewissermaßen justitiablen, in
dem die Leser als Zeugen aufgerufen werden. Der Charakter des Angeklagten wird hergeleitet aus frühen prägenden
Erlebnissen. Anders als sein Nachfahre Amiel beherrscht
Rousseau diese ›genetische Methode‹ perfekt, welche die
Chronologie bündelt und pointiert. Neben dem Anspruch
der Psychologie und der Notwendigkeit der Apologie
unterwirft sich Rousseau freiwillig – hierin sind seine Bekenntnisse den Augustinischen nachgebildet – der Beichte.
Starobinski hat die Bekenntnisse als »Generalprobe für das
jüngste Gericht« (ebd., 414) bezeichnet und damit die einzige Instanz bezeichnet, vor die Rousseau treten will, um
seine Unschuld zu beweisen.

Sämtliche Schwierigkeiten des autobiographischen Schreibens, die Erfindung einer Sprache, die die feinsten psychologischen Regungen zu erfassen vermag, die Uneinheitlichkeit
eines Stils, der an den Höhen und Tiefen der Erlebnisse aus-
gerichtet ist und nicht zuletzt die Lücken des Gedächtnisses
vermag Rousseau letztlich durch einen alles entscheidenden
Wechsel des Referenzsystems zu lösen: »Wir befinden uns
nicht mehr im Bereich der *Wahrheit*, der wahren *Geschichte*,
sondern wir sind in den der *Authentizität* (der authentischen
Rede) getreten« (ebd., 295). Nicht mehr die historische Faktizität, sondern die Zuverlässigkeit des affektiven Gedächtnisses ist wichtig, nicht mehr die Reflexion, sondern die

Sprache. Mit dieser Bindung der Identität an die Sprache, so das Fazit Starobinskis, habe Rousseau tatsächlich bahnbrechend Neues geschaffen. Die Autobiographie wird damit zum letzten Ort der Freiheit eines Individuums, das nicht nachvollziehend seine Geschichte rekonstruiert, sondern seine Wahrheit in einer nur ihm eigenen und angemessenen Sprache produziert. Diese hat vielfach Nachahmer gefunden, doch bleibt Rousseaus Selbstdarstellung der Prototyp eines Diskurses, in dem sich radikale Subjektivität und wissenschaftlicher Anspruch verbinden. Zur Einheit der Person gehören von nun an auch ihre Abgründe und Widersprüche: Das mit Isokrates begonnene Projekt findet hier seine späte Vollendung.

Begreift man Rousseaus autobiographisches Werk als die letzte Stufe zur endgültigen »Demokratisierung« der Gattung, auf der allein die Maßstäbe absoluter Aufrichtigkeit und literarischer Genauigkeit gelten, kann es nicht verwundern, dass die Autobiographik um 1800 ein außerordentlich vielstimmiges Unternehmen wird. Das Modell Rousseau wirkt darin bewusst oder unbewusst fort.[57] In manchen Werken begegnet fast wörtlich der Ton wieder, den Rousseau angeschlagen hatte, so bei Seume: »Niemand kann doch besser wissen, was an und in ihm ist, als der Mann selbst, wenn er nur redliche Unbefangenheit und Kraft genug hat, sich zu zeigen, wie er ist« (Seume, *Mein Leben*, B 1: 1986, 5). Obgleich die Gefühlswelt Rousseaus alles andere als ausbalanciert war, hat er doch jene ausgewogene Verbin-

---

57 Die Erinnerungen Edward Gibbons (1798) und Benjamin Franklins (1795) können hier nur erwähnt werden; für Wuthenow sind die »Series of Memoirs« von Gibbon ebenso wie die Autobiographie von Vico Beispiele für die Identifizierung von Lebenswerk und Vita; der Lebenslauf werde »dabei zur Bildungsgeschichte« (Wuthenow, B 4: 1974, 40). Franklin erkenne, dass sein Schreiben eine Art künstlicher Wiedergabe seines Lebens sei. Sein Modell-Ich, so drückte es Renza aus, diene ihm als »Dummy«, mit dem der Autor sich die Diskrepanzen seines Lebens vom Leib halte (Renza, B 2: 1980, 284).

dung von »Gefühlskultur und aufklärerischem Rationalis-
mus« (Starobinski, B 5: 1993, 275) vorgegeben, derer sich
das Bürgertum als ideologischer Waffen bedienen konnte.

Salomon Maimons *Lebensgeschichte von ihm selbst geschrieben* (1792–93) liefert eine besonders spannende Variante zu dem einen großen Text der Aufklärung. Moritz
hat die Lebensgeschichte zunächst in Bruchstücken in seinem *Magazin zur Erfahrungsseelenkunde* veröffentlicht;
später hat er den Gesamttext herausgegeben und mit einem
Vorwort versehen. Er wollte die Lebensgeschichte dieses im
polnischen Litauen geborenen Ostjuden als Beitrag zur
Emanzipation des Judentums verstehen – geschrieben im
Sinne der Dohmschen Schrift über die *Verbesserung der Juden* (1781).[58] Es ist allem Anschein nach wirklich der erste
Text, der den Versuch eines ostjüdischen Autodidakten beschreibt, in die rationalistisch-aufklärerische Bildungswelt
einzudringen. Berghahn hat neuerdings herausgearbeitet,
dass die Intentionen des Autobiographen weit vielschichti-
ger waren, als sie lange verstanden wurden. Die Autobiographie ist »als intellektuelle Bildungsreise eines armen polnischen Talmudisten [zu] lesen […]: von der jüdischen
Bibelexegese über Maimonides zur Philosophie der Aufklärung bis hin zu Kant« (Berghahn, B 5: 1998, 75). Darin
erschöpft sie sich aber nicht.

Maimon, der sich zu Ehren des jüdischen Philosophen
umbenannte, macht zunächst auf derb-komische und satirische Weise mit den polnischen Verhältnissen unter besonderer Berücksichtigung eines dekadent-ausschweifenden
Adelsstandes bekannt. Er gibt damit erstmals Einblicke von
innen in die Existenz des polnischen Judentums. Heimat,
Familie, Lebensumstände und insbesondere die nicht zu
stillende intellektuelle Neugier des jungen Salomon werden

---

58 »Verbessern« wollte die Aufklärung alle randständigen Gruppen; nach den
Juden waren es schließlich die Frauen, denen Hippel zunächst anonym sein
großartiges Werk »Über die bürgerliche Verbesserung der Weiber« (1792)
widmete.

sehr farbig erzählt. Bald weiß der Schüler mehr als seine Lehrer, und er will sich nach Deutschland aufmachen, um dort sein Studium der Wissenschaften fortzusetzen. Der erste Versuch scheitert, er tritt eine Hauslehrerstelle in Posen an. Im zweiten Teil werden seine weiteren Versuche geschildert, in Berlin seinen Studien zu folgen. Er schließt Bekanntschaft mit Moses Mendelssohn, wird in die aufklärerischen Zirkel eingeführt und erhält Unterstützung. (Er war lebenslang auf Mäzene angewiesen.) Um seine Sprachenkenntnisse – Deutsch beherrscht er nur mangelhaft – zu verbessern, geht er nach Hamburg. Seine dritte Reise nach Berlin, wo die Freunde vergeblich versuchen, aus ihm einen hebräischen Schriftsteller zu machen, endet mit der Abreise nach Breslau und erneuter Hauslehrerexistenz. Er wird nach Jahren des Nomadisierens von seiner Frau geschieden, mit der er seit seinem elften (!) Lebensjahr verheiratet war. Ein viertes Mal kehrt er nach Berlin zurück, sein Unterstützer Mendelssohn lebt aber nicht mehr; er gewinnt neue Mäzene, wird Mitarbeiter und Koredaktor Moritz' am erwähnten *Magazin* und publiziert in den Zeitschriften der Aufklärung. In seine Lebensgeschichte sind lange philosophische Exkurse eingearbeitet; zuletzt schreibt er über seine Auseinandersetzung mit Kant und dessen Lob. Er gibt gewissermaßen als Reprise einer allerdings ungewöhnlichen Gelehrtenautobiographie sein »Werkverzeichnis« und sein Verhältnis zu den aufklärerischen Publikationen an. Seine Lebensgeschichte endet mit einer Art Burleske, in der sein beherrschender Trieb zur Gelehrsamkeit in eine philosophische Allegorie gekleidet wird.

Konventionell ist diese Autobiographie in keinem Sinne: Maimon setzt sich nicht nur aus der Enge des polnischen Judentums ab, um seinem Wissenstrieb unter schwierigsten Umständen zu folgen, er beharrt gegen das instrumentelle Denken seiner aufklärerischen Freunde auf einem völlig zweckfreien Studium der Wissenschaften. Als seine Freunde »bemerkten, wie ich in meinem Studium keinem festen

Plan, sondern bloß meiner Neigung folgte« (Maimon, B 1: 1988, 159), bringt ihm dies heftige Anfeindungen ein. Er gerät immer wieder in »mißliche Lagen«, d. h. in Geldmangel und ist auf neue Gönner angewiesen – welche er auch meist findet. Anders als der assimilierte Jude Mendelssohn lehnt Maimon ein »Doppelleben« ab und wählt, wie Berghahn pointiert hat, das Geistige als Heimat. Er führt eine »Zwitterexistenz«, die so ausschließlich auf dem Bildungstrieb beharrt, dass er dadurch zwischen alle Stühle gerät: »Man könnte Maimon den Schlemihl der deutschen Aufklärung nennen, weniger im hebräischen Sinne des Pechvogels als nach der Art von Chamissos sozialem Außenseiter« (Berghahn, B 5: 1998, 88). Wie bei Seume liegen selbstgewählte Außenseiterexistenz und gesellschaftlich bedingtes Scheitern eng beieinander; in der Selbststilisierung dominiert aber der Stolz der »splendid isolation«. Ähnlich wenig kompromissbereit wie Rousseau, auf den er direkt referiert, kann Maimons Lebensgeschichte als ein anderes Seitenstück zu einer Geschichte krisenhaft verlaufender individueller Entwicklung gelesen werden.[59]

Der eben erwähnte Johann Gottfried Seume (1763–1810) ist wie Maimon trotz neuerer Ansätze zu den eher vernachlässigten Autobiographen zu zählen. Eine wechselvolle Rezeptionsgeschichte und die Vereinnahmung als nationaler Schriftsteller zeigen, dass er weniger aufgrund seiner literarischen Verdienste als vielmehr wegen seiner republikanischen Gesinnung gelesen wurde. Bis heute sind aber auch hier manche Ungereimtheiten nicht aufgeklärt, etwa die Teilnahme des Republikaners an militärischen Auseinandersetzungen auf der »falschen« reaktionären Seite. Sicher mit

---

59 Im *Romanlexikon* des Reclam-Verlages wird diese »Modernität« Maimons denn auch unterstrichen: Vergeblichkeit »und scheinbar unauflösbare Spannung, die sich u. a. in ironischen Brechungen und im fragmentarischen Charakter der Lebensgeschichte widerspiegelt, kann als frühes literarisches Signal einer Grunderfahrung von krisenhaft erlebter ›Moderne‹ gewertet werden« (*Reclams Romanlexikon* 1, B 4: 1998, 387).

ein Grund dafür dürfte sein, dass die Lebensgeschichte nur bis 1783 reicht, ein anderer, dass der Urtext verschlossen in Privatbesitz gehalten wird.

Mein Leben entstand im Jahre 1810, kurz vor seinem Tod. Es blieb Fragment, wobei so auffällig mitten im Satz (»Und nun –«) abgebrochen wird, dass hier bewusste Gestaltung zu vermuten ist, wie Groppe (B 4: 1990, 264) dies getan hat. Seine Freunde Göschen und Clodius haben den autobiographischen Bericht biographisch ergänzt – allzu biedermeierlich-sentimental wohl. Seine Herkunft ist mit der Bräkers zu vergleichen, die Familie verarmte nach dem Tod des Vaters; seine schulische und universitäre Ausbildung hatte er, darin abhängig wie Moritz und ebenso in seinem Stolz angegriffen, adligen Gönnern zu verdanken. Er besucht die Lateinschule, dann die Nikolaischule in Leipzig, beginnt ein Theologiestudium an der dortigen Universität. Nachdem er sich mit den Schriften Bayles, Shaftesburys und Bolingbrokes auseinandergesetzt hat sowie Disputen über die Reimarusschen *Wolfenbütteler Fragmente* zugehört hat, kommen Skepsis und Zweifel an den kirchlichen Dogmen endgültig »zum Durchbruch [...]. Ich glaubte nur was ich begriff; und ich begriff von den Kirchendogmen nur sehr wenige« (Seume, *Mein Leben*, B 1: 1986, 54). Bewusst wird hier der pietistische Terminus des »Durchbruchs« gewählt, um die Berechtigung einer gleichsam schicksalhaften Abkehr vom Glauben zu dokumentieren. Er will das Studium aufgeben, verlässt Leipzig, um nach Metz zu gehen, wo er sich zum Offizier ausbilden lassen will. Unterwegs wird er von Werbern zwangsrekrutiert, als Soldat vom Landgrafen an die Engländer verkauft, um in Nordamerika gegen die Unabhängigkeitsbewegung zu kämpfen. Die 22 Wochen der Überfahrt werden drastisch geschildert; in Halifax kommen die Soldaten durch den Friedensschluss nicht mehr zum Einsatz. In exotistischer Manier rühmt Seume die Schönheit der Huronen, allesamt honorige Leute, die »sehr ehrlich nur ihre Feinde [skalpieren]; und

unsere Wilden waren durchaus nur freundschaftliche Leute« (ebd., 87). Es geht zurück nach Deutschland, wo er einen Desertionsversuch macht. Damit endet die Lebensgeschichte.

Dissens herrscht in der Forschung, sowohl was die Inte-
grität Seumes als Person wie auch die literarische Qualität
seines Werkes angeht. Müller unterstellt ihm, dass er zunächst »mit einem beachtlichen Opportunismus um den sozialen Aufstieg« gekämpft (Müller, B 4: 1976, 208) und erst
als dieser misslungen sei, auf die soziale Integration verzichtet habe. Das soziale Scheitern wird also erst im Nachhinein
in der Selbststilisierung zur »Inszenierung« eines dickköpfi-
gen Unangepassten, ganz im Sinne der väterlichen Genealogie aus unbeugsamen »Kohlhaasen«, in die sich der Autobiograph einreiht. Vollers-Sauer sieht hingegen als das herausragende Organisationsprinzip gerade die Darstellung der
»Genese eines oppositionellen Bewußtseins gegenüber der
staatlichen feudalen Verfassung« (Vollers-Sauer, B 4: 1993,
104) und stellt bündig fest: »Statt Erfahrungsseelenkunde
betreibt Seume Sozialkunde« (ebd., 105). Groppe hat in ihrem engagierten Plädoyer für die Wiederentdeckung Seumes
dessen Aufstiegswillen nicht unterschlagen, für seine widersprüchliche Haltung etwa zum Militär aber Erklärungen
über den bloßen Opportunismus hinaus geliefert (Groppe,
B 4: 1990, 306 ff.).

Was die Literarizität seines Werkes angeht, hat Groppe
einen gewagten Versuch unternommen, die Forschungsmeinung zu widerlegen. Im Fragment sieht sie gerade kein defizitäres literarisches Projekt, sondern eine »Autobiographie
in nuce« (ebd., 263), welche vollkommen durchkomponiert
sei. In einer »symbolstarken Parabel« (ebd., 247) sei es
Seume gelungen, seine gesamte Existenz in repräsentativen
Szenen wiederzugeben. In solchen ausgearbeiteten Szenen
habe Seume wie im Brennspiegel sein Leben gesammelt.
Die Disproportion von Inhalt und Form sei absichtsvolle literarische Camouflage.

Dankenswerterweise hat Groppe den Blick auf die literarische Seite gelenkt, die bislang gegenüber den Inhaltsmomenten viel zu wenig beachtet wurde. Ihrer Gesamtdeutung möchte ich mich dennoch nicht anschließen: Zu vieles bleibt bei Seume nur in der Andeutung, auch wenn ihm ein anderes Programm vorgeschwebt haben mag. So ist etwa seine Parteinahme für wirklichkeitsnahe Darstellung – er liest den Siegwart und lehnt ihn ab: »Nur das Wirkliche fing an mich zu interessiren [sic]« (Seume, *Mein Leben*, B 1: 1986, 42) – in seiner eigenen Lebensgeschichte nicht gelungen. Das szenische Element dominiert über das organische Erzählen, aber dabei ist – besonders in den Schilderungen seiner Knaben- und Schulzeit – eine Tendenz zum Biedermeierlichen und zum Pennälerklamauk unverkennbar (obgleich dies selbstredend den Lesegenuss nicht schmälert). In seinem Reisebericht ist der realistische Anspruch auch als politisches Programm viel eher verwirklicht.

Als autobiographisches Werk bleibt *Mein Leben* interessant, weil hier, fast gleichzeitig mit Goethe, noch einmal sichtbar wird, wie der exemplarische Lebenslauf eines Angehörigen des dritten Standes mit dem Anspruch der gerundeten Form notwendigerweise kollidieren muss. Das versöhnende Element fehlt deshalb nicht »bewußt«, wie Groppe meint (B 4: 1990, 258), sondern es fehlt, weil es in Wirklichkeit nicht vorhanden ist. »Ungleichzeitigkeit« ist daher ebenfalls weniger ein Charakterzug als vielmehr weitgehend synonym zu setzen mit einer nicht gewollten, gesellschaftlich bedingten Außenseiterexistenz. Die jugendliche Bildungsbiographie, welche die Gelehrtenautobiographie ersetzen muss, und das Leben als unfreiwilliger Militärangehöriger bilden noch einmal zwei Stränge einer Geschichte persönlicher Entwicklung, die unvollendet bleiben musste: Die Gelehrtenexistenz war nur ansatzweise zu verwirklichen, und zum Militär hegte Seume ein zwiespältiges Verhältnis. Die Leerstelle der näheren Umstände seiner Zwangsrekrutierung legt es nahe, diesen zweiten Strang, das

militärische Leben, anders zu lesen denn als Katastrophe
wie bei Groppe: Ähnlich wie bei seinen späteren Fußreisen
kommt hier das Abenteuerschema zum Durchbruch, das
die fehlende Gelehrtenautobiographie gänzlich vergessen
macht. Dieser Abschnitt, der durchaus Züge eines Wunsch-
lebens trägt, bedarf allerdings aufgrund der politischen Einstellung des Autors ausdrücklicher Legitimierung, indem
auf die Anwendung von Zwang verwiesen wird. Eine idealtypische Verwirklichung beider Stränge, wie sie Seume ver-
wehrt bleiben musste, wird sich erst bei einem Autor wie
Alexander von Humboldt finden lassen, in einer gänzlich
gewandelten Form, nämlich dem autobiographischen For-
schungs- und Reisebericht.

»Und nun –« zu Goethe.

Johann Wolfgang Goethe:
»Aus meinem Leben. Dichtung und Wahrheit« –
ein autobiographisches Großprojekt

»In geradezu erschreckendem Maße bestimmte der Blick
von Goethe zurück auf das 18. Jahrhundert die Autobiographieforschung« (Vollers-Sauer, B 4: 1993, 13). Am Modell
Goethe richtete sich die Autobiographiegeschichte aus. Erst
mit *Dichtung und Wahrheit* sei ein »reines Kunstwerk«
des autobiographischen Schrifttums zu verzeichnen (Beyer-
Fröhlich, B 4: 1930, 223); Aichinger spricht vom »Höhe-
und Kulminationspunkt der Gattung« (Aichinger, B 4:
1977b, 813). Aufgrund der »Konstanz der Ich-Konzeption«
(Aichinger, B 4: 1977a, 33) sei Goethes Autobiographie
zum Muster, ja Idealtypus der Gattung geworden. »Ich und
Welt stehen in bisher nie erreichter Ponderation und Korrelation« (Aichinger, B 4: 1977b, 813). Genau diese Synthese
und Ausgewogenheit beider Pole sichert ihr nach lange vor-
herrschender Meinung der Autobiographieforschung den
ersten Rang. Teleologisch wurden die vor Goethe Schrei-

benden zu Vorläufern degradiert, die an ihm orientierten
(oder sich von ihm absetzenden) zu Epigonen erklärt. Dieses Muster gehört zu den hartnäckigsten »Fabeln der Literaturgeschichte« (Vollers-Sauer, B 4: 1993, 124), die erst seit
wenigen Jahren allmählich überprüft und zurechtgerückt
werden. Als delikate Wendung der Literaturgeschichte erscheint mir, dass der Rang des Olympiers im poststrukturalistischen Theoriedesign erneut bestätigt wird: wenn auch
naturgemäß nicht durch die geistesgeschichtliche Fundierung auf einer bruchlos scheinenden Ich-Konzeption, sondern in Anerkennung seiner höchst bewusstseinsmächtigen
Setzung als souveräner Autor.

Aus meinem Leben ist der Gesamttitel für die autobiographische »Abteilung« seines Werks: dazu gehören ferner
die *Italiänische Reise*, die *Campagne in Frankreich 1792*, die
Belagerung von Maynz, die Annalen oder *Tag- und Jahres-
hefte* und die *Biographischen Einzelheiten*. Auch die biographischen Arbeiten über Cellini, Diderot und Winckel-
mann können nach Mayer zu den autobiographischen
Schriften im weiteren Sinne gezählt werden. Zeitlebens hat
sich Goethe mit Lebensbeschreibungen beschäftigt, die in
anderer Gestalt in seine eigenen Arbeiten einflossen. Das
berühmteste Beispiel dafür dürften die »Bekenntnisse einer
schönen Seele« sein, in denen er – wohl ohne eine direkte
autobiographische Quelle, aber durch die Bekanntschaft
mit Susanna Klettenberg – ein Muster weiblichen Lebens
entwickelt hat (vgl. dazu sehr eingehend Blesken, B 5:
1995). Über einen Zeitraum von 57 Jahren, d. h. seit der
Schweizreise 1775, hat er Tagebücher geführt.[60]

Dichtung und Wahrheit entstand als eine Art Werkkom-
mentar anlässlich der bei Cotta erschienenen Ausgabe. Es
erinnert damit von ferne an die Gelehrtenautobiographie,
doch die letztlich erreichte Gestalt des Ganzen macht jed-

---

60 Die Stiftung Weimarer Klassik gibt die Tagebücher in 10 Bänden (jeweils
   Text und Kommentar) seit 1998 neu heraus.

wede Reminiszenz an solche Formen zunichte. Wie die Tagebücher, die nicht zur Veröffentlichung gedacht waren, der
Selbstvergewisserung dienten, soll *Dichtung und Wahrheit*,
das in zunächst drei Bänden zwischen 1811 und 1814 erschien (der vierte Teil erschien postum, 1833) den inneren
Zusammenhang seines Werkes herstellen, welcher auch dem
Autor selbst fragwürdig war. Aus diesen Anfängen hat sich
das Projekt immer mehr zur umfassenden Lebensbeschreibung entwickelt, die allerdings abbricht, als der Protagonist
26 Jahre alt ist und seinen ersten literarischen Erfolg hat.
Schumacher zählt denn das »Grundmuster dieser Gattung«
zugleich »zu ihren seltsamsten Vertretern« (Schumacher,
B 4: 1975, 23), finde sich doch nichts über Weimar, Char-
lotte von Stein, Schiller und insgesamt wenig zu seinen
Werken – allerdings vermerkt er, dass Goethe dem jungen
Mendelssohn Bartholdy gegenüber von der Absicht einer
Fortsetzung sprach – nur komme er vor Botanik und Wet-
terkunde nicht dazu (ebd., 25).

Im Vorwort rekurriert Goethe auf den bereits traditionellen Topos, wohlmeinende Freunde hätten ihn um seine Lebensgeschichte gebeten. Bereits im ersten Satz gibt er aber
auch das »Bedenkliche« eines solchen Unternehmens zu
Protokoll, und dem vielzitierten Satz über die »Hauptaufgabe der Biographie [...], den Menschen in seinen Zeitver-
hältnissen darzustellen, und zu zeigen, inwiefern ihm das
Ganze widerstrebt, inwiefern es ihn begünstigt, wie er sich
eine Welt- und Menschenansicht daraus gebildet, und wie er
sie, wenn er Künstler, Dichter, Schriftsteller ist, wieder nach
außen abgespiegelt« (Goethe, B 1: 1967, 9) folgt ein Nach-
satz, der durchaus nicht als Koketterie zu begreifen ist:
»Hiezu wird aber ein kaum Erreichbares gefordert, dass
nämlich das Individuum sich und sein Jahrhundert kenne,
sich, inwiefern es unter allen Umständen dasselbe geblieben, das Jahrhundert, als welches sowohl den Willigen als
Unwilligen mit sich fortreißt, bestimmt und bildet« (ebd.).
In den Kontext einer harmonisierenden Goethe-Lektüre

passt es, dass diese Bedenken des Autors kaum ernst genommen worden sind. Lange wurde es vorgezogen, den tatkräftig-selbstbewussten Autor in seiner Abwehr der »Seelenzergliederung« positiv von den zerrisseneren Gestaltungen etwa Moritz' abzusetzen. Man gefiel sich ferner – wie Beyer-Fröhlich – darin, in Goethe das deutsche geradlinige Pendant zum Grüblerisch-Larmoyanten eines Rousseau herauszuarbeiten. Die davon abweichenden Seiten, auch der bekannten Selbstaussagen, wurden nicht zur Kenntnis genommen. Erst seit psychoanalytische Studien die homogene Deutung zugunsten vielschichtigerer Annäherung durchbrochen haben, sind problembewusstere Interpretationen möglich geworden, in denen auch die dunklen Töne und das prekäre Bewusstsein des Autors einen Platz finden. Ernst genommen werden können damit auch die Aussagen über die selbsttherapeutische Funktion des Schreibens.

Hoch gestimmt ist der Ton des ersten Buches, mit der die Geburt in einer glücklichen planetaren Konstellation angezeigt wird – schon hier allerdings nicht bruchlos, denn der Mond widersetzt sich bekanntlich der Geburt. Die Kindheit in einem begüterten patrizischen Haus in Frankfurt wird geschildert, die Streifzüge in der Stadt und die Eroberung der Umwelt, und sehr früh schon, im zweiten Buch, die Phantasietätigkeit, welche in dem Märchen vom neuen Paris wirksam wird. Kunsthistorische Schilderungen, Porträts wichtiger Personen aus dem familiären und gesellschaftlichen Umfeld, Umgang mit Kameraden, Mitteilungen zu Unterrichtsfächern, Begegnungen mit Theater und Literatur, das Geschenk eines Puppentheaters schließen sich an. Die Zeitereignisse brechen in die Welt des Knaben ein, die Stadt Frankfurt wird besetzt, und Einquartierungen erfolgen. Der erste Teil endet mit der Gretchen-Episode, einer hochstilisierten ersten Einführung des Jugendlichen in das Gesellschaftstheater und seine Intrigen, parallelisiert mit dem Welttheater der Kaiserkrönung, einem selbst den Hauptakteuren nicht mehr bewussten Ritual. Im zweiten

Teil wird die Leipziger Zeit des jungen Studenten geschildert, die ihn in seiner Entwicklung behindert, ihm als »Zerstückelung seines Wesens« erscheint. Das siebte Buch stellt dann einen Überblick über die zeitgenössische Literatur dar, und zwar »wie sie sich zu mir verhielt« (Goethe, B 1: 1967, 258). In diesem literaturgeschichtlichen Abriss hat Goethe seine eigene Stellung und damit die der »Goethezeit« aus dem Widerspruch zum Vorangegangenen (Sturm und Drang) konturiert. Eine schwere Erkrankung, der Abschied von Leipzig und die Begegnung mit dem Herrnhuter Pietismus folgen. Die Straßburger Zeit, mit der Bekanntschaft von Herder, Jung-Stilling und Lenz und der stark fiktionalisierten Liebesgeschichte mit Friederike Brion, besitzt zentralen Stellenwert für seine Persönlichkeitsgenese. Die Sesenheimer Lieder entstanden auf diesem Hintergrund; er begeistert sich für die deutsche Baukunst. Nach dem Abschied von Friederike zurück in Frankfurt arbeitet er am *Götz* und am *Werther*. Er tritt als Autor in Erscheinung und verkehrt mit wichtigen geistigen Größen. Mit Lavater und Basedow unternimmt er eine Rheinfahrt, den Abschluss des dritten Teils bildet wiederum Frankfurt und die sich andeutende Beziehung zu Lili Schönemann. Der vierte Teil schließlich, 1816 entworfen und erst 1831 ausgeführt, umfasst die weitere Auseinandersetzung mit Spinoza, die Auflösung der Verlobung mit Lili Schönemann, die Schweizer Reise mit den Grafen Stolberg, die Arbeit am *Egmont* und am Ende die Flucht nach Weimar. Das Dämonische, dem er sein Leben unterstellt sieht, wird hier als bestimmende Macht gezeichnet, die sowohl den Grafen Egmont als auch den Lebensgang des sechsundzwanzigjährigen Goethe weiter bestimmen wird.

»Es sind wenig Biographien, welche einen reinen, ruhigen, steten Fortschritt des Individuums darstellen können. Unser Leben ist, wie das Ganze, in dem wir enthalten sind, auf eine unbegreifliche Weise aus Freiheit und Notwendigkeit zusammengesetzt.« (Goethe, B 1: 1967, 478) Allzulange hat man Goethes Entwicklungskonzept als ein harmonisches gedeutet, dem selbst die Schilderungen des Ratlosen, Verwirrten, durch manche nur vermeintlichen Hindernisse aus der Bahn Gebrachten noch unterstellt wurden. Tatsächlich hatte Goethe vor, das Werden eines Individuums nach dem Modell organologischen Wachstums zu bilden, nach dem entelechetischen Modell der Pflanzenmetamorphose. Noch Neumann vertritt die These, dass die Idee der Entelechie das gestaltende Prinzip darstelle: »[...] um die organische Geschlossenheit seiner Lebensgeschichte zu wahren, mußte er die Geschichte ästhetisieren und harmonisieren« (Neumann, B 2: 1970, 140). Dadurch sei eine der bruchlosesten Autobiographien der Weltliteratur entstanden. Neumann verbindet das organische Modell allerdings mit seiner These vom Übergang der außengeleiteten Persönlichkeitsentwicklung zur innengeleiteten: Entelechie und »die Entwicklung eines autonomen, mit sich selbst übereinstimmenden, die Richtlinien seines Handelns in sich tragenden Individuums« (ebd., 135) werden ineinander übersetzt – eine Deutung, die inzwischen von der Forschung vielfach angezweifelt wird. Aichinger stellt klar, dass Goethe von seiner ursprünglichen Konzeption abgewichen ist, um den Entwicklungsbegriff gerade um jene »Stör-Erfahrungen« (Sloterdijk) erweitern zu können, die auf den einzelnen ebenso entscheidend einwirken wie »Zufälligkeiten« (Aichinger, B 4: 1977a, 39 ff.). Auf die kritische Einschätzung des eigenen Lebens wies eindringlich Müller hin, der die literarische Autobiographie (und als deren Prototyp *Dichtung und Wahrheit*) aus dem Widerspruch zwischen dem Anspruch auf individuelle Totalität und der Unmöglichkeit ihrer Verwirklichung hervorgehen sieht. Das in den Goetheschen Erziehungsromanen behandelte Problem der »falschen Tendenzen« spiegelt sich in der Autobiographie wider; die Erfahrung der Selbstentfremdung habe Goethe mit Autoren der Unterschicht geteilt.

Die ohnehin gattungstypische Schlussproblematik der

Autobiographie verschärft sich im Falle Goethes umso
mehr, je harmonistischer die Gesamtdeutung ausfällt. Weil
Rollenzwang und Berufsspezialisierung die Idee lebenslan-
ger Persönlichkeitsausbildung durchkreuzen würden, so erklärt sich Neumann das Fragmentarische des Schlusses,
müsse die Autobiographie hier abbrechen. Dass der Verweis auf das Dämonische als irrationaler Energie im vierten
Teil eine einsinnige Deutungsperspektive von hinten auf-
rollt und entwertet, setzt sich allmählich aber als Erkenntnis
durch: »Mit dem Einbruch des Dämonischen erscheint die
auktorial-narrative Sinnstiftung obsolet [...]. [...] der Erzähler ist nicht länger geschichtsmächtiges Subjekt, sondern
erliegt der Fülle der Fakten und Texte; der symbolische Bildungsroman der eigenen Dichteridentität scheitert konzep-
tionell an dieser Erfahrung – und muß mit der ersten großen Krise abbrechen, deren Sinn gar nicht mehr zu stiften
ist.« (Jeßing, B 5: 1998, 364) Das »organologische Selbst-
interpretationsmodell« (ebd., 363) sei Goethe während der
Arbeit am dritten Teil bereits als dysfunktional erschienen.
  Gehen die goetheschen Verweise auf die Selbsttherapie-
rung durch Schreiben, die Rede vom Werk als den »Bruchstücken einer großen Konfession« (Goethe, B 1: 1967, 283)
eindeutig dahin, die problematische kompensatorische
Funktion eines poetischen zweiten Lebens hervorzuheben –
»Und so begann diejenige Richtung von der ich mein ganzes Leben über nicht abweichen konnte, nämlich dasjenige
was mich erfreute oder quälte [...] in ein Bild, ein Gedicht
zu verwandeln [...]. Die Gabe hierzu war wohl niemand
nötiger als mir, den seine Natur immerfort aus einem Ex-
treme in das andere warf« (ebd.) –, so unternehmen es
neuere Arbeiten wie die von Craemer-Schröder (B 5: 1993),
dagegen erneut ein einsinniges Gesamtdeutungskonzept
vorzulegen. Erstaunlicherweise wird in dieser dem Post-
strukturalismus verbundenen Arbeit die These vertreten,
dass in der symbolischen Anlage der Autobiographie der
Garant für ihre Geschlossenheit liegt. Nicht die Geschichte

des autobiographischen Helden ist demnach für die Einordnung des Werkes maßgeblich, sondern das Bewusstsein des Autors von seiner Autorschaft. Mit dieser Betonung der Genese des modernen Autors, der symbolischen Anlage des Werks als Dokument souveräner Erlangung von Autorschaft gelingt es Craemer-Schröder auf umwegsame Weise, den alten Wein in neue Schläuche zu füllen: Organisches Werden, Konstruktion und Dekonstruktion des autobiographischen Paktes, die Metamorphosenidee und noch das Dämonische können bruchlos in ein übergeordnetes Modell der Selbstwerdung eines Autors eingefügt werden. In ihren Einzelaspekten, etwa zur zentralen Trope des Autobiographischen, dem Erwerb des durch andere bedeutungsvoll gemachten Eigennamens, sind hier interessante Ergebnisse erzielt worden; ihre markante Hauptthese von der Selbstwerdung des Autors hingegen spielt die Autobiographie als Dokument der Genese von Autorschaft gegen die brüchige Geschichte des Protagonisten aus und hebt letztere in ihrer Eigenbedeutsamkeit auf.

Zuletzt soll noch ein Punkt wenigstens gestreift werden, der ausführlichere Betrachtung verdient hätte: das Problem der Fiktionalität in *Dichtung und Wahrheit*. In zahlreichen Arbeiten wurde das Verhältnis von Fiktion und Wirklichkeit zum Thema gemacht, seit Gundolf die mangelnde »Faktentreue« des Werkes nachgewiesen hat. Von der symbolischen Anlage der Arbeit ist immer wieder die Rede, in typologischen Kategorien wird der Zwischenstatus als »Semi-Autobiographie« (vgl. Aichinger, B 4: 1977b, 805)[61] markiert oder, ganz aktuell, als autobiographischer Roman (Jeßing, B 5: 1998, 363). Insbesondere die Sesenheim-Episode widmete die Forschung bislang ihre Energie, um nachzuweisen, was daran fiktionale Überformung sei. Abgese-

---

61 Aichinger bezieht sich hier kritisch auf die Verwendung des Begriffs »Semi-Autobiographie« in Gero von Wilperts *Sachwörterbuch der Literatur*, der von Forschern wie Tarot (B 2: 1985) unbedenklich übernommen wurde.

hen von einer solchen inzwischen überholten detektivischen Hermeneutik fragt die jüngere Forschung zu Recht nach der Funktion des Fiktiven. Auf der allgemeinsten Ebene kann davon ausgegangen werden, dass Goethes bekannter Anspruch, das »Grundwahre« darstellen zu wollen, für ihn nicht auf der psychologischen Ebene, sondern nur auf der des Symbolischen zu verwirklichen war. Ein Faktum, so sein Credo, gelte nicht, »insofern es wahr ist, sondern insofern es etwas zu bedeuten hat« (Gespräch mit Eckermann am 30. März 1831). Im Gegensatz zu Rousseau, aber auch Moritz u. a. wählt er nicht die Introspektion, sondern die Fiktion, um die Entwicklung eines Ich darzustellen. Von historischer Wahrheit ist dieser umfassendere Wahrheitsbegriff weit entfernt. Lebensfakta soll Bedeutung zugemessen werden, ohne in die Falle psychologischer Selbstzergliederung zu gehen. Ob man diesen Signifikationsvorgang wie ein Teil der Forschung analog der Deutungsperspektive des Bildungsromans als Initiation in die Anerkennung einer fundamentalen Differenz zwischen ästhetischem und pragmatischem Lebensentwurf interpretiert, oder gerade als emphatische Bejahung der ästhetischen Existenz eines Autors, darüber entscheidet die jeweils gewählte Gesamtdeutungsperspektive.

Die überragende Stellung der Goetheschen Autobiographie[62] ist häufig betont worden, ihre Wirkung als idealtypisches Muster war Konsens in der Forschung. Insbesondere Aichingers Arbeit hat dazu beigetragen, das autobiographiegeschichtlich immer noch wenig erschlossene 19. Jahrhundert und darüber hinaus noch Autobiographen des 20. Jahrhunderts wie Carossa der mächtigen Vorbildfigur

---

62 Wobei gern übersehen wird, dass es neben der sofort anerkannten Vorbildlichkeit auch zu durchaus polemischen Reaktionen auf Goethes Umgang mit dem historischen Stoff kam, wie Lehmann an Beispielen belegt (Lehmann, B 4: 1988, 163). Jean Paul scheint in seinen »historischen Vorlesungen« diese Kritik aufzunehmen und gleichzeitig parodistisch zu unterlaufen.

Goethes unterstellt zu sehen: mit dem Höhepunkt habe zugleich die Problematisierung der Gattung begonnen, die sie
an der »eigenartigen Deformation der Struktur« (Aichinger,
B 4: 1977a, 33), konkret an deren Fragmentarismus (»Abbrechen«) festmacht. Gegen die Geschlossenheit eines solchen Nachfolgemodells gilt es, die behauptete Epigonalität
der Werke erneut und differenzierter in den Blick zu nehmen. Dazu sind allerdings noch mehr Einzeluntersuchun-
gen nötig, die die einzelnen Werke nicht wiederum einer
typologischen Zwangsläufigkeit unterstellen.[63]

6. »Nachklassische Formen«? Epigonalität und Ansätze der Gattungserneuerung im 19. Jahrhundert

Nicht nur das autobiographische Großprojekt Goethes
wirkte auf die Autobiographik der Folgezeit, sondern Goethe selbst als Biograph und als Förderer von autobiographischen Werken (Jung-Stilling, Sachse, Mämpel).

  Die Lebensbeschreibung des wandernden Dieners Johann
Christoph Sachse wurde von Goethe 1822 zum Druck befördert und mit einer Einführung versehen. Sachses Aufzeichnungen reihen sich ein in die »Memoiren von unten«
(Goethe), zu denen schon Bräkers Aufzeichnungen gehörten. Sachse orientiert sich an Friedrich Christian Laukhards
Leben und Schicksale (1792–1802), einem sechsbändigen
Memoirenwerk, das weitgehend dem Abenteuerschema ver-
pflichtet ist, ein ruheloses Wanderleben als Student, Soldat,
Emissär, Deserteur und Krankenwärter bis hin zum Dasein
eines Magisters in Halle schildert. Laukhard ist allerdings
bemüht, und deswegen steht sein Werk von solchen der

---

63 Lehmann, B 4: 1988, beispielsweise führt den nicht sehr überzeugenden
   Nachweis einer »evolutionären« Stufenfolge vom Bekennen über das Erzählen zum Berichten.

»Naturdichter« ab, die Erlebnisperspektive »im kritischen Gesamtbild der Zeit« (Niggl, B 4: 1977, 145) aufgehen zu lassen. Eine »Sondertradition von Kriegserinnerungen« (ebd., 146) beginnt mit seinen Feldzugsberichten, wobei bis Goethes *Campagne* und *Belagerung von Maynz* der zeitgeschichtliche Aspekt einer übergreifenden Erfahrung der europäischen Völker wieder hinter das individuelle Erlebnis zurücktritt.

Goethe hat die Rezeptionsperspektive bereits vorgegeben, indem er das Werk Sachses als *Deutschen Gil Blas* in eine bestimmte Tradition stellte. Die Aufzeichnungen zu den Revolutions- und Napoleonischen Kriegen werden in die Nähe von Lesages *Geschichte des Gil Blas von Santillana* (1715–35) gerückt, der die zeitgenössische französische Realität im Gewand eines spanisch getönten Pikaroromans satirisch kritisiert hatte. Mit diesem Gil Blas hat der deutsche allerdings weniger die satirische Kritik als die pikareske Aneinanderreihung von Erlebnissen gemeinsam. Eine Kindheit als Sohn eines gewalttätigen Gelegenheitsarbeiters, seine Wanderungen, Pech und Glück in verschiedenen Dienerverhältnissen, Teilnahme an der Kanonade von Valmy 1792, Auseinandersetzungen mit Bauern und Herbergswirten bieten Stoff einer Weltbetrachtung von unten in Hülle und Fülle, aber nirgends begegnet jenes beruhigt-überblickende Goethesche »Ihr seid dabeigewesen« – viel zu sehr ist der Bedienstete aus dem Thüringischen mit der bloßen Existenzsicherung beschäftigt. Hauptmerkmal ist nicht die Zeugenschaft aus sicherer innerer Distanz, sondern die Verwicklung in gewaltbestimmte Verhältnisse, aus denen nur ein Rest an Stolz und Humor zeitweise kleine Fluchten ermöglicht.[64]

---

64 Im »Nekrolog des deutschen Gil Blas« von Sachse, der seine Tage als Bibliotheksdiener in Weimar beschlossen hat, brachte Goethe übrigens das Bild Seumes als eines mit Sachse eng verwandten »Wandersmannes« in Umlauf und schuf damit die durchaus herabsetzende und einseitige Charakterisierung Seumes (vgl. Goldammer, B 1: 1977, 322).

Jean Pauls *Selberlebensbeschreibung* (1826) kann als eine dezidierte Absetzung von der Übermacht des goetheschen Vorbilds verstanden werden. Als solche hat sie, nach Kenntnis allein des Titels für das postum erschienene, Fragment gebliebene Werk, *Wahrheit aus Jean Pauls Leben*, Goethe selbst empfunden und sich heftig gegen den vermeintlichen »Geist des Widerspruchs« empört (Goldammer, B 1: 1977, 324). Am Beispiel Jean Pauls zeigt sich, dass die in der ersten Hälfte des 19. Jahrhunderts so verbreitete Idyllenform, die der Autobiograph selbst gewählt hat, durchaus trügerisch sein kann. Noch Aichinger hat Jean Paul umstandslos in die Nachbarschaft des biedermeierlichen Bogumil Goltz gerückt und durchaus nur Genrebilder in seiner Kindheitsdarstellung sehen wollen (Aichinger, B 4: 1977b, 814). Die so genannten Joditzer Idyllen eines Pfarrerssohnes, der in beschränkten, aber glücklichen Verhältnissen lebt, sind jedoch schon dadurch gebrochen, dass sie in der Form von »historischen Vorlesungen« dargeboten werden. Der »Professor der eigenen Geschichte« kommentiert das Dasein und die Freuden des Kindes im Dorf, seine Eingebundenheit in den Lauf der Jahreszeiten, seine erste Liebe, Botengänge, Lustbarkeiten.

Obwohl der spielerisch leichte selbstironische Witz dazu verleitet, das Idyllische der Darstellung allzuwörtlich zu nehmen, eröffnet doch ein zweiter genauerer Blick Einsicht in das Eigentümliche der Form. Der Auftakt der Autobiographie wird allgemein als parodistische Antwort auf die planetare Konstellation in *Dichtung und Wahrheit* genommen (die Goethe selbst wiederum aus Cardanos Lebensbeschreibung übernahm): von Schnepfen und Sumpfvögeln ist die Rede, von Ackerehrenpreis und Hühnerbissdarm – nicht die Sterne, sondern die Frühlingsnatur rahmen die Geburt; ein Umstand, der zu im Grunde nichtssagendem Räsonnement über den Zusammenhang zwischen individueller und allgemeiner (Natur-)Geschichte führt, und damit Goethes prospektiver Deutung des eigenen Lebens unter günstigem Stern Hohn spricht. Die Anlage als Reihe von vier Vorlesungen über die »Kulturgeschichte unsers Helden« (Jean Paul, *Werke*, B 1: 1975, 1061) suggeriert nicht nur im wohlwollend herablassenden Ton wissenschaftliche Distanz gegenüber dem eigenen vergangenen Leben, sondern auch eine gewisse Fremdheit. Die ironisch betonte Verfügungsgewalt über die eigene Geschichte erscheint deshalb nur auf der Oberfläche als selbstbewusste Kontrafaktur zum Goetheschen dämonischen Zickzack eines Lebenslaufs; in ihrer Tiefenschicht verbindet sie viel mehr mit der »durchkreuzenden Macht« des Dämonischen, als es die harmlose Lesart des autobiographischen Idyllikers Jean Paul wahrhaben möchte.

Jean Paul verspricht unter dem wissenschaftlichen Deckmantel den Gattungsgesetzen der Autobiographie zu folgen, also etwa Unvollständigkeit zu vermeiden (ebd., 1072); gleichzeitig aber widerspricht dem strukturell das Spiel und die Verfügungsgewalt über den Protagonisten, der als Figur aus einem Roman vorgeführt und wie eine Marionette gelenkt wird: »Um das Leben unsers Hans Paul – denn so wollen wir ihn einige Zeit lang nennen, jedoch immer mit andern Namen abwechseln – am treuesten darzustellen« (ebd., 1061). Nach Belieben werden ihm Namen verliehen und wieder verändert, ohne dass die metonymische Verschiebung irgendwann im eigentlichen Namen, wie bei Goethe, enden würde. Auffällig ist auch der Wechsel zwischen Ich- und Er-Form. Beides zusammen, das Spiel mit den Namen und die fehlende Festlegung der Erzählform, könnte im Sinne eines verweigerten (oder fiktional durchbrochenen) autobiographischen Paktes gedeutet werden, wenn nicht gar im psychologischen Sinn mangelnder Selbsterfassung. In der Tat scheint hier kein »sujet profond« vorhanden zu sein.[65] Andererseits gibt Jean Paul aber, in der

---

65 Vgl. Craemer-Schröders an Lejeune orientierte Ausführungen zum Eigennamen bei Goethe und dessen Unabdingbarkeit als Kern des Autobiographischen (Craemer-Schröder, B 5: 1993, 19). An Jean Paul könnte sehr gut

Ichform, eine eindrucksvolle und psychologisch authentisch anmutende Schilderung von »der Geburt meines Selbbewußtseins« (Jean Paul, *Werke*, B 1: 1975, 1061). Die offenkundigen und absichtsvoll angelegten Widersprüche werden, und zwar in direkter Anspielung auf Goethe, zum poetischen Prinzip erklärt: Wenn die Kindheitsgeschichte mit der Konfirmation endet, ist dies keineswegs, wie Neumann (B 2: 1970, 27) meint, die idealtypische Erfüllung der Gattung, die Initiation in eine gesellschaftliche Rolle. Statt gelungener Einpassung und harmonischer Vollendung bleiben die Lebensverhältnisse schwankend. »Das Leben duldet wie nach Goethe die Sonne kein Weiß« (Jean Paul, *Werke*, B 1: 1975, 1103) – das sündige Bewusstsein folgt ebenso sicher auf den Zustand der Unschuld wie der Werkeltag auf den Feiertag: menschlich sind nur Mischverhältnisse. Zwischen dem Leben als Roman, und dem Roman als Leben zieht Jean Paul keinen Graben: seine *Konjekturalbiographie* (1789)[66] zeigt dies ebenso wie das ursprüngliche Vorhaben, die Autobiographie in seinen Roman *Der Komet* zu integrieren.

Von einer Rückkehr zur Idylle aufgrund der Desillusionierung gegenüber der politischen Wirklichkeit ist bei Jean Paul, wie gezeigt, nur mit Vorsicht zu sprechen. Mit mehr Recht wäre von einer Idyllisierung bei einer Reihe von Autobiographien auszugehen, die im folgenden abgehandelt werden sollen. Dort ist die Darstellung von starken Harmonisierungsbestrebungen getrübt, doch ist auch in ihnen

gezeigt werden, wie »der Eigenname, vermeintliches Pfand der unversehrten Existenz und Wahrheit des autobiographischen Ich, [...] dessen brüchigste Stelle« bezeichnet (ebd.).

66 In der den zukünftigen Lebenslauf antizipierenden *Konjekturalbiographie* wie in der *Selberlebensbeschreibung*, so Lehmann, trete der »Autobiograph« hinter eine Rolle zurück, so dass Jean Paul für eine bestimmte Tendenz autobiographischen Schreibens im 19. Jahrhundert stehe: den Rückzug der Autoren in die Unbelangbarkeit (Lehmann, B 4: 1988, 183).

die Idylle oft genug nur trügerische Oberfläche abgründiger Lebenstragik in schwierigen Zeiten.

Der Verfasser von *Luise*, einem »ländlichen Gedicht in drei Idyllen«, Johann Heinrich Voß, schrieb seine *Erinnerungen aus dem Jugendleben* fast gleichzeitig mit Jean Paul, unter denselben politisch restaurativen Tendenzen also. Sie blieben ebenfalls unvollendet und wurden postum (1829) herausgegeben. Voß stammte, wie Seume, aus bäuerlichen Verhältnissen. Die »ersten Eindrücke der Kindheit« geraten dem Altphilologen streckenweise zur Ekloge, doch wäre es auch hier eine Einengung, von bloß idyllischer Kindheitsverklärung zu sprechen. Szenen aus dem Alltag in der Kleinstadt Penzlin, aus dem Schulleben, Betrachtungen über das träumerische Wesen des Jungen, über erste Erinnerungen, Kindheitslektüren, Jungenstreiche zeichnen ein durchaus lebendiges Bild in kaleidoskopartigen Ausschnitten. Charakterzüge wie der unbeugsame Stolz des Jungen und insbesondere seine »unersättliche Wißbegierde« (Voß, *Erinnerungen*, B 1: 1977, 106) versehen die disparaten Skizzen mit einem festeren Strich. Die Aufzeichnungen enden mit dem ersten Tag in der Lateinschule in Neubrandenburg, und hier begegnen erstmals auch deutliche Hinweise auf die soziale Schichtung und auf die Herabsetzungen des aus kleinbürgerlichen Verhältnissen stammenden Schülers, Schilderungen von beschämenden Freitischbewirtungen und der Anrede mit dem entehrenden »Ihr«, welches »damals nur noch in den strengsten Verhältnissen der Dienstbarkeit üblich war« (ebd., 121). Voß lässt diese Beschämungen, anders als Moritz vor ihm, mit dem unterschwelligen Verweis auf die später erfolgreiche Karriere enden: Nicht das »blaugemäntelte Ihr« (ebd., 123), das staunend in der neuen Umgebung sitzt, sondern der spätere Heidelberger Professor kommentieren die »gröblichen Mißdeutungen, wie sie damals wohl unter besseren Schulmännern im Schwange sein mochten« (ebd.).

Ein »biographisches Idyll« hat Bogumil Goltz selbst sein

Jugendleben (1852) genannt. Paradigmatisch für die Form der biedermeierlich-behaglichen Kindheitsidylle ist sein *Buch der Kindheit* (1847). Nach der Julirevolution 1830 hatten sich die restaurativen Tendenzen noch einmal verstärkt; das Bürgertum zog sich mit seinen enttäuschten politischen Hoffnungen ins Privatleben zurück und suchte nach unentfremdetem Dasein: in der Familie, der ländlichen Heimat, in der Religion. Zum scheinbar unentfremdeten Territorium wird nun die Kindheit stilisiert. Dass Goltz' Buch im 19. Jahrhundert als *die* Poetisierung von Kindheit begeisterte Verbreitung erfuhr, erklärt Lehmann als mentalitätsgeschichtliches Phänomen, nämlich als bereits restaurative Vorwegnahme des Scheiterns der Revolutionen von 1848 (Lehmann, B 4: 1988, 225). Neumann hingegen sah in den assoziativen Betrachtungen Goltz' über Kindheitsspiele, -phantasien, Geschichten, Erinnerungen, Anekdoten weniger biedermeierliche Sentimentalität als vielmehr »ein Stück utopische Auflehnung« (Neumann, B 2: 1970, 85). Für Goltz ist die Kindheit, die er als temps perdu sucht, nicht unwiederbringliche Vergangenheit, sondern Residuum unverkümmerten, zauberhaften Daseins. Dass es sich bei den zahlreichen noch folgenden Kindheitsidyllen um den Versuch handelt, den gesellschaftlichen und historischen Umwälzungen zu entkommen »durch den Rückzug auf gleichsam exklave Bereiche, in denen das tradierte Ordnungsbild noch einigermaßen intakt und evident zu machen war« (Schneider, B 4: 1992, 232), wird bei Autobiographen wie Kerner, Grillparzer und Stifter noch deutlicher.

Das Bilderbuch aus meiner Knabenzeit. Erinnerungen aus den Jahren 1786 bis 1804 (1849) des schwäbischen Arztes und okkultistisch inspirierten Schriftstellers lässt schon in den frühen Jahren das aufscheinen, wofür Kerner wohl mehr als mit seiner Lyrik im Gedächtnis geblieben ist: das Interesse am »Paranormalen«, an magnetischem Schlaf, Wahnsinn, an merkwürdigen Begebenheiten, am Tod als einer innigen Vereinigung mit dem Geisterreich. Das eigene

Schicksal erscheint denn auch weniger als ein selbstbe-
stimmtes, denn als ein von Fügungen entschiedenes. Seine
Entscheidung, Arzt zu werden, verdankte sich einer solchen
»Botschaft«, indem ihm nach seiner Ankunft als junger Student in Tübingen ein Rezept entgegengeweht war. Folgt
man den biographischen Auskünften über die behagliche
und gastfreundschaftliche Atmosphäre des Kernerhauses, so
scheint hier der seltene Fall vorzuliegen, dass die harmoni-
stische Grundtendenz stimmiges Abbild einer Lebensform
war, in der sich im Kleinen doch kosmopolitische Züge erhalten konnten.

Weitaus stärker überwiegen spätestens seit den 30er-Jah-
ren angesichts der wachsenden Komplexität der Zeitläufte
die problematisch gewordenen Biographien. Ebenso häufig
findet sich jedoch in der zur Massenerscheinung gewordenen Gattung[67] die poetische Verklärung bis hin zur Verfälschung. Besonders signifikant scheint mir in diesem Zusammenhang die oft beobachtbare Umdeutung der problematischen Vater-Sohn-Konstellation; bei Immermann kommt es
zur strikten Befürwortung noch der grausamsten Strenge
als einer segenvollen Mitgift gegen zeittypische Verweichli-
chung; bei Hebbel bedarf es des Ausweichens in die Tage-
buchform, um vom Hass des Vaters sprechen zu können
und auch Goltz' Eltern haben mit der »flämischen Garten-
schere« den »Wildwuchs« ihres Blumen-Kindes zurechtge-
stutzt. Ähnlich wie lange nachher, in der Generation der
expressionistischen Söhne, dürfte auch hier trotz der feh-
lenden Revolte ein den individuellen Fall übergreifendes
zeitgeschichtliches Moment liegen.

Aichinger (B 4: 1977a, 45) macht für die Veränderungen
der Gesellschaftsstruktur und das Problematischwerden des
Individuums eine Vielzahl von Faktoren aus, wie soziale
Mobilitätserscheinungen auf dem Hintergrund verstärkt

---

67 Lehmann (B 4: 1988, 194 f.) führt dazu eindrucksvolle Zahlen zur Verbrei-
    tung auf.

einsetzender Industrialisierung, Trennung von privatem
und sozialem Bereich, konkurrierende Weltordnungen und
daraus resultierende Bewusstseinsspannungen. Dies alles
blieb nicht ohne Auswirkungen auf die Stellung des Künstlers zur Wirklichkeit. An den Autobiographien von Immermann, Gutzkow, Hebbel, Grillparzer, Varnhagen von Ense
zeigt sie, wie diese in missverstandener Adaption des klassischen Musters versuchen, wenigstens retrospektiv zu einer
Rundung und Überdeckung der inhärenten Problematik
ihres Lebens zu gelangen. Daraus resultiere ein immer größerer Abstand zu Fragen moderner Individualität. Karl
Immermanns *Memorabilien* (1840) stehen so nach Aichingers Ausführungen zwischen Tradition und Emanzipation.
Er modifiziere die übernommene Form, indem er die Pri-
vatgeschichte reduziere, sie andererseits aber der Außenwelt
öffne. Dies aber habe »das Eindringen komplexer Zustände, widersprüchlicher Tatsachen, beunruhigender Sympto-
me, neuer Stoffmassen verschiedenster Wissensgebiete zur
Folge« (ebd., 61). Ich und Welt seien alles andere als ausbalanciert; das Ich verschwinde hinter den genannten Bereichen. Lehmann (B 4: 1988, 200 ff.) hat diese Uneinheitlichkeit des schwer lesbaren Torsos auf dessen Übergangs-
stellung zurückgeführt. Er sieht die *Memorabilien* daher
zwischen Erzählen und Berichten schwanken; die »Poly-
phonie des Sprechens« verweise nicht zuletzt auf den Zwiespalt einer Doppelexistenz als Künstler und preußischer
Beamter.[68]

Karl Gutzkows Lebensbeschreibung *Aus der Knabenzeit*
(1852), *Das Kastanienwäldchen in Berlin* (1869) und *Rück-*

---

68 Im Rahmen seines idealtypischen Modells der Abfolge von bekennender,
erzählender hin zu berichtender Autobiographik schwankt Lehmann
selbst allerdings mit seinen Schlussfolgerungen: unter dem Etikett »Zer-
fallserscheinungen« platziert, wird Immermann für sein Werk doch ein er-
hebliches Gestaltungsvermögen zugesprochen; andererseits lässt die Rede
von den biographischen Umdeutungen und vom Zwiespalt des Autobiographen auf Defizite schließen, die uneinholbar waren – Widersprüche, die
offensichtlich auch der Autobiograph nicht lösen konnte.

blick auf mein Leben (1875) wird von Aichinger gar eine
»Pervertierung der Form« (Aichinger, B 4: 1977a, 95) attestiert, gelingt es ihm doch trotz einer polemischen Abwehr-
stellung dem klassischen Muster gegenüber nicht, der
Form-Inhalt-Korrespondenz Genüge zu tun. Der resigna-
tive Grundton bleibe bestimmend, so dass von einem souveränen Standpunkt nicht die Rede sein könne.

Franz Grillparzers autobiographische Aufzeichnungen
entstanden 1853, erschienen wie so viele andere aber erst
postum (1872). Ausdrücklich wird im Auftakt seiner un-
vollständig gebliebenen *Selbstbiographie*, welche als biographische Information für den Almanach der Akademie der
Wissenschaften gedacht war, Bezug auf die Hauptaufgabe
des Selbstbiographen genommen, wie sie Goethe in seinem
Vorwort verkündete: Selbst und Welt ineins zu spiegeln.
Die Kindheitsdarstellung kann als Versuch gelesen werden,
seine zerrissene Persönlichkeit, seine Selbstzweifel und Leiden an sich selbst aus frühen Verstörungen zu erklären. Der
Vater, der aufgrund seiner Geschäfte oft abwesend ist, wird
als kalt und schroff geschildert, die Mutter ist ebenfalls
nicht imstande, eine tiefere Bindung zu ihren Kindern herzustellen. Der Musikunterricht, dem sie den jungen Franz
zuführt, bevor dieser noch seine Gliedmaßen recht einsetzen kann, verursacht ihm Höllenqualen. Die elterliche
Wohnung ist gerade kein Hort des Wohlbehagens oder auf-
regender Umgestaltungen wie bei Goethe, sondern unheim-
lich und bedrohlich. Lektüreerfahrungen, Kindertheater
bilden positive Anklänge an das Muster Goethe. Eindrück-
lich schildert er denn auch das Zusammentreffen mit dem
Ideal seiner Jugend, in Weimar 1826, das ihn allerdings trotz
Goethes liebenswürdiger Behandlung einmal mehr seine eigene Unzulänglichkeit spüren lässt. Im Topos der »Ungeschicklichkeit« hat Grillparzer diese seine Unfähigkeit zum
souveränen Umgang mit sich selbst und anderen ausgiebig
thematisiert. Schumacher hat in diesem »Mißlingen« eine

Parallele zu den Zeitumständen gesehen (Schumacher, B 4: 1975, 41), eine Deutung, der man mit Lepenies' Studie zur Melancholie eine tiefere gesellschaftspolitische Dimension zuschreiben könnte.[69] Nicht eigentlich die Autobiographie, die auf weiten Strecken in der Außenperspektive verharrt, ohne diese mit innerer Reflexion zu verbinden, sondern die Tagebuchaufzeichnungen sind der Ort, an dem das von tiefen Zweifeln erfüllte Ich sich Rechenschaft ablegt. Hier kommen die Missgeschicke zur Sprache, hier gibt Grillparzer seiner Verärgerung über den eigenen Namen, unter dem er litt, Ausdruck – wiederum ein Anklang an Goethe, aber im Gegensatz zu diesem, der auch einmal von der »Verliebtheit« in den eigenen Namen spricht und damit eine gänzlich andere Selbstwahrnehmung und -affektion bekundet, kann sich Grillparzer mit seinem Namen (und da dieser symbolisch zu nehmen ist: mit sich) niemals aussöhnen.

Adalbert Stifters Autobiographie kam nie zustande; es blieb beim wenige Seiten umfassenden autobiographischen Abriss und bei einer in Briefen verstreuten Lebensgeschichte – mit Grillparzer, dem Antipoden, verband ihn ein ähnlich düsteres Innenleben, das er selbst nach Möglichkeit retuschierte, um nicht daran zugrunde zu gehen. In seinem autobiographischen Fragment werden die Daten äußeren Erfolges aufgelistet, die Erscheinungsdaten der Werke und seine Ehrungen. Dieser Versuch, psychische Stabilisierung über die Dokumentation von Anerkennung zu erreichen, bleibt letztlich ein erfolgloses Unterfangen.

Karl August Varnhagen von Enses *Denkwürdigkeiten und vermischte Schriften* erschienen 1837 bis 1859; spätere Ausgaben seiner Tagebücher und Briefwechsel durch seine

---

69 Lepenies hat in *Melancholie und Gesellschaft* (B 4: 1972) auf die gesellschaftlichen Ursachen resignativen Verhaltens verwiesen, und »Handlungshemmung« aufgrund des Ausschlusses aus politischer Mitgestaltung als einen der Faktoren benannt, aufgrund derer melancholische Resignation zu einem Phänomen des bürgerlichen Eskapismus werden konnte. Für die Zeit nach der französischen Julirevolution 1830 trifft dies besonders zu.

Nichte Ludmilla Assing führten zu einem bis ins 20. Jahrhundert nachwirkenden negativen Bild des Autors, hatte dieser doch als genauer Beobachter und in das Zeitgeschehen involvierter Diplomat und politischer Publizist Einblicke in das höfische Intrigenspiel. Von seiten nationalistischer Kräfte wurde die ausgiebige Dokumentation solcher Zustände heftig kritisiert.

»Wie kein deutschsprachiger Autor vor ihm hat Varnhagen die Autobiographie in den Mittelpunkt seines schriftstellerischen Lebens gestellt und mit seinen *Denkwürdigkeiten des eigenen Lebens* eines der bedeutenden Memoirenwerke der deutschen Literatur in der Nachfolge von Goethes *Dichtung und Wahrheit* geschaffen, wobei die einzelnen Bände durch *Vermischte Schriften*, poetische und historische Essays, ergänzt werden« (KNLL 16, B 5: 1988, 1071). Zusammenhängend geschildert wird nur die Zeit zwischen 1785 und 1819, für die Zeit danach lockert die Form auf. Aichinger attestiert Varnhagen in der Argumentationslinie ihrer Epigonenthese, dass dieser in vermeintlicher Goethenachfolge mittels Stilisierung, Eliminierung und Einfügung fiktiver Elemente das Bild einer einheitlich strukturierten Persönlichkeit zu suggerieren gesucht und damit die Konfliktlinien seines Lebens begradigt habe. Dennoch sei ein deutliches Anwachsen des »Abweichungskoeffizienten« (Aichinger, B 4: 1977a, 118) zu bemerken, indem Bestandteile des biographischen Substrats ausgespart und durch fiktive Elemente ersetzt worden seien.

Obgleich eine Bezugnahme des Goetheverehrers auf dessen Werk konzediert werden kann, ist dies nicht gleichbedeutend mit einem epigonalen Verfehlen der Form. Statt der abwertenden Lesart Aichingers wäre durchaus die konträre Position möglich, im »Abweichungskoeffizienten« ein Indiz dafür zu sehen, wie sich um die Mitte des Jahrhunderts bereits die Versuche häufen, die imitatio Goethe nur als abstrakten Vorwurf für experimentell zu gewinnende neue Formen zu nutzen. Varnhagen, der nicht nur sein eige-

nes Leben zum Archiv gemacht hat, sondern auch das seiner
Frau, Rahel Varnhagen, verkörpert durch seine Sammel-,
Dokumentations- und Archivierungsleidenschaft die positi-
vistische Wut des Jahrhunderts; andererseits steht seine Por-
trätkunst in einem langen Traditionszusammenhang, den er
gewissermaßen zur biographischen, quellengestützten Methode modernisierte. Dass unter dem Empirismus der Außenwelt der subjektive Faktor verschwindet, deshalb auch
eher von Memoiren als von Autobiographik gesprochen
wird, kann den Versuch einer Öffnung der Form nicht in
Gänze entwerten. Vielmehr ist die Aufnahme heterogenen
Materials, die fiktive Durchbrechung einliniger Lebenslaufschemata schon bei Goethe angelegt und wird hier weiter-
getrieben. Die Frage nach der Angemessenheit der Form
sollte die Intention nicht außen vor lassen: Archivarisches
Interesse dominiert das autobiographische und stellt andere
strukturelle Erfordernisse.

Friedrich Hebbel hat seine *Aufzeichnungen aus meinem
Leben* zwischen 1846 und vermutlich 1854 geschrieben. Sie
reichen nur bis ins sechste Lebensjahr und sind »novelli-
stisch« eingerahmt von dem symbolisch überhöhten Birn-
baum, der auf dem elterlichen Grundstück steht. In seltsamer Verkennung bedauerte Hebbel es nach der Lektüre von
George Sands Memoiren in einem Brief, die Aufzeichnungen nicht fortgeführt zu haben, da er »schwerlich je etwas
Besseres geschrieben« (Goldammer, B 1: 1977, 351) habe.
Bereits seit 1838 hatte Hebbel Tagebücher geschrieben (bis
kurz vor seinem Tod 1863); das Projekt seiner Kindheitserinnerungen entstand aus Tagebuchnotaten (1842) zur
Klippschule, in die er als Vierjähriger kam. Durch das zeitweise Nebeneinander zweier autobiographischer Formen
sind wir in der Lage, den Grad der Idyllisierung und Harmonisierung näher bestimmen zu können, welcher in den
Aufzeichnungen herrscht. Der erwähnte fruchtbare Birn-
baum, der freundliche Umgang der Nachbarn mit dem
Kind, die Klippschule mit der etwas bizarren »alten Jungfer

Susanna«, Kindheitsorte wie der Dachboden, erste Ausflüge in die große weite Welt, also nach Wesselburen, tragen in ihrem szenischen Arrangement dazu bei, den »Zauberkreis der Kindheit« (Hebbel, *Aufzeichnungen*, B 1: 1966, 719) zu evozieren: »Der Hauptreiz der Kindheit beruht darauf, daß alles, bis zu den Haustieren herab, freundlich und wohlwollend gegen sie ist, denn daraus entspringt ein Gefühl der Sicherheit, das bei dem ersten Schritt in die feindliche Welt hinaus entweicht und nie zurückkehrt« (ebd., 714). Zwar sind die bedrohlichen Schatten dieser Idylle nicht völlig ausgespart, doch wird das ganze Ausmaß der Verdrängung traumatischer Kindheitserfahrungen erst deutlich, wenn man sie gegen die Folie der Tagebuchnotizen hält. Die traumatisierende Figur der Kindheit, der Vater, welcher in den Aufzeichnungen als strenger Patriarch, aber doch auch liebevoller Familienvater und Ehemann gezeichnet wird, erscheint in ihnen ungeschminkt als der brutale Mensch, der er war: »Wie war nicht meine Kindheit finster und öde! Mein Vater haßte mich eigentlich, auch ich konnte ihn nicht lieben. Er [...] haßte aber auch die Freude; zu seinem Herzen war ihr durch Disteln und Dornen der Zugang versperrt, nun konnte er sie auch auf den Gesichtern seiner Kinder nicht ausstehen« (Hebbel, *Tagebücher*, B 1: 1966, 241). Doch selbst hier, im privaten Raum des Tagebuchs, kann Hebbel diese erschreckende Einsicht nicht stehen lassen: Er mildert sie durch die Anfügung ab, der Vater sei dennoch »ein herzensguter [...] Mann« (ebd.) gewesen, an dessen Verhärtung allein die Armut schuld gehabt habe.

Den Vergleich von Tagebuch und Aufzeichnungen hat Aichinger in die These münden lassen, Hebbel selbst habe schließlich die angemessenere Form der Selbstdarstellung im Tagebuch erkannt. Nur dort sei es ihm gelungen, die Widersprüche zu einer »freilich labilen« (Aichinger, B 4: 1977a, 75) Totalität zusammenzuschließen. Dagegen sind Bedenken anzumelden, sieht es doch eher so aus, als ob die Verdrängungstendenzen dem Hauptzweck der Selbstreflexion

auch hier in die Quere kämen. Dabei bietet, anders als in
der nostalgischen Form der Erinnerungen, die heterogene
Form des Tagebuchs mit ihren Sentenzen, Aphorismen, Bemerkungen dramentheoretischer Art, Briefen Fluchtmög-
lichkeiten vor der eigenen Wirklichkeit, die vielleicht nur
weniger offenkundig, weil abstrakter sind. Der Schilderung
des Todes seines heißgeliebten Kindes etwa folgen Bemerkungen über das Vortäuschen von Empfindungen im Werk
und zum tragischen Konflikt im Drama (Hebbel, *Tagebücher*, B 1: 1966, 849 ff.). Eine Art innere Blockade, so scheint
es fast, hat Hebbel auch in seinen Tagebüchern davon abge-
halten, gewisse Grenzen zu überschreiten. Den eigenen Anspruch, auch die »Irrtümer« zu versammeln, konnte er so
nur programmatisch formulieren. In einem seiner aphoristi-
schen Tagebuchnotate hat sich diese unüberwindbare Furcht
vor der Selbsterkenntnis, die eine Erkenntnis traumatischer
Verkrüppelung wäre, niedergeschlagen: »Der Mensch ist
der Basilisk, der stirbt, wenn er sich selbst sieht« (ebd., 223).

Zu Heinrich Heines autobiographischen Schriften gehören neben den *Memoiren* die *Geständnisse* (1854 erschienen) und in gewisser Weise auch die *Reisebilder* (erschienen
1826–31). Näher betrachtet werden hier nur die *Memoiren*,
deren Entstehungsgeschichte wohl bis 1823 zurückreicht,
als Heine erst fünfundzwanzig war; Ende der 40er-Jahre
scheint er alles bis dahin Geschriebene vernichtet zu haben
– seinen Angaben zufolge vier Bände. 1854 hat er sich erneut an seine Autobiographie gemacht. Nach seinem Tod
1856 wurde auch davon wieder ein nicht rekonstruierbarer
Teil von seinem Bruder vernichtet. Erst 1884 erschien das
Fragment (vgl. Goldammer, B 1: 1977, 353 f.).

Mit Memoiren, wie sie in diesem Jahrhundert wieder so
beliebt wurden, haben die Heineschen Erinnerungen nichts
gemeinsam. Zwar ist auch hier gelegentlich von berühmteren Zeitgenossen wie dem Dichter Grabbe die Rede, aber
mehr aus privatem Blickwinkel. Titel und Ton sind viel-

mehr von Ironie geprägt, und wenn Heine »treuherzig« zu
Protokoll gibt, seine »Geständnisse« nähmen »alle auf den
geistigen Prozeß Bezug […], den ich später durchmachen
mußte« (Heine, HKG, B 1: 1982, 60), so ist dies nur mit
Vorbehalt als das Angebot eines autobiographischen Paktes
zu lesen. Ebenso verhält es sich mit den Bezugnahmen auf
seinen »seligen Collegen Wolfgang Goethe« (ebd., 74), dessen Instruktionen für das Abfassen von Autobiographien er
scheinbar getreulich zu folgen vorgibt: »Alles Bedeutsame
und Charaktristische ist hier treuherzig mitgetheilt und die
Wechselwirkung äußerer Begebenheiten und innerer See-
lenereignisse offenbart Ihnen die Signatura meines Seyns
und Wesens« (ebd., 59). Wenige Sätze danach erfolgt schon
die Kontrafaktur: »Ich will dir das Mährchen meines Lebens erzählen« (ebd., 60). Wenn Heine erklärt, dass sich
»aus den frühesten Anfängen […] die spätesten Erscheinungen« erklären (ebd.), so wird auch diese didaktisch-aufklä-
rerische Reminiszenz insofern mindestens fragwürdig, als
Heine neben die Skizzen seiner Eltern, die durchaus realistisch, wenn auch überspitzt gezeichnet sind, eine Genese
der Einbildungskraft, eben Aspekte eines märchenhaften
geistigen Lebens stellt. Seine Mutter, überzeugte Rousseau-
Anhängerin, die ihm die jeweils aussichtsreichsten Karriere-
wege aufoktroyiert, ein Vater, der großzügig-liberal und
gleichzeitig von einer spinnerten Vorliebe für das Soldaten-
spielen beherrscht ist: Schon diese Familienporträts bieten
Stoff genug für »Märchen«, und noch mehr der sagenhafte
Großoheim, dessen Notizbuch der Junge auf dem Dachboden des Onkels findet. Dessen Reiseabenteuer in den Mor-
genländern und die Identifikation mit dem Abenteurer ziehen ihn in eine traumhaft andere Welt, »und mit Grauen
fühlte ich zugleich daß ich ein Anderer war und einer and-
ren Zeit angehörte« (ebd., 73). Ebenfalls dieser Sphäre der
Imagination gehören Ausführungen zur Hexerei und die
merkwürdigen Begebenheiten um Josepha an, die aus einer Henkersfamilie stammt. Mit spöttischem Ton verlässt

Heine die Schilderung seiner ersten Liebe zu dem »roten Sefchen«, und ergeht sich in ironischen Ausführungen zur Liebe, gegen die keine »Inokulation« helfe. Mittel der Persiflage und der Selbstironie werden eingesetzt, wo frühe Verletzungen zu vermuten sind: Die Rousseau-Persiflagen erscheinen als späte Antwort auf die Übermacht der Mutter-Matrone, und die Reminiszenz an Goethes Namens-Reflexionen begegnen hier in anderer Gestalt, nämlich ganz in die Erlebenswelt des Kindes eingebettet, dessen Leiden an der Verunstaltung seines Namens, die »mir die schönsten Frühlingsjahre des Lebens vergällte und vergiftete« (ebd., 85), szenisch breit ausgemalt wird. Anders als bei Grillparzer zeugt aber auch hier die ironische Akzentuierung von der später erlangten Souveränität und Lösung aus frühem Leid. Generell kann dies als Grundlinie der *Memoiren* verfolgt werden: Weniger in der Form liegt die Abkehr vom Goetheschen Muster, als in dessen ironischer Verkehrung.

Das Urteil Aichingers zur Autobiographik des 19. Jahrhunderts lautete, wie ausgeführt, »Verfehlung der Form« und »harmonisierendes Mißverständnis des Goetheschen Musters«. Gegen diese Gesamteinschätzung sollten hier Bedenken angemeldet werden, führt sie doch zu einer Einheitslinie der epigonalen Nachfolge, welche so nicht haltbar ist. Formveränderungen macht Aichinger lediglich am Übergang zum Tagebuch als adäquaterer Form der Selbstdarstellung (bei Hebbel und Grillparzer) fest; erst mit Fontane sieht sie eine Erneuerung der Gattung. An einzelnen Beispielen wurden hier andere Akzentuierungen vorgenommen, die auf innovativere Tendenzen verweisen, auch wenn diese in ihrer Gesamtheit aus dem 19. Jahrhundert, gattungsgeschichtlich betrachtet, keine revolutionäre Epoche machen. Der Einbezug biographischer Elemente, essayistischer Betrachtungen und insbesondere die ironische Reflexion des Abhängigkeitsverhältnisses gegenüber *Dichtung und Wahrheit* führen zu einer Öffnung der Form und zu größerer Heterogenität. Die Literarisierung der Form umfasst nun auch Formen wie die Skizze, das Pasticcio, die Arabeske, die Humoreske, das Capriccio – Kleinformen, welche ebenso wie die Beschränkung auf bestimmte Lebensphasen, meist die Kindheit, das Prinzip der Repräsentation in paradoxer Einschränkung retten. Lehmann, der ja ebenfalls eine Gesamtdeutung des 19. Jahrhunderts in typologischer Hinsicht vorgelegt hat, attestiert der Gattung trotz ihrer »historiographischen Wende« und der damit einhergehenden »abnehmenden Neigung zur Selbstpräsentation« (Lehmann, B 4: 1988, 230) große »Elastizität«. Sie habe zwar mit einem »Dominanzwechsel« auf die gesellschaftlichen und literarischen Veränderungen reagiert, der den berichtenden Typus privilegiert habe (wie er ihn bei Gervinus ausgebildet findet). Dies sei jedoch keineswegs gleichzusetzen mit einem Niedergang der Form und einem Verschwinden hinter biographischem oder memorialem Schreiben, wie Neumann (B 2: 1970) und Oesterle (B 5: 1982) behauptet hatten. Um Autobiographien habe es sich auch bei diesem Typus repräsentativer historiographischer Darstellung noch stets gehandelt.

Das Tagebuch hat Aichinger für das 19. und 20. Jahrhundert positiv hervorgehoben, nicht ohne dessen prekären Status als Medium der Selbstvergewisserung einzuräumen. Was für Hebbel hier schon angedeutet wurde, dass auch das Tagebuch nicht zur gelingenden Ich-Synthese führen kann, könnte an einem Extrembeispiel der Gattung noch schlagender vorgeführt werden: an Henri-Frédéric Amiels (1821–1881) hinterlassenen Tagebüchern. Ein ungeheures Konvolut von 17 000 Seiten – so steht das *Intime Tagebuch* (1884–1886) als ein lebenslang benötigtes Medium des Selbsterhalts vor uns; in dieser Funktion gerät es zum Lebensersatz. Ein Ich, das sich nur noch als psychologischen Schauplatz und Durchgangsstation (»Registrierapparat«) für die von ihm unabhängigen Vorgänge der Außenwelt versteht, mauert sich immer mehr in dieses sich verabsolutierende Ersatzleben ein, aus dem das ersehnte Ausbrechen in die literarische Produktion nicht gelingen kann. Strindberg wäre ein weiteres Beispiel für eine Tagebuchtradition, der es – sei es aus psychologischen, sei es aus ästhetischen Gründen – nicht mehr darum zu tun ist, einen homogenen Ich-Entwurf zu versuchen. Authentischstes Material (und nicht dessen fiktive Überformung) stellt sich als der Bereich dar, in dem neue anthropologische Einsichten nicht nur gefunden, sondern paradoxerweise auch *erfunden* werden können.[70] Damit kommt in dieser Form einer neu zu begründenden Tagebuchtradition, die im 20. Jahrhundert fortgeführt wird, Goethes Wahrheitsbegriff zu seiner radikalsten Vollendung.[71]

Abgesehen von solch experimentellen Infragestellungen der autobiographischen Formtraditionen werden bereits vorhandene Gattungsmöglichkeiten, nämlich die fiktionale Behandlung des Lebensstoffes im autobiographischen Roman, am Ende des Jahrhunderts in modifizierter Form weitergeführt. Gottfried Kellers Roman *Der grüne Heinrich* (1854–55 erste Fassung, 1879–89 zweite Fassung) wurde in die Nähe von Moritz' *Anton Reiser* gerückt. Für eine Wochenschrift verfasste Keller nach vielen Verzögerungen schließlich seine selbstbiographischen Betrachtungen (erschienen 1876–77), deren fast ausschließlicher Inhalt die eigene literarische Entwicklung ist. Seine Doppelbegabung als Dichter und Maler ist darin Thema, seine ersten literari-

---

70 Vgl. dazu den wegweisenden Aufsatz von Heissenbüttel, B 2: 1966, in dem er auf Strindbergs *Okkultes Tagebuch* als Beispiel für ein solches Eindringen in bislang unzugängliche Bereiche des Selbst noch vor der Psychoanalyse eingeht.

71 Dies trifft spätestens seit der zweiten Hälfte des 19. Jahrhunderts auch auf andere autobiographische Formen zu: Kierkegaards *Wiederholung* und Nietzsches *Wille zur Macht* hat Sprinker als ähnlich gelagerte Fälle radikaler Subjektivität und gleichzeitiger Infragestellung der Macht des Subjekts über seine Rede vorgeführt (Sprinker, B 2: 1980, 329 ff.). Die Verselbständigung des Pseudonymen bei Kierkegaard begegnet im 20. Jahrhundert erneut bei Fernando Pessoa, dem großen portugiesischen Dichter: Unter dessen Heteronymen entstanden je eigenständige Werkkomplexe.

schen Versuche werden selbstironisch kommentiert, seine
Dramenproduktion für das Puppentheater erinnert natürlich an Goethe. Die wichtige Begegnung mit der zeitgenössischen Literatur (Herwegh u. a.) wird als bestimmend für
den weiteren Lebensweg erkannt, die lyrischen Anfänge
und deren Scheitern werden in Zusammenhang mit den ge-
scheiterten Hoffnungen von 1848 gebracht: »Da kam das
Jahr 1848, und mit ihm zerstoben Freunde, Hoffnungen
und Teilnahme nach allen Winden, und meine junge Lyrik
saß frierend auf der Heide« (Keller, SW, B 1: 1958, 843). Die
»reine« selbstbiographische Form, dies wird aus den beglei-
tenden Kommentaren zu diesen wenige Seiten langen Betrachtungen ersichtlich, bereitete Keller erhebliche Schwierigkeiten: »Das ganze Institut dieser Selbstbiographien ist
eine unangenehme Erfindung, und der Teufel weiß, wie
man hineingerät« (zit. nach Goldammer, B 1: 1977, 359).
Hingegen betont er den autobiographischen Gehalt des
Grünen Heinrich, dessen Planung und Konzeption er in
seinem Beitrag dokumentiert. Die Bemerkungen über die
mehr oder weniger starke »Anlehnung an Selbsterfahrenes
und -empfundenes« (Keller, SW, B 1: 1958, 844), in der die
Kindheit »so gut wie wahr«, die reifere Jugend als »ein
Spiel der ergänzenden Phantasie« (ebd.) erzählt worden sei,
hat die Forschung in ihrer Auseinandersetzung um den Status des Romans aufgegriffen. Pascal hat die von Keller
selbst angegebene Richtung einer »Vervollständigung« des
Lebensstoffes, die dazu gedient habe, den eigenen »Wesens-
kern« zu treffen, ernst genommen (Pascal, B 2: 1965, 195).
Erst im Zusammenhang mit Peter Weiss' *Ästhetik des Widerstands* tauchte der Begriff der »Wunschbiographie« auf
– Keller hat diesen in seinen autobiographischen Betrachtungen vorweggenommen: Das umfangreiche Werk sei deshalb entstanden, weil er »eine unbezwingliche Lust daran
fand, in der vorgerückten Tageszeit einen Lebensmorgen zu
erfinden, den ich nicht gelebt hatte, oder richtiger gesagt,
die dürftigen Keime und Ansätze zu meinem Vergnügen

poetisch auswachsen zu lassen« (Keller, SW, B 1: 1958, 844).

Zwei weitere autobiographische Romane nehmen am Ende des 19. Jahrhunderts Sonderstellungen ein: Friedrich Theodor Vischers *Auch Einer* (1878) und Theodor Fontanes *Meine Kinderjahre* (1893). Vischers autobiographischer Reiseroman, lange Zeit ein von Akademikern (und allgemein in den Kriegszeiten[72]) gern gelesenes Werk, sei »das heute unbekannteste und vielleicht absonderlichste Werk der neueren deutschen Literatur« (Winkler, B 5: 1988, 51). Geschult an Jean Paul – und damit ausgesprochen unzeitgemäß – trieb Vischer die Formveränderung des Autobiographischen bis fast zu deren Auflösung: »ein wüstes Konglomerat aus Szenen, Tagebuchnotizen und Travestien« (ebd.) bringt die Weltsicht eines Hypochonders und Misanthropen zur Anschauung. A. E., der vom Katarrh geplagte Anti-Held, darf als Alter Ego des Verfassers gelesen werden.[73] Beide Gattungen, Autobiographie wie Roman, werden hier, in Anknüpfung an eine Literatur des Sonderbaren, fantasmatisch überschritten. Oesterle sieht das Werk »als bedeutsamen Punkt auf der Fluchtlinie zur Moderne« (Oesterle, B 5: 1982, 59).

Die Autobiographie Fontanes (neben dem »autobiographischen Roman« *Meine Kinderjahre*, 1893, zählt dazu *Von Zwanzig bis Dreißig*, 1889) steht bei Aichinger für eine Erneuerung der künstlerischen Praxis am Ende des Jahrhunderts, die sich aus dem Schatten Goethes gelöst habe.[74] Auf

---

72 So kamen Partien des Romans unter dem darin geprägten Ausdruck der »Tücke des Objekts« noch 1943 in Druck als »Die bunten Hefte für unsere Soldaten«, Nr. 80.

73 Grillparzers Klagen über seine »Ungeschicklichkeit« als Selbstanklage gehen bei Vischer über in die Anklage der Objektwelt: Daran ist auch ein Wandel psychischer Kompensation realer Machtlosigkeit eines Bürgertums abzulesen, das Grillparzer in seiner melancholisch-resignativen, Vischer hingegen in der melancholisch-paranoiden Variante verkörpert.

74 Durch eine Neudeutung des Goetheschen Werks, wie sie Craemer-Schröder (B 5: 1993) unternommen hat, würde Fontane wohl nicht mehr so ab-

»die Echtheitsfrage hin interpelliert werden möchte« der
Autor nicht – so begründet er im Vorwort schalkhaft den
Untertitel. Ebenso werden die Beschränkung auf einen Teil
seiner Lebensgeschichte, die Kinderjahre, und die Vorliebe
für Anekdotisches im Vorwort angekündigt. Das Anekdotische und die Detailszene ersetzt in seinem autobiographischen Roman die sinnvoll sich rundende Darstellung des
Entwicklungsganges eines Individuums. Merkzeichen einer
solch zielgerichteten Entwicklungsperspektive wie die plan-
mäßiger Erziehung etwa verschwinden hinter durchgestal-
teten Szenen eines keineswegs lehrplanmäßigen Unterrichts
durch den Vater, der »immer mit geschichtlichen Anekdoten« (Fontane, *Meine Kinderjahre*, B 1: 1969, 127) ab-
schließt. Im Anekdotischen wird der Anspruch aufrechterhalten, »Signifikantes« auszusprechen (Vollers-Sauer, B 4:
1993, 135), aber dies ist nicht mehr deckungsgleich mit
der durchkomponierten Gesamtdeutung eines Lebenslaufs.
Formal wird diese Veränderung nach Aichinger dadurch
markiert, dass statt geradliniger Chronologie krasse Perspektivenwechsel auftreten, die Zeitschicht autobiographischer Reflexion wird einbezogen und die Rückschau sogar
hervorgehoben. Vorgriffe und Rückwendungen konturieren
eine »biographische Zeit«, die sehr verschieden von der historischen ist. Intime Räume des Kindes wie der Dachboden und der Winkel strukturieren den Erlebnishorizont
deutlicher als die dissonante zeitliche Abfolge von Ereignissen. Die Lockerung der biographischen Struktur, welche
Aichinger konstatierte, betrifft nicht nur die Ebene der er-
zählten Zeit, sondern insbesondere die Zweipoligkeit zwi-

gelöst von diesem gesehen werden: auch hier ist es der Erzähler, der Kontur erlangt, auch hier sind symbolische Anspielungen im Anekdotischen
enthalten, auch hier ist das Ende in jedem Sinne fragmentarisch. Ein neuer
Lebensabschnitt wird angedeutet, und der Prozess des Erwachsenwerdens
wird mit deutlicher Referenz an die »Prosa der Verhältnisse« vorwegneh-
mend kommentiert: »Alles war Poesie. Die Prosa kam bald nach, in allen
möglichen Gestalten, oft auch durch eigene Schuld.« (Fontane, *Meine Kinderjahre*, B 1: 1969, 188)

schen erinnerndem und erinnertem Ich. Vollers-Sauer zieht aus ähnlichen Beobachtungen den Schluss, dass die autobiographischen Bücher mehr über den Erzähler aussagen, als über das Leben des Autobiographen (ebd., 198 f.). Das Refugium, in das sich die autobiographische Darstellung retten kann, wenn die zunehmende Komplexität eine Einsinnigkeit des Lebenslaufschemas nicht mehr gestattet, ist der diskursive, literarisch gestaltete Raum. Eine (auto)biographische Wahrheit erscheint, wenn überhaupt, nicht im Faktischen der Kinderjahre, den Lebensumständen wie Umzügen, einem spielverfallenen Vater, einer nervlich angegriffenen Mutter, Spukerlebnissen, halbherzigem Revolutionsgeschehen und auch nicht in deren atmosphärischer Ausgestaltung, sondern in den Splittern von Charakterstudien (des Vaters u. a.), den Fragmenten einer Teilnahme am historischen Prozess, den oft dialogisch gefassten Variationen über das »Eigentliche«. Am Ende findet sich die Aussage zur Schulbildung, die als poetologischer Kommentar gelesen werden kann: »Einige Lücken wurden wohl zugestopft, aber alles blieb zufällig und ungeordnet, und das berühmte Wort vom ›Stückwerk‹ traf auf Lebenszeit buchstäblich und in besonderer Hochgradigkeit bei mir zu« (Fontane, *Meine Kinderjahre*, B 1: 1969, 189).

War um 1800 noch von einer »Gattungsverweigerung« der Frauen gegenüber der Autobiographie auszugehen, ist für das 19. Jahrhundert ein »Wiedereinstieg« in die Gattungsgeschichte zu verzeichnen, wenngleich unter anderen Prämissen. Die Romantikerinnen, die Goethe emphatisch lasen, haben dennoch andere Wege als die männlichen Autobiographen beschritten. Von anderen Voraussetzungen ausgehend, welche die selbstverständliche Nutzung von tradierten Formen des Autobiographischen nicht zuließ, waren Frauen zum Anschluss an andere Traditionen gezwungen. Eine solche Tradition bildet der lange schon anerkannte und unter Gottsched gewissermaßen poetologisch

geadelte Konnex von Frau und Brief: Frauen seien aufgrund
ihrer Natürlichkeit die besseren Briefschreiberinnen, ihr
leichter, ungekünstelter Stil sei vorbildlich. Seine eigene
Frau galt als begnadete Briefschreiberin, und erst recht
die Romantikerinnen begründeten eine ganze Kultur des
Briefs. Wenngleich der Anteil des Briefes an der Erneuerung
der schönen Literatur (Stichwort Briefroman) und die Literarisierung des Briefes selbst als Gattung in der Forschung
ausdrücklich bestätigt werden, so ist doch Vorsicht geboten
bei der Einschätzung dieses Phänomens: Am Anfang des
literarisch aufgewerteten und in diesem Sinne rezipierten
Briefes stand der Briefwechsel Goethe–Schiller (in den
1830er-Jahren); erst dessen Herausgabe, so Hahn, »stellte
die Weichen« (Hahn, B 3: 1988, 14). Eine andere Praxis der
Briefüberlieferung begann, doch für die Briefe von Frauen
galt weiterhin, dass diese eher als kulturgeschichtliche Dokumente denn als literarische Erzeugnisse gelesen wurden.
Für sehr viele Frauenbriefe trifft jedenfalls zu, dass sie
»nicht für den Druck, sondern für den Adressaten bestimmt« (ebd., 15) waren.

Das erklärt, warum es immer noch nur wenige Briefeditionen gibt: Meist handelt es sich dabei um Ehebriefwechsel.
Als Frau, Freundin, Schwester, Mutter berühmter Männer
interessierten auch deren Briefschaften. Mit dem Briefgenre
scheinen die Frauen, von denen sehr viele um 1800 angefangen hatten zu schreiben, wieder auf ein Nebengleis abge-
schoben worden zu sein. Von der Veredelung des Briefes im
Briefroman profitierten nur wenige – Sophie von La Roche
etablierte sich auf diese Weise als Autorin. Die wenigsten
verließen die »vorästhetischen Räume« (Bovenschen, B 3:
1976, 72) des Briefschreibens; daraus folgte aber konse-
quenterweise: »Briefeschreiben und Autorschaft schließen
sich aus« (Hahn, B 3: 1988, 16). Eine Anerkennung des literarischen und künstlerischen Werts des Briefes als einer innovativen Form blieb unter den Zeitgenossen die Ausnahme; Jean Paul scheint – neben ihrem Ehemann – einer

derjenigen gewesen zu sein, die Rahel Levin Varnhagens Schöpfungen als eine Art Gesamtkunstwerk verstanden. Die Briefschreiberinnen selbst wollten häufig genug keine Autorinnen sein. Sie verhielten sich ihren eigenen Produkten gegenüber zwiespältig; in die Öffentlichkeit wurden sie unter Anonyma entlassen. Romantische Frauenkultur wird auch in unseren Tagen gern auf eine gesellschaftspolitische Funktion beschränkt: Das Private öffentlich zu machen und dabei auf die Funktion der Anregerin, der Gesprächspartnerin, Vertrauten reduziert bleiben, erscheint als lobenswerte Rolle der Frau im literarischen Prozess: »Briefe schreibend und im Gespräch gaben sie ihm [dem Privaten, M. H.] ein Ansehen, dessen utopische Zukunft eine intimisierte Öffentlichkeit war« (Mattenklott, B 5: 1985, 123).

Heute gewinnt der Brief als literarisches Faktum ein neues Ansehen. Zunehmende theoretische Beschäftigung mit der Briefpraxis und die wachsende Zahl von hervorragenden Briefeditionen lässt allmählich ein neues Bild entstehen. Fragen der Selbsterzeugung qua Briefwerk, also der autobiographische Aspekt, und Fragen der Autorschaft gewinnen endlich an Gewicht. Neu überdacht werden müssen von hier aus die Charakteristika des Frauenbriefs: seine angebliche Spontaneität, Natürlichkeit, sein Gesprächscharakter gewinnen möglicherweise ein ganz anderes Ansehen, wenn man die Traditionsverflechtungen genauer unter die Lupe nimmt, die Vorbildfunktion berühmter Briefschreiberinnen wie Madame de Sévigné etwa. Selbst bei einer »Naturpoetin« wie der Karschin dürfte der Brief kein reines »Naturprodukt« gewesen sein, sondern geschult an literarischen Mustern, umso mehr bei den literarisch hochgebildeten Frauen der Romantik.

Kay Goodman hat den Begriff der Briefautobiographie in die Debatte gebracht (Goodman, B 3: 1985, 294) – ein gut gewählter Neologismus, um die Tragweite des Briefs (als Briefwechsel, als Briefporträt, als briefliches Œuvre) zu bezeichnen. An Rahel Varnhagen und an Bettine von Arnim

lässt sich zweierlei besonders deutlich zeigen: dass Briefe als
Lebensgeschichte dienen können, dass sie im Falle Rahels
deren Entwicklung »als Mensch, Denkerin und Autorin«
(Thomann Tewarson, B 5: 1989, 43) spiegeln und damit genau die Funktionen »männlicher« Autobiographik übernehmen. Und zweitens, dass der vielgerühmte Gesprächscharakter keineswegs mit Kaminplaudereien gleichzusetzen
ist, sondern mit einem Identitätsverständnis verbunden ist,
das wesentlich dialogisch und unmittelbar an den Austausch
mit einem anderen Ich geknüpft ist. Forum solcher dialogischen Selbsterzeugung ist auch der Salon.

Mit der Wiederentdeckung des Varnhagen-Archivs in
Krakau Ende der 70er-Jahre setzte ein Aufschwung der
Varnhagen-Forschung ein, der bis jetzt anhält und u. a. zu
Neuherausgaben von Briefwechseln unter Berücksichtigung
der Handschriften führte.[75] Ein enormes Briefwerk von
über 10 000 Briefen[76] an 300 verschiedene Adressaten und
das *Buch des Andenkens*, das ihr Mann, Karl August Varnhagen, kurz nach ihrem Tod 1833 herausgab, erweist Rahels
Status als Autorin eines Werks, auch wenn dieses zu Lebzeiten nur anonym in Druck gelangte. Nicht nur die Neu-
einschätzung des Anteils von Rahel am *Buch* auf der
Grundlage der Handschriftenlisten, wie Thomann Tewarson in ihrer Rahel-Biographie betont hat, sondern die brief-
theoretischen Forschungsergebnisse seit den 80er-Jahren[77]
haben zu einer neuen Sicht auf die Briefwerke der Romantikerinnen geführt.

Mit dem *Buch des Andenkens* sei Rahel als »Autorin
eines ganz neuartigen Werks« (Thomann Tewarson, B 5:

---

75 Neuerdings erschienen die Briefwechsel der langjährigen Freundin Pauline
   Wiesel (B 1: 1998).
76 Die Angaben schwanken: Hahn (B 5: 1990, 37) gibt nach der Katalogzäh-
   lung 6000 an.
77 Verdienstvoll sind hierbei, neben den Arbeiten Eva Meyers (1989) und den
   aus einem an der Freien Universität Berlin angesiedelten Briefprojekt her-
   vorgegangenen Untersuchungen (Runge/Steinbrügge, B 3: 1991) besonders
   die Arbeiten Hahns.

1989, 9) zu sehen.[78] Die Themenkomplexe Literatur, Musik, Theater und Kunst spielen als Medien der Verständigung mit den jeweiligen Briefpartnern eine bedeutsame Rolle; philosophisch-aphoristische Reflexionen und gesellschaftspolitische Fragen haben sie bis hin zu ihrer späten Auseinandersetzung mit Saint-Simon beschäftigt. Die utopische Funktion von Kunst, die Situation der Frau und die Einschränkungen, denen diese unterworfen war, die Einstellung zu Judentum und Christentum sind weitere gewichtige Themenkomplexe. Im Grunde gibt es kaum einen Bereich menschlicher Belange, zu dem Rahel sich nicht geäußert hat. Vom Klischee der »Unmittelbarkeit« (das sie selbst mit in Umlauf gebracht hat) sollte man angesichts der häufig durchgearbeiteten Analysen in der brieflichen Auseinandersetzung, oder auch der allmählichen Annäherung an eine mit den Adressaten zusammen erarbeitete Position, endgültig abkommen. Gerade dieses dialogische Verfahren stellt nach Hahn die Besonderheit des Schreibens von Rahel dar, was lange Zeit nicht erkannt wurde und für die Unvollständigkeit der meisten Editionen verantwortlich ist. Das Fehlen des Tagebuchs wie der Briefwechsel mit Freundinnen und Familie, die eine große Rolle spielten, ist auf diesem Hintergrund zu sehen. Es gilt, die bisherigen Einstufungen auf der Grundlage auch der neu zu sichtenden Handschriften zu revidieren, und Rahel zwischen »Unmittelbarkeit« und Stilisierung neu zu verorten. Zu Recht hat Thomann Tewarson in Bezug auf den vorgeblichen Ignorantismus Rahels von einer »Pose« gesprochen (Thomann Tewarson, B 5: 1989, 60). Die Rede vom Gespräch ist daher auch eher metaphorisch, denn wörtlich zu nehmen; Rahel

---

78 Barbara Hahn, die mit ihren Arbeiten viel zur Wiederentdeckung Rahels beigetragen hat, kleidete den lange Zeit unklaren Status in die Formel von der »Schriftstellerin ohne Werk«, um damit ihre Stellung in einem Zwischenraum der Literatur zu bezeichnen. Seit Kemps Ausgaben sei sie allerdings »als Autorin in allen Facetten ihres Schreibens sichtbar« (Hahn, B 5: 1990, 36).

selbst »verlangte, daß ein Brief nicht ein Gespräch, sondern lediglich *ein Porträt* von einem Gespräch darstellen solle« (ebd., 47).

Sind auf der Positivliste der Funktion dieses ungeheuren Briefwerks (Selbst-)Verständigung, Weiterbildung, pädagogische Projekte zu verzeichnen, eine Fülle von Aufgaben, die in ihrer Gesamtheit das Leben zum Kunstwerk geraten lassen, ja, die eigene Person im Grunde erst selbst erzeugen, so hat Mattenklott die Spuren des Mangels in ihnen unterstrichen, welche Rahel selbst zutiefst bewusst waren. Dass der Brief angesichts einer verweigerten »Praxis des selbständigen Handelns« zum »imaginären Aktionsort« (Mattenklott, B 5: 1985, 127), also zum Handlungsersatz geraten musste, war ihr klar. Über ihre gesellschaftliche Randexistenz als Jüdin und als kluge, autonom lebende Frau hat sie sich nie Illusionen hingegeben. Insbesondere im Briefwechsel mit ihrer gesellschaftlich geächteten Freundin Pauline Wiesel kommt dies Wissen zur Sprache.

Liegt für Rahel der glückliche Fall einer rekonstruierbaren Autorposition vor, so gilt dies für eine Reihe von anderen Selbstzeugnissen der Romantikerinnen keineswegs. Am Beispiel der Salondame Henriette Herz hat Seibert die Editionsgeschichte ihrer *Erinnerungen* nachvollzogen und nach »Textinterventionen« der ausschließlich männlichen Herausgeber gefragt. Die verschiedenen Ausgaben seit 1850 wiesen so gravierende Divergenzen auf, dass »dem Leser [...] Zweifel an der Identität des erzählenden Ich kommen müssen« (Seibert, B 5: 1989, 38). Seibert gelangt zu dem Fazit, dass die Herausgeber in »Paratexten« und direkten Eingriffen das Fragment ihren jeweiligen Interessen untergeordnet haben: Entweder wird versucht, es als lediglich protokolliertes »Gespräch« in der mündlichen Sphäre der Salonkultur zu verorten, oder ein Autorstatus wird durch das Verleugnen der Eingriffe fingiert. In jedem Fall handle es sich um problematische Verfahren der Vereinnahmung eines Werkes, statt dieses im Rekurs auf die Handschrift für sich sprechen zu lassen. Seibert spricht damit zentrale Probleme der Überlieferung an, die im Kontext der Koordinaten von Mündlichkeit–Schriftlichkeit, geselliges Werk vs Autorschaft immer noch viele Fragen aufwirft, welche nur im getreuen Rückbezug auf die Handschriften beantwortet werden sollten. Den Grund für das Abbrechen der Autobiographie sieht Seibert übrigens darin, dass sich Henriette Herz an bereits geschichtlich überholten Vorbildern orientiert habe. Darin liegt ein erheblicher Unterschied zu Rahel.

Erst Bettine von Arnim durchbricht nicht nur selbstbewusst die Trennung von Autorschaft und Briefschreiben, sondern mehr noch, sie macht sich zur Autorin gerade durch ihre Briefbücher: *Goethes Briefwechsel mit einem Kinde. Seinem Denkmal* (1835), *Die Günderode* (1840) und *Clemens Brentanos Frühlingskranz. Aus Jugendbriefen ihm geflochten, wie er selbst schriftlich verlangte* (1844) – »eine Art Autobiographie, die den Forschern völlig entgangen ist«, entdeckte Goodman (B 3: 1985, 295) in diesen Briefsammlungen, für die gerne auch die Kategorie des Briefromans in Anschlag gebracht wird. Hahn akzentuiert den Bruch, den diese späte, aber höchst selbstbewusste Autorschaft für die Geschichte des Briefwechsels bedeutet hat: Bettine habe nicht mehr den Part der Leserin von Autorenbriefen gespielt, hinter denen die eigenen Briefe bescheiden verschwunden seien, sondern habe sich in den Briefwechsel eingeschrieben. Im »Briefroman« um Goethe sind die Briefe Bettines an seine Mutter enthalten, die an Goethe gerichteten und dessen Antwortbriefe, schließlich ein als Tagebuch vorgestellter Hymnus an Goethe. Ein erheblicher Teil, etwa ein Drittel, kann als freie Erfindung betrachtet werden; und auch die authentischen Briefe wurden stilistischer Überarbeitung unterzogen. Das Günderode-Buch enthält neben den authentischen Briefen ebenfalls fiktionale Überarbeitungen, Tagebuchsequenzen und Erinnerungen. »Es ist der erste gedruckte Briefwechsel zwischen zwei Frauen in der deutschen Literatur« (Hahn, B 3: 1988, 21).

Der *Frühlingskranz* ist eine Briefsammlung, die zu gleichen Teilen Briefe Clemens Brentanos und Bettines enthält. Auch diese sind überarbeitet, frei erdichtete Briefe fehlen aber (vgl. KNLL 1, B 5: 1988, 727).

Alle drei Briefwechsel sind überarbeitet bis hin zur Fiktionalisierung, und dennoch geben sie ein »authentisches« Bild der Autorin, wenngleich nicht im konventionellen Sinne. Ihr Leben hat Bettine von den ersten bewussten Anfängen an selbst zum »Gesamtkunstwerk« gestaltet. Mattenklott verweist auf ihre Mignon-Nachahmung (Mattenklott, B 5: 1985, 128), und als Goethes Geliebte und Muse hat sie sich im Briefwechsel imaginiert. Die Versuche Clemens', die Schwester zu seinem »schönsten Lied« zu gestalten, mit Lektüreempfehlungen, der Aufforderung, zu schreiben – vor allem Kindheitserinnerungen soll sie aufschreiben – überhöhen Bettine zum göttlichen Kind, als das sie sich selbst in einer trostlos erwachsen gewordenen Welt empfand. Phantastische Übersteigerung war insofern nicht in erster Linie literarisches Kalkül, sondern Lebensmaxime. Aus dieser selbstschöpferischen Kraft heraus konnte ihr auch scheinbar mühelos gelingen, was für Rahel und andere noch so problematisch war: die Selbsteinsetzung als Autorin. Ein »Doppelleben« hat sie nicht geführt; ihre Selbstdarstellung nimmt sich wie eine Realisierung des romantischen Programms der aufgehobenen Trennungen zwischen Denken und Empfinden, Leben und Schreiben aus. Allerdings sind auch hier Zweifel angebracht: Wo Rahel explizit von ihrem Unvermögen, sich »selber auszuglätten« spricht, ist die Selbstinszenierung Bettines tatsächlich zu glatt. Die erst postum erschienenen Ehebriefe mit Achim von Arnim sprechen eine andere Sprache: Die Klagen über ihre Situation und von Arnims Nachlässigkeit in Familienbelangen klingen sehr authentisch und wenig stilisiert.

Autobiographisch ist auch dieses Briefwerk in dem erweiterten Sinn einer literarisch in anderen gespiegelten Selbstreflexivität. Während aber Rahel das *Buch des Anden-*

kens als Autobiographie nicht mehr autorisieren konnte (vgl. Hahn, B 5: 1990, 28) – obgleich sie es als solche geschrieben hatte –, weist Bettines Briefromanwerk wesentliche Aspekte autobiographischen Schreibens auf: So ist zwischen Erleben und Niederschrift ein größerer zeitlicher Abstand zu verzeichnen. Und Bettine behält in gewisser Weise sogar den diachronen Aspekt, also das Entwicklungsmoment eigentlicher Autobiographik bei, wenn sie die Idealpartner einer »ex-zentrisch« verlaufenden Selbstgenese in zeitlicher Folge, in Umkehrung der Erscheinungsfolge, porträtiert.[79] Die Briefautobiographie ist dieser Exzentrizität adäquater als die »echte« Autobiographik, insofern sie mehrere Zentren aufweist, zwischen denen sich erst Identität kommunikativ herstellt. Die einsinnige Lebensgeschichte hingegen würde zu einer »Ausglättung« führen, die den Erfahrungen der Frauen dieser Zeit kaum entspricht.

Allmählich aber verändern sich die Rahmenbedingungen für das autobiographische Schreiben. Kay Goodman sieht im frühen 19. Jahrhundert erst die Übernahme des echten Autobiographie-Typus durch Frauen und begründet dies durch deren zunehmend öffentliche Positionen (Goodman, B 3: 1985, 296). Von den innovativen Formen selbstbezüglichen Schreibens wie den beschriebenen entwickelt sich die Tendenz also hin zum Einschwenken auf das männliche Muster – mit der Gefahr einer Begradigung von Konfliktlinien im Rahmen eines teleologischen Lebensplans, wie sie ja auch bei männlichen Autobiographen anzutreffen ist.

George Sands *Histoire de ma vie* (1854–55) führt Goodman als Beispiel für eine solche »Vermännlichungstendenz« an. Mir scheint hier eher das Forschungsdiktat intimisierter Authentizität am Werk, wenn Goodman moniert, dass wir über das Liebesleben der Autorin wenig erfahren (Goodman, B 3: 1985, 296) – wir erfahren aber die Geschichte der

---

79 Vgl. auch Ockenfuß, B 5: 1992, zu den Briefromanen und zur Zielgerichtetheit der Ich-Suche; von einer teleologischen Konzeption Bettines auszugehen halte ich allerdings für problematisch.

versuchten Zähmung einer Widerspenstigen bis hin zur
Konvenienzehe, also den zentralen Konfliktpunkt noch der
Autorin George Sand. Ihre Lebensgeschichte hatte durch-
schlagenden Erfolg nicht nur bei Leserinnen.

Fanny Lewald, eine der produktivsten Berufsschriftstel-
lerinnen des 19. Jahrhunderts mit über dreißig Romanen,
kannte diese Autobiographie einer Befreiung; sie selbst betonte allerdings gegenüber dem Vergleich ihrer Zeitgenossen mehr die Unterschiede. Ausdrücklich rückt sie gegen
die energische Selbstfindung Sands ein anderes Vorbild in
den Vordergrund: Das *Buch des Andenkens* wird für sie
»eine Offenbarung und eine Erlösung« (Lewald, B 1: 1980,
175), sieht sie doch bei Rahel eine Seelenverwandtschaft, die
George Sand ihr nicht bieten konnte. Nicht die Stringenz
des Sandschen Lebenswegs, sondern die Brüche, Kränkun-
gen und Liebesschmerzen Rahels, deren »Drang nach freier
Entwicklung« (ebd., 177) sind für sie wichtige Identifika-
tionselemente.

Fanny Lewalds *Meine Lebensgeschichte* (1861–62) ist die
Geschichte einer Emanzipation aus dem jüdischen Milieu
mit seinen klaren Rollenvorgaben und der gesellschaftlichen Beschränktheit eines weiblichen »Kleinlebens« (ebd.,
103). Sie steht mit diesen programmatischen Aufzeichnungen für eine ganze Reihe von Schriften seit der Jahrhundert-
mitte, in denen Frauen ihren Kampf um Unabhängigkeit
beschreiben: Louise Aston (1847), Malwida von Meysenbug
(1869–76), Helene Lange (1920), Gabriele Reuter (1921),
Franziska Tiburtius (1925; vgl. zu dieser ersten Berliner
Ärztin Lange, B 3: 1995). Zentrale Punkte, die auch in den
»Tendenzschriften« der ersten Frauenbewegung auftauch-
ten, waren die Selbstbestimmung der Frau, das Recht auf
einen Beruf und die Bekämpfung der Konvenienzehe. Lewald integriert diese Forderungen in die schwierige Bildungsgeschichte einer jungen Frau aus jüdischem Hause.
Der Vater ist ein aufgeklärter gebildeter Mann, die Er-

ziehung ist zwar liebevoll, aber dennoch streng patriarchalisch. Die Mutter verhält sich völlig ambivalent: Sie sucht
ihre Tochter vor dem Schicksal des gelehrten Frauenzim-
mers zu bewahren und zwingt sie zu verhassten häuslichen
Beschäftigungen, die sie mit Neid gegen die Brüder erfüllen,
welche auf das Gymnasium gehen. Auf der anderen Seite
aber ist sie stolz auf die Begabung der Tochter. Die Beschränktheit des weiblichen Wirkungskreises ist ein ganz
zentrales Element von Lewalds Kritik an der Töchtererzie-
hung: Leere Gewohnheiten, der erzwungene geistige Mü-
ßiggang und daraus resultierende Langeweile sind die Folgen des Eingeschlossenseins im Haus. In den Lebensbericht
fließen verallgemeinernde Ratschläge mit klarer didakti-
scher Tendenz ein, die auf eine Aufhebung solcher Miss-
stände zielen. Mit fünfundzwanzig soll Fanny an einen As-
sessor verheiratet werden, wogegen sie sich mit aller Macht
erfolgreich wehrt. Ihre Empörung richtet sich konkret gegen die väterliche Gewalt und in einem weiteren Sinne dagegen, dass Frauen wie Waren auf dem Heiratsmarkt feilge-
boten werden (Lewald, *Meine Lebensgeschichte*, B 1: 1980,
135). Das Beispiel einer unglücklich verheirateten Tante
wirkt abschreckend genug. Diese selbst bestärkt sie in ihrer
Abneigung, indem sie den Ehekontrakt mit einem Todesur-
teil vergleicht (ebd. 94). Weibliche Vorbilder gibt es in diesem Milieu fürsorglicher Repression nicht; wie ein Gerücht
erscheint der Wissbegierigen, dass es in Bologna eine Pro-
fessorin geben soll. In ihrer Selbstausbildung bleibt sie auf
sich angewiesen, auf Beobachtung und Schlussfolgerungen
aus ihrer häuslichen Umgebung. Diese verlässt sie erstmals,
als ihr Vater sie auf eine Geschäftsreise mitnimmt. Obwohl
dies mit dem Hintergedanken einer Verheiratung verbunden war, ist die junge Frau von allem entzückt: »Ich hatte
zum ersten Male im Leben ein Zimmer für mich ganz allein
[...]« (ebd., 133), sie genießt in Schinkels Berliner Bauten,
den Museen und Theatern »die Seelenbefreiung [...] durch

die Betrachtung des Schönen« (ebd., 136). Die Reise wird
zur »Offenbarung« (ebd.) für ihr weiteres Leben. Zunächst
stehen aber »Leidensjahre« bevor, mit einer unglücklichen
Liebesgeschichte und allgemeiner Richtungslosigkeit. Doch
allmählich sieht sie den Weg zum Schreiben für sich klarer
und setzt gegen alle Widerstände durch, dass sie allein leben
und Schriftstellerin werden kann. Auch sie veröffentlicht
ihre Romane aber zunächst anonym. Sie lernt andere selbständige Frauen kennen, »weibliche Bühnenkünstlerinnen«
etwa, die ihr »das Bild einer Unabhängigkeit und persönlichen Bedeutung« (ebd., 181) vorführen. Der 70-jährigen
Henriette Herz begegnet sie ebenfalls noch.

Die Autobiographie ist insofern »linear«, wie Niethammer (B 3: 1996, 284) urteilt, als sie den Ruf nach Emanzipation mit der letztendlich erlangten Berufstätigkeit verbindet. Ohne eigenen Erwerb, so Lewalds Überzeugung, ist
der Ausschluss von Frauen aus der Öffentlichkeit nicht zu
überwinden. Die Ausdehnung des eigenen Wirkungskreises
wird räumlich unterstrichen: Die Lebensgeschichte endet
mit einer Italienreise. Doch die Kämpfe und Anstrengungen, die Selbstzweifel und Selbsttäuschungen werden so
plastisch ausgemalt, dass diese »Linearität« nicht gleichzusetzen ist mit der bruchlosen Darstellung einer Ausnahme-
position.[80]

Ähnliches lässt sich trotz Idealisierungstendenzen auch
für die *Memoiren einer Idealistin* (1869) von Malwida von
Meysenbug sagen. Der Wissensdrang als Makel, die Er-
kämpfung einer autonomen Position von früh an, die Entfremdung von der Familie bis zum Bruch, eine Liebesbeziehung gegen den familiären Widerstand – in vielem sind Parallelen zu Lewald erkennbar. Meysenbug akzentuiert aber
deutlicher ihr »Verbrechen« (Meysenbug, B 1: 1985, 109),

---

80 Niethammer hat aus ihrem spannenden Vergleich zwischen Julie Burows
   Autobiographie und derjenigen Lewalds das Resümee gezogen, in ersterer
   erfahre man aufgrund ihrer Widersprüche mehr über das Leben bürgerlicher Frauen als bei Lewald (Niethammer, B 3: 1996, 284).

gerade im Widerstand zur Individualität gereift zu sein. Der offene Kampf gegen die Welt, in der sie erzogen war, ist ihr notwendig, um zu sich selbst zu kommen. Schilderungen der Ereignisse von 1848 und aus der Zeit der Hamburger Frauenhochschule, die 1850 gegründet wurde, um Frauen eine bessere Bildung zu vermitteln, gehören zu den spannendsten Partien der *Memoiren*. Stationen als Mitglied der Hochschule, als Hauslehrerin in England nach ihrer Emigration, die Begegnung mit einem italienischen Freiheitskämpfer gestalten diese Entwicklungsgeschichte einer Aristokratin und Sozialistin gleichzeitig zu einem sehr anschaulichen Bild der Zeit.

Einige Bemerkungen zu Marie von Ebner-Eschenbachs *Meine Kinderjahre* (1905) sollen die Reihe dieser Emanzipationsberichte abschließen (vgl. dazu Becker, B 5: 1996). Sie hat Lewald und Gabriele Reuter gelesen, und nimmt teil am Diskurs über Frauenemanzipation. Anders aber als bei den vorerwähnten Autobiographinnen entsteht hier weniger eine didaktisch-politische »Tendenzautobiographie« als vielmehr das psychologisch untermalte Porträt einer »Abweichung«. Per Geschlecht ist das Kind, dessen Mutter früh gestorben ist und das in der Folge von meist unfähigen Gouvernanten mehr dressiert als erzogen wird, zur »Strickkunst« bestimmt. Was humoristisch eingefärbt und mit distanzierendem Kommentar versehen wird, lässt dennoch den Dressurakt und die Unterwerfung erkennen. So verhält es sich bei fast allen Szenen einer kindlichen Selbstbehauptung, in denen mehrperspektivisch das Eingreifen jeweils höherer Mächte, wie der Großmutter, Eigenes vereitelt. Der frühe Wunsch, Schriftstellerin zu werden, führt zu heftigsten Reaktionen – die Strenge der Großmutter ist der Schriftstellerin »bis zum heutigen Tage unerklärlich« (Ebner-Eschenbach, B 1: 1989, 60 f.). Unerklärt bleibt vieles in dieser Kindheitsgeschichte; schmerzliche Entscheidungen werden den Kindern nicht auseinandergesetzt, über manches wird der Stab gebrochen, weil es von der

Norm abweicht. Grandiositätsvorstellungen entstehen auf dem gleichen Hintergrund wie die dichterischen Versuche, ja beides ist eng miteinander verwoben. Das Phantasieleben kann als Bestreben gedeutet werden, eine unverstandene, inakzeptable Wirklichkeit umzudeuten zu einer selbst beherrschten. Die sich erinnernde berühmte Schriftstellerin beendet ihre Autobiographie mit einer Initiationsszene: Das Mädchen katalogisiert die Bibliothek der Großmutter und gibt sich dort wahren Leseorgien hin. Eine Depression erfasst sie, als sie sich eingestehen muss, dass sie nicht zu einem Lessing heranwachsen wird. Ihre »Umfriedung« als Mädchen wird in diesen Kontext gestellt: »Ich war ja nur ein Mädchen. Was gehört sich alles nicht für ein Mädchen! Himmelhoch türmten sich die Mauern vor mir empor, zwischen denen mein Dichten und Trachten sich zu bewegen hatte – die Mauern, die mich – umfriedeten.« (Ebd., 114) In dieser Ambivalenz verharrt der eigentliche Schluss: Das Autodafé, das sie an ihrem ersten Drama veranstaltet, bleibt nicht das letzte Wort, sondern die grandiose Zuversicht, die ein mögliches Misslingen nicht in Erwägung ziehen will.

Mit Fontane und Ebner-Eschenbach sind zwei Positionen autobiographischen Schreibens um die Jahrhundertwende bezeichnet, die sich nicht zufällig schon im Titel gleichen. Experimentell können beide nicht genannt werden. Ihre innovativen Elemente sind auf den ersten Blick sogar eher unauffällig. Skizzenhaft, in kleinen Anekdoten und motivischen Wiederholungen entsteht die Atmosphäre einer Kindheit, weniger deren Chronologie. An die Stelle linearen Erzählens setzen beide szenische Erzählformen. Perspektivenwechsel und Variationen zersplittern den nicht mehr homogen zu denkenden Text in ein Mosaik. Das Anekdotische bei Fontane, die Wiederholung bei Ebner-Eschenbach setzen das Regulativ eines einheitlich organisierten Textkörpers außer Kraft. Die »biographische Skizze« einerseits, die fiktionale Überformung andererseits antizipieren Elemente künftiger literarischer Praxis. Der Grundton einer Lebenserzählung, nicht die Ereignisgeschichte, wird in den ästhetisch bestimmenden Beispielen der Autobiographik des 20. Jahrhunderts zum vorherrschenden Gestaltungsmoment.

7. Ausdifferenzierungen der Autobiographik im 20. Jahrhundert

Lehmanns Modell einer Abfolge von je gattungsgeschichtlich dominierenden Typen im 19. Jahrhundert kann an den voraufgegangenen Beispielen nicht belegt werden. Vielmehr sind Bekennen-Erzählen-Berichten strukturelle Variationen, die – natürlich mit den entsprechenden zeittypischen Modifikationen – in der modernen Autobiographik nebeneinander auftreten. Sogar die confessio, das Bekenntnis, wirkt im 20. Jahrhundert weiter. Als eine Folge der Strindbergrezeption, wie Hoffmann ausführt, findet sie sich bei Peter Rosegger *Mein Weltleben oder wie es dem Waldbauernbuben bei den Stadtleuten erging* (1898), Wanda von Sacher-Masoch *Meine Lebensbeichte* (1906) und noch in der Kuriositäten-Sammlung von Szittya (1923). Allerdings gerät sie unter starken Beschuss, was im »Zusammenhang mit zeittypischen Tendenzen zur Entpsychologisierung, zur Abstraktion und Typologisierung« (Hoffmann, B 4: 1989, 502) zu sehen sei. Bis in die jüngere Zeit hat sich dieser Typus – über die Phase der »Beichtliteratur« von Außenseiterexistenzen in den 20er-Jahren hinaus – erhalten: In den 70er-Jahren erschien eine ganze Reihe von »Konfessionen«, die zum Teil soziologisierend oder psychologisierend die eigene kriminelle Karriere zu rechtfertigen suchten: Heine Schoofs *Erklärung* (1971), Michael Holzners *Treibjagd. Die Geschichte des Benjamin Holberg* (1978) und Jacques Mesrines' *Der Todestrieb. Lebensbericht eines Staatsfeindes* (dt. 1980).

Eine starke gattungsgeschichtliche Vereinfachung stellt auch die häufige Gegenüberstellung der Dominanz stofflich orientierter Memoiren im 19. Jahrhundert mit der angeblich fragwürdig gewordenen Großform Autobiographie im 20. Jahrhundert dar. Beides betrifft nur jeweils eine Tendenz von mehreren. Die reiche Memoirenliteratur des vorigen Jahrhunderts von Ernst Moritz Arndt (1840), Wilhelm von Kügelgen (1870) bis hin zu Bismarck (1898) setzt sich in der »Memoirenautobiographie« (Hoffmann, B 4: 1989, 488)[81] eines Dahn (1890–95), Heyse (1900) u. a. fort, in der »an der Monumentalisierung und Heroisierung des Subjekts mit biographischen Mitteln gearbeitet wird, indem dieses als Schnittpunkt bedeutender Zeitereignisse und berühmter Mitlebenden dargestellt wird« (ebd.). Die Infragestellung des Autobiographischen andererseits begegnet nur als eine Tendenz unter vielen, wie im folgenden gezeigt wird.

Eher als von einer globalen Ablehnung ist von einer Auffächerung oder gar Zersplitterung des Autobiographischen und von wesentlichen Gattungsverschiebungen auszugehen. Partikularisierung und Distanzierung haben mit den verstörenden Erfahrungen der ersten beiden Jahrzehnte nach 1900 zu tun, gipfelnd in den Materialschlachten des Ersten Weltkriegs, die ein souveränes Ich vollends als geistesgeschichtlichen Anachronismus erscheinen lassen. Gerade die Generation der kriegsteilnehmenden Expressionisten hat denn auch die Autobiographie oft vehement abgelehnt. Ernst Jünger hingegen macht in seinem Kriegstagebuch *In Stahlgewittern. Aus dem Tagebuch eines Stoßtruppführers* (1920) den Versuch einer Umwertung der

81 Im Grunde handelt es sich dabei um einen reinen Memoirentypus, wie ihn Neumann definiert hat. Hoffmann macht mit seinem Neologismus jedoch darauf aufmerksam, dass es allerdings doch um das Subjekt – wenngleich in einer eher abstrakten Form – geht, in Gegenstellung zur Abwertung des Subjektiven in den »echten« Memoiren.

Werte, der rauschhaften Selbstvergewisserung in größter Todesnähe.[82]

Um die Jahrhundertwende hatte bereits als eine Art Bündelung des Subjektdiskurses die theoretische Auseinandersetzung mit der Autobiographie eingesetzt. Nicht nur die Autobiographietheorie entstand mit Diltheys und Mischs Ansätzen, sondern auch die Autobiographen selbst beschäftigten sich nun subjekttheoretisch und ästhetisch mit ihrem Gegenstand. Die Beschränkung auf gattungsinterne Topoi der Rechtfertigung, Bescheidenheit weicht der ausführlichen Reflexion ästhetischer Positionierung im Geflecht der Gattungen einerseits (speziell gegenüber der Biographie) und im Traditionszusammenhang andererseits (in Abgrenzung von *Dichtung und Wahrheit*). Von der Vorstellung einer »Naturform« kommt man endgültig ab, hat doch die Praxis erwiesen, dass die Autobiographie literarisches und fiktionales Potential zu integrieren vermag, ohne dass dies die Gattungsgrenzen sprengt. Gleichzeitig wird durch das Entstehen der Autobiographietheorie die Gattung poetologisch in den Kanon der Dichtungsformen aufgenommen – auch wenn dies eine eher beiläufige Nobilitierung war.

Epochale Einschnitte, dies wurde oben schon am Beispiel Fontanes und Ebner-Eschenbachs gezeigt, sind nicht festzustellen, aber das Variieren und Modifizieren autobiographischer Schreibweisen kann zu durchaus innovativen Formen führen. Systematisch vorgreifend können bereits in den Anfängen des 20. Jahrhunderts als weiterreichende Haupttendenzen ausgemacht werden: 1. Die Fiktionalisierung des Autobiographischen, 2. Trivialisierung durch Nachahmung historisch abgelebter Formen, 3. Skeptische Distanzierung bis hin zur Ablehnung.

---

82 Die Kriegstagebücher verweisen immer wieder auf die dionysische Erfahrung, den Rausch, den der Anti-Liberalist Jünger in seiner Zeit vermisst. Diese Bejahung der »Wollust des Blutes«, des Kampferlebnisses als »auf die Spitze getriebenes Mannestum« hat den Goethe-Preisträger (!) bis heute zu einem der umstrittensten Autoren gemacht.

Vielfältigste Ausdifferenzierungen durch den Einfluss der Psychoanalyse (Freuds *Traumdeutung* mit eigenem Selbsterfahrungsmaterial erscheint 1900), sprachinnovatorische Lösungsversuche für die so genannte Sprachkrise (die der *Chandos*-Brief Hofmannsthals poetisch formuliert hat), Formveränderungen hin zur Entstehung von Mischformen und insbesondere die Hinwendung zum autobiographischen Roman als erneuerter autobiographischer Großform sind Bedingung und Grundlage der Öffnung hin zur Fiktion.

So ist etwa die Beschränkung auf eine bestimmte Phase, meist Kindheit und Jugend, Ansatzpunkt für eine nun mit den neuesten Errungenschaften der Psychoanalyse vorgenommenen Tiefendurchdringung – eine der bestimmenden Tendenzen des Jahrhunderts, in der sich die von Moritz begonnene Tradition der psychologischen Selbsterfassung fortsetzt, etwa bei Peter Weiss und bis hin zu Georges-Arthur Goldschmidt. Ist in Kindheits- und Jugendautobiographie immer noch das Ich autobiographisches Objekt, so wird in Reisetagebüchern der Zeit der Anspruch erhoben, ebenso gültige Selbstauskunft zu geben. Hermann Graf Keyserling hat diesen Wechsel der autobiographischen Referenz programmatisch formuliert: »Der kürzeste Weg zu sich selbst führt um die Welt herum« (*Reisetagebuch eines Philosophen*, 1919). Das Fragment wird von der zufälligen, abgebrochenen Form zur intendierten. Die autobiographische Skizze und die Kleinform ersetzen die Großform, wobei deren Anspruch gelegentlich beibehalten wird: Im Splitter soll sich durchaus das ganze Leben spiegeln, wenngleich nur in seinen bedeutendsten Facetten. Auf der stilistischen Ebene wirkt der Impressionismus fort; Begriffe aus der bildenden Kunst bestimmen denn auch nicht immer in vorteilhafter Weise den Diskurs über das »Selbstporträt« als Pasticcio oder als bloße Skizze. Wirksam ist in all diesen Einzelmomenten einer Gattungsveränderung die Abkehr von der Zweckform und die Ankoppelung des au-

tobiographischen Stoffes an die literarische Entwicklung bis
hin zur Fiktionalisierung. Hoffmann nennt eine Reihe von
Versuchen, nach 1910 zu einer »Objektivierung« der Autobiographie zu gelangen, die keineswegs alle auf der gleichen
Ebene anzusiedeln sind. Gemeinsam haben die »autobiographischen Großtexte« (Hoffmann, B 4: 1989, 502) von
Karl May, *Mein Leben und Streben. Selbstbiographie von
Karl May* (1910), Max Dauthendey, *Der Geist meines Vaters. Aufzeichnungen aus einem begrabenen Jahrhundert*
(1912), und Else Lasker-Schüler, *Mein Herz. Ein Liebesro-
man mit Bildern und wirklich lebenden Menschen* (1912),
dass das Autobiographische »Teil des dichterischen Werks«
(ebd.) wird. Zwischen Mays romantisch verklärender, fast
religiöser Apologie des eigenen Lebenswegs als Verteidigung gegen seine unbarmherzigen Kritiker und Lasker-
Schülers Poetisierung der eigenen Existenz liegen freilich
Welten.

Neben den Tendenzen innovativer Fortführung gibt es
eine Traditionsanbindung, die erstaunlich weit in das Jahrhundert hineinwirkt: Carossas Werk ist ein Beispiel dafür,
wie das goethesche Muster in seiner reduziertesten Form
weiterhin Aufnahme findet. In den 50er-Jahren kann sogar
von seiner Renaissance auf breiter Basis gesprochen werden – ein Phänomen, das Müller-Seidel (B 4: 1951) mit den
Erschütterungen des Zweiten Weltkriegs erklärt hat. Eine
Tendenz, bei der es sich nicht nur um den Anachronismus
eines Einzelfalles handelt, sondern um eine durchgängige
Linie der Trivialisierung, welche sich als Rezeptionskon-
stante in der Geschichte der Autobiographik findet. Das
Spektrum reicht dabei von der Autobiographie mit Kunst-
anspruch bis hin zu den zahlreichen »Lebensgeschichten«
in verschiedenen Medien, welche auf »Verständigung« zielen. Die Beliebtheit der Trivialform hatte Lehmann bereits
für die Mitte des letzten Jahrhunderts belegt, Hoffmann
verweist auf die großen Reihen der Jahrhundertwende wie
die Memoiren-Bibliothek (Hoffmann, B 4: 1989, 484), und

noch heute dürfte dies die Form sein, die die meisten Leserinnen und Leser findet.

Ein stark abwehrendes Moment findet sich in den Auseinandersetzungen der Autobiographen mit den Möglichkeiten autobiographischen Schreibens sehr häufig, hat sich die Neupositionierung doch nicht unwesentlich in der Abgrenzung von den überkommenen Mustern vollzogen. Hoffmann spricht in diesem Sinne von den »Selbstdefinitionen durch Negation in den autobiographischen Metatexten« (ebd., 489) der Zeit. Die konstruktive Variante dieser Absetzung reicht von Formironie – deren vollendeter Ausdruck Thomas Manns *Felix Krull* ist – bis hin zu Erneuerungsversuchen, die »destruktive« Variante sieht die Autobiographie als überlebte Form, die abzulehnen ist. Einen Querschnitt solch skeptischer Einsprüche geben die Kurzbiographien, die der expressionistischen Sammlung *Menschheitsdämmerung* (1919) angefügt waren.

Ein erschöpfender Überblick kann hier aufgrund der Vielzahl autobiographischer Schriften im genannten Zeitraum nicht gegeben werden. Für die einzelnen Tendenzen wird stattdessen eine exemplarische Auswahl getroffen, die den kursorischen Abriss ergänzen soll.

Fiktionalisierung am Beispiel des autobiographischen Romans

Die Wiederbelebung des autobiographischen Romans stellt nach Hoffmann eine der herausragenden Tendenzen nach 1900 dar.[83] Die »Verunklarung des autobiographischen Lektürepakts« sowie die »semantischen Homologien mit der

---

83 Meines Erachtens bleibt sie die herausragende Linie autobiographischer Entwicklung während des ganzen Jahrhunderts; insbesondere in deren zweiter Hälfte sind die herausragendsten autobiographischen Werke autobiographische Romane (oder Erzählungen), vgl. zu dieser These Holdenried, B 2: 1991.

Romanliteratur« (Hoffmann, B 4: 1989, 506) sind die Strategien einer romannahen Autobiographik. Eine starke Abweichung vom Normschema ist die Folge, etwa wenn der
eigene Tod mit einbezogen wird, räumliche statt tempo-
raler Gliederungskoordinaten vorherrschen, der Weg des
Ich »nach romanhaften Schemata gestaltet« wird. Zu letzteren zählen »Aufstieg oder Weg nach innen, Berufungs-
erlebnis, wunderbare geheime Führung, aber auch komö-
dienhafte Zufälle, plötzliche Wenden« (ebd., 507). Würde
man allerdings nach einer prototypischen Verwirklichung
suchen, so zeigte sich rasch, dass die deutschsprachige Autobiographik im Vergleich mit der anderer Literaturen hier
nur Ansätze bietet, keine wirklich innovativen Lösungs-
vorschläge. Franziska von Reventlows erster autobiographischer Roman *Ellen Olestjerne* (1903) etwa schildert die
Kindheit und »bedrängte« Jugend der Autorin (Reventlow,
B 1: 1980, 67), die Orientierung an Leitfiguren wie Ibsen
und Nietzsche und ihr gesellschaftliches Ausbrechen aus
den besseren Kreisen in die Münchner Boheme. Sie zeigt
dort in leicht verschlüsselter Form, wie Brinker-Gabler
(B 2: 1996, 393) schreibt, ein problematisches Selbst bis hin
zur Empfindung der Nicht-Existenz. Lesbar wird die Geschichte als »Beispiel für die komplexe Problematik weiblicher Emanzipation« (Gnüg, B 4: 1985, 262) insbesondere
in erotischer Hinsicht, wobei Reventlow zwar nicht ver-
säumt, die Kehrseite der bohemehaften Existenz vorzu-
führen, sie andererseits aber einen recht seltsamen Emanzi-
pationsentwurf vorlegt, in dem die Frau als Luxusobjekt
ihre Berechtigung findet. Das Ausbrechen aus der Norm
aristokratischer (oder auch bürgerlicher) Lebensentwürfe
wird in Reventlows Debüt romanhaft gestaltet, weil insbesondere die Dimension rauschhaften erotischen Erle-
bens wohl zu skandalträchtig war, um ungefiltert wiedergegeben zu werden. Die romaneske Überformung ist hier
lediglich Verschlüsselung, nicht aber ästhetische Neupositionierung.

Die romannahe Autobiographik der Zeit nach der Jahrhundertwende erreicht in keinem Fall das Niveau derjenigen autobiographischen Romanwerke, welche das Jahrhundert prägen: An erster Stelle ist hier natürlich Prousts Monumentalwerk *Auf der Suche nach der verlorenen Zeit* (1913–27) zu nennen. Joyce' *A Portrait of the Artist as a Young Man* (1914–15 in einer Zeitschrift, 1916 in Buchform veröffentlicht), sowie der durch Vermittlung von Joyce veröffentlichte Roman *Zeno Cosini* von Italo Svevo (1923) sind weitere wegweisende Autobiographieprojekte. Die Antworten, welche hier auf die Krisenerfahrung des modernen Subjekts gegeben werden, gehen weit über die Sphäre bloßer romanesker Verschlüsselung des individuellen Erlebniskreises hinaus. Als Großprojekte loten diese Werke die möglichen Dimensionen moderner Erfahrung auf dem Hintergrund des Wissens ihrer Zeit aufs genaueste aus; im deutschsprachigen Raum leistet Vergleichbares nur die Fiktion, etwa Musils *Mann ohne Eigenschaften* (oder auch der *Zauberberg* Thomas Manns) und – das monumentale Tagebuchwerk. Hier hat eine funktionale Verschiebung stattgefunden, durch welche das Tagebuch als Selbstbefragungsinstanz wichtige Aufgaben der eigentlichen Autobiographie übernommen hat.

Zeno Cosini darf hingegen in eine Reihe mit jenen Werken gestellt werden, welche auf völlig neuartige Weise, aber auf dem Terrain der Autobiographie selbst, mit dem Problem einer infragegestellten Identität umgehen. Svevos Roman gibt sich als Lebensbericht eines Triestiner Privatiers, den dieser nach Aufforderung durch seinen Analytiker verfertigt. Er verkörpert in seiner Passivität das Pendant zu Musils *Mann ohne Eigenschaften*, und von ferne erinnert er an Vischers *Auch Einer*. Auch ihm missglückt ständig vieles, und dennoch lebt er ein ganz behagliches, in die Imagination eingesponnenes Leben, mit Problemen, die sich als Scheinprobleme enthüllen. Seine Ehe ist glücklich, obwohl sie auf einem Fehlgriff beruht, er hat eine Geliebte, pflegt

seine eingebildeten Krankheiten, greift in die Geschäfte seiner Familie ein, verursacht dadurch den Selbstmord seines
Schwagers, der ihm die geliebte Frau weggeschnappt hatte,
gerät in die Kriegswirren und gibt schließlich »die Kur«,
d. h. die Psychoanalyse auf. Die Abrechnung mit der Psychoanalyse geschieht auf genau die gleiche halb komische,
halb ernsthafte Weise, wie die Verwicklungen in das
Kriegsgeschehen geschildert werden. Man kann den Roman als spielerische Verwerfung des Erklärungsanspruchs
der Psychoanalyse, aber auch jeder anderen Selbsterklärung
sehen: »Der Arzt mißt auch meinen unglückseligen Aufzeichnungen zuviel Bedeutung bei. [...]. Ein geschriebenes
Bekenntnis ist immer verlogen.« (Svevo, *Zeno Cosini*, B 1:
1990, 536)

Zeno »gesundet«, indem er sich seinen dubiosen Geschäf-
ten widmet; die Klarheit, nach der er gesucht hat, scheint
sich ihm nun ohne weiteres herzustellen: im einfachen Ab-
lauf des Lebens, nicht in der Suche nach einem Sinn. Der
Schluss, das prophetische Bild einer zugleich erlösenden wie
vernichtenden Katastrophe, ist eine pathetische Absage an
alle Weltverbesserungsideen, die Analyse eingeschlossen:
»Jede Bemühung, uns zu heilen, ist vergeblich« (ebd., 577).

In größtmöglicher Ferne zur bloßen Verkleidung des autobiographischen Ich als gängiger Praxis findet hier ein
ästhetischer Quantensprung statt, ähnlich wie ihn das Werk
Fernando Pessoas für die portugiesische Literatur verkörpert. Italo Svevo, das ist zugleich Ettore Schmitz – und eben
Zeno Cosini, mit dem sich Svevo in ein spielerisch spiegeln-
des Verhältnis gesetzt hat. Ein biographisches Vexierspiel
auf mehreren Ebenen findet so statt: Zusammengefasst wird
das Leben aller drei in Svevos *autobiographischem Abriß*
von 1928. Diese verwirrende Multiplizität des Ich, das einen eigentlich stabilen Ich-Kern nicht mehr hat (oder anerkennt), ist das eigentliche Thema des Romans.

Skeptische Distanzierung vom Autobiographischen
und Ausweichen auf andere Formen

Die bei Svevo geleistete »Selbstanalyse« gipfelt darin, dass
jedem Lebensentwurf gefolgt werden kann, wenn er nur
aus dem Begehren gespeist wird – wie scheinbar planlos
auch immer dies geschehen mag. Die umfangreichen Tage-
buchwerke nach 1900 (Bahr, Hauptmann, Kafka, Graf
Kessler, Kornfeld, Loerke, Musil, Reventlow) stehen im
Dienst derselben Suche, aber sie sind anders als der (autobiographische) Roman aufgrund ihrer Lebenssimultaneität
nicht zur Apotheose eines vielleicht sinnlosen und dennoch
glücklichen Lebens imstande. Oder sie sind explizit, wie
das Jahrzehnte (1920–66) umfassende Tagebuchwerk Doderers (*Tangenten*, 1964, und die *Commentarii*, 1976, 1986)
von Anfang an nur auf das Werk gerichtet, dem sie »zuar-
beiten«; Doderer selbst spricht vom »Quellgrund« seiner
Gedankenwelt, aus dem erst die Form geschöpft wird.
Dennoch sind die Überlegungen Aichingers zum literarischen Tagebuch bedenkenswert, welche gerade anhand
der umfangreichen Tagebuch-Œuvres des 20. Jahrhunderts
von »einer weitgehenden Annäherung von Autobiographie
und Tagebuch« (Aichinger, B 2: 1989, 198) ausgeht. Struk-
turwandlungen des Tagebuchs einerseits (zeitliche Er-
streckung, Schwinden des Diaristischen, Ansatz einer historischen Perspektive) und der Autobiographie andererseits
(Beschränkung auf Kindheit und Jugend, Schwinden des
Rückblickcharakters, parataktischer Aufbau statt äußerer
Einheit) führen zu einer solchen vielfach beobachtbaren
Konvergenz.

Kafkas *Tagebücher* von 1910 bis 1923 (erschienen 1937)
erhellen paradigmatisch die Voraussetzungen und Möglichkeiten des Tagebuchs. Erst langsam hat sich in der Kafka-
Forschung ein umfassenderes Verständnis ihrer Funktion
durchgesetzt. Hatte sie zwar Ernst Weiss schon 1937 als
»gewaltige Selbstbekenntnisse« (zit. nach Binder, B 5: 1979,

551) erkannt, so monierte die Forschung doch vielfach ihre vermeintlichen Mängel und reduzierte sie auf den Status bloßer Notizbücher. Binder betonte dann das Offensichtliche, dass »diese Möglichkeit des Sich-Äußerns für ihn ein Mittel der Selbstbewältigung war« (ebd., 551 f.). »Ich werde das Tagebuch nicht mehr verlassen. Hier muß ich mich festhalten, denn nur hier kann ich es.« (Kafka, *Tagebücher*, B 1: 1983, 16. Dezember 1910) Das nicht zur Veröffentlichung gedachte Tagebuch ist seine Klagemauer, in ihm wird unzensiert gedacht. Die Verzweiflung über seine körperlichen Zustände, Schlaflosigkeit, die familiäre Problematik, der belastende Wunsch und die eingestandene Unfähigkeit, sein Junggesellendasein zu beenden, die Zerreißprobe zwischen der ungeliebten Arbeit im Büro und seinem nächtlichen Schreiben, ohne das er nicht leben kann, prägen weite Partien der Tagebücher. Wir erhalten Einblick in seine Schreibsituation »im Hauptquartier des Lärms« der familiären Wohnung (ebd., 5. November 1911), sein Ungenügen am eigenen Schreiben, erfahren, welche Literatur ihn besonders beschäftigt (z. B. die Goethe-Tagebücher, Briefe und Memoiren); Ansätze von Erzählungen und Hinweise auf literarische Projekte finden sich. Leben und Literatur sind für ihn derart eng verbunden, dass sie zu einem verschmelzen: »Mein Glück, meine Fähigkeiten und jede Möglichkeit, irgendwie zu nützen, liegen seit jeher im Literarischen« (ebd., 28. März 1911). Das »schreckliche Doppelleben« (ebd., 19. Februar 1911), zu dem ihn das »Bureau«, aber auch die stark belastende familiäre Situation zwingen, bildet ein durchgängiges Motiv. In dieser prekären Lage soll ihm das Tagebuch zur Selbstvergewisserung dienen. Es entwickelt sich zu einem Selbsttherapeutikum. Am 11. November 1911 beschließt er, »allmählich alles Zweifellose an mir zusammenzustellen, später das Glaubwürdige, dann das Mögliche usw.«. Die Zweifel an der eigenen literarischen Fähigkeit – die manchmal in euphorische Selbstbewunderung umschlagen können – und die Zweifel an den Möglichkeiten des Ta-

gebuchs gleichen sich anfänglich. Es scheint, als ob Kafka
sich sein »Recht zu schreiben, und sei es auch das Elendste«
(ebd., 25. Dezember 1910), erst tastend erarbeiten konnte.
Das Tagebuch ist der Ort dieser Selbstergreifung als einem
Schreibenden. Zwar bleibt die Selbstbiographie, wie Hoffmann treffend formuliert, die »Schreibutopie« (Hoffmann,
B 4: 1989, 493) – »Meinem Verlangen, eine Selbstbiographie
zu schreiben, würde ich jedenfalls in dem Augenblick, der
mich vom Bureau befreite, sofort nachkommen« (Kafka,
Tagebücher, B 1: 1983, 17. Dezember 1911) – doch ist sich
Kafka unausgesprochen im Klaren darüber, dass das Joch
des Büros nicht das eigentliche Hindernis darstellt. Das
Tagebuch wäre als ein auf Ganzheit und Vollständigkeit
zielendes Projekt ebenso undurchführbar wie eine Selbstbiographie. In Kafkas Eingeständnis seiner Angst, dies
»Ganze« nicht erreichen zu können, liegt ein ferner Anklang an Goethes Zweifel am Gebot umfassender Selbsterkenntnis: »Diese Angst ist berechtigt, denn endgültig durch
Aufschreiben fixiert dürfte eine Selbsterkenntnis nur dann
werden, wenn dies in größter Vollständigkeit bis in alle ne-
bensächlichen Konsequenzen hinein sowie mit gänzlicher
Wahrhaftigkeit geschehen könnte« (ebd., 12. Januar 1911).
Die Unerfüllbarkeit dieses Anspruchs führt zur Schreib-
blockade, so dass Kafka offensichtlich im Verlauf der Zeit
Revisionen vorgenommen hat: Sein Tagebuch, seine literarische Produktion, seine Ich-Konzeption werden des teleologischen Rahmens entkleidet. An ihre Stelle tritt das Beobachten schrittweiser Wandlungen, und seien sie noch so un-
bedeutend: »Ein Vorteil des Tagebuchführens besteht darin,
daß man sich mit beruhigender Klarheit der Wandlungen
bewußt wird, denen man unaufhörlich unterliegt [...]. Im
Tagebuch findet man Beweise dafür, daß man selbst in Zu-
ständen, die heute unerträglich scheinen, gelebt, herumge-
schaut und Beobachtungen aufgeschrieben hat [...].« (Ebd.,
23. Dezember 1911)
  Das Tagebuch ist Ersatz für die nicht zu leistende Selbst-

biographie, als Hort von Ansätzen zu Geschichten ist es Ersatz für den ganz großen literarischen Entwurf – aber es verliert bald den Charakter des bloßen Surrogats[84] und wird zu einem Ort des Selbstentwurfs, wie partikular auch immer. Die Gattungsverschiebung hin zum Tagebuch weist über das Innerliterarische hinaus bei Kafka eine deutlich psychogene Komponente auf: Über sein »schreckliches ersatzweises Leben« (ebd., 26. Oktober 1911) legt er sich präziseste Rechenschaft ab, wenn es schon nicht geändert werden kann. Nimmt man die zahlreichen Träume, die Phantasmen und neurasthenischen Detailbeobachtungen hinzu, so liegt hier etwas überspitzt formuliert eine Selbstanalyse im durchaus psychoanalytischen Sinne vor. In Kafkas Tagebüchern vereinigen sich viele Linien aus der Geschichte der Gattung zu einem Höhepunkt: Das Selbstbeobachtungsgebot des pietistischen Tagebuchs, das Tagebuch als uferlos dahintreibender Lebensersatz bei Amiel. Das Verhältnis Kafkas zu den Tagebüchern Goethes bedürfte gesonderter Betrachtung; interessant wäre der Blick auf die auffallenden Parallelen zu Georg Heyms Tagebuch, auf dessen Einband stand: »Der nicht den Weg weiß.« Heym, der sich einen Krieg oder eine Revolution wünschte, um nicht an seinem »brachliegenden Enthousiasmus in dieser banalen Zeit« zu ersticken, hatte wie viele im Krieg gefallene Expressionisten keine Zeit mehr, seinen Weg zu finden.

Peter Altenberg teilt nach Hoffmann mit Kafka den »veristischen Erkenntnisimpuls« (Hoffmann, B 4: 1989, 495), beschränkt sich aber auf die Kleinform. In seinem Falle stützt das Schreiben über »Bereiche, die von der herrschenden Kultur noch nicht vereinnahmt sind« (ebd.) nicht die Fähigkeit zur Autorschaft, sondern macht diese selbst aus. Altenberg kann als Meister der autobiographisch durchwirkten Kleinform gelten. Augenblicksbeobachtungen er-

---

84 Ein Einstellungswandel, den Hoffmann übersieht, wenn er den Charakter der »Notlösung« überbetont (Hoffmann, B 4: 1989, 494).

setzen die umfassende Gesamtstudie, zu der sich die einzelnen Teile andererseits wieder addieren lassen. Ein Gesamtbild soll aus den einzelnen Splittern entstehen. Ganz anders
hingegen die ablehnende Haltung vieler Expressionisten,
die das autobiographische Genre ausdrücklich meiden. Die
Lyrik-Anthologie *Menschheitsdämmerung*, herausgegeben
1919 von Kurt Pinthus, ist ein interessantes Beispiel für
diese Diskreditierung des Autobiographischen, findet sich
doch in den Bio-Bibliographien des Anhangs manche parodistische, lakonische Absage oder auch die Nutzung dieses Forums zur politischen Äußerung. »Ludwig Rubiner«,
heißt es dort, *»wünscht keine Biographie von sich. Er
glaubt, daß nicht nur die Aufzählung von Taten, sondern
auch die von Werken und von Daten aus einem hochmüti-
gen Vergangenheitsirrtum des individualistischen Schlaf-
rock-Künstlertums stammt. Er ist der Überzeugung, daß
von Belang für die Gegenwart und die Zukunft nur die an-
onyme, schöpferische Zugehörigkeit zur Gemeinschaft ist.«*
(*Menschheitsdämmerung*, B 1: 1986, 385) Belanglosigkeit
des eigenen Lebens – Benn gibt an: »Belangloser Entwick-
lungsgang, belangloses Dasein als Arzt in Berlin« (ebd.,
362) – oder die betonte Zugehörigkeit zu »Gemeinschaften«
– Otten: »Von meinem Leben kann ich nur sagen, daß es
dem Kampf um Glück und Sieg der Armen, des Proletari-
ats, geweiht war« (ebd., 382) – finden sich in Variationen bei
vielen der Abrisse. Beides führt in der Konsequenz zum
Zurücktreten des Persönlichen und entzieht so der Autobiographik den Boden. Die Anonymisierung des Ich und
die Suche nach anschlussfähigen Gemeinschaften wird bis
weit in die erste Jahrhunderthälfte das Projekt Autobiographie durchkreuzen: sei es in den autobiographischen Zeugnissen eines »menschlicheren« Russland (Alfred Kurella,
Ich lebe in Moskau, 1947), sei es in der Blut-und-Boden-
Schicksalsautobiographik der 30er- und 40er-Jahre.
  Döblins autobiographische Skizzen weisen einen dritten
Weg zwischen Diskreditierung der Form und dem Auswei-

chen auf das Tagebuch. In immer neuen Ansätzen umkreist Döblin die Möglichkeiten der Autobiographie, lotet in einem konstruktiven Sinn aus, was diese noch zu leisten vermag, wenn das Individuum sich nicht mehr als autonomes versteht. Seit den frühen Skizzen begegnen einige Leitmotive, die in immer neuen Annäherungen umschrieben werden: Da ist zum einen die familiäre Katastrophe durch das Verschwinden des Vaters, zum anderen sind es Versuche einer einer Selbstbeschreibung, die ins Leere zu greifen scheinen. Der »Trieb [...], eine Selbstbiographie zu schreiben« (Döblin, *Autobiographische Schriften*, B 1: 1978, 12) hat ihn oft befallen, aber außer dem umfassenderen *Ersten Rückblick* (1928) und der *Schicksalsreise* (1949) bleibt es bei Skizzen und Aufzeichnungen, diese allerdings werden bis zum Lebensende gemacht. Immer wieder wird das Staunen über sich selbst spürbar, und das Misstrauen gegenüber der psychoanalytischen Erklärung: »Von meiner seelischen Entwicklung kann ich nichts sagen; da ich selbst Psychoanalyse treibe, weiß ich, wie falsch jede Selbstäußerung ist. Bin mir außerdem psychisch ein Rühr-mich-nicht-an und nähere mich mir nur in der Entfernung der epischen Erzählung. Also via China und Heiliges Römisches Reich 1630.« (Döblin, *Autobiographische Schriften*, B 1: 1978, 21) Für die Selbstauskunft wird also auf die Romane verwiesen. Wiederholt äußert Döblin seine Irritation über einen autobiographischen Impuls, der ihm ebenso fruchtlos wie unausweichlich erscheint (ebd., 190). Ein Ich ist ihm dadurch nicht fassbarer als die weißen Mäuse in einem Drehrad: »Im Grunde sind diese weißen Mäuse, scheint mir, selber mein Ich. Denn sonst weiß ich von keinem Ich« (ebd.). Das Doppelleben als Arzt und Schriftsteller nutzt er in einer frühen Skizze zur dialogischen Gegenüberstellung; der Nervenarzt gibt dort Auskunft über den Dichter und umgekehrt. Für beide ist das Ergebnis nicht schmeichelhaft – eine selbstparodierende Art, mit dem Widerspruch zwischen Beruf und ambivalent gesehener Neigung umzugehen. Die Abwertung

des Schriftstellers durch den Arzt und die Bekundung gene-
reller Abneigung gegen Literatur sind Selbststilisierungen,
aber sie haben auch einen psychologischen Kern, den Döblin im *Ersten Rückblick* freilegt. In drei Neuansätzen berichtet Döblin von der problematischen Ehe seiner Eltern,
der pragmatischen lebenstüchtigen Mutter und dem talen-
tierten Luftikus-Vater. Von der Parodie über die Anklage-
schrift bis hin zu verständnisvoller Verteidigung wird die
gleiche Geschichte des durchgebrannten Vaters durchge-
spielt. Porträts der Familie, insbesondere der sterbenden
Mutter und einer gestorbenen Schwester, komplettieren das
Bild, ohne es vollständig zu machen. Die Schulzeit wird als
Anklage in der Form eines Dialogs gestaltet. Die Zeit des
Exils hat Döblin in der *Schicksalsreise* (1949) beschrieben,
einem Erlebnisbericht über die seiner Flucht aus Frankreich
1940 folgenden Jahre in den USA bis hin zur Rückkehr
nach Deutschland. Die Flucht wird als eine existentielle
Krisenerfahrung empfunden, als Weg zu einer neuen Existenz, deren Umrisse mit der Konversion zum Katholizis-
mus nur unzureichend gezeichnet werden können. Am
Ende seines Lebens, von der Parkinsonschen Krankheit zer-
stört, zieht Döblin in den *Letzten Aufzeichnungen* ein Fazit
über »Leben und Tod, die es beide nicht gibt« (Döblin, *Autobiographische Schriften*, B 1: 1978, 548). Die lebensbeglei-
tende Auseinandersetzung kann nur in einer gewissen Synchronizität zum jeweiligen Bewusstseinszustand vor sich
gehen. Diesen dokumentiert das autobiographische Schreiben mehr als eine in sich abgeschlossene Vergangenheit:
»Unsere Existenz kennt keine gerade Linie, die auf ein Ziel
führt. Ja sie ist zu geheimnisvoll, vieldeutig und in sich ver-
schlungen, so daß ich kaum von Linien und Kugeln zu
sprechen wage, es sei denn vorübergehend und wie in einer
leisen Berührung.« (Ebd., 549) Ganz zuletzt halten die Aufzeichnungen einen Zustand meditativer Ruhe in allem Leiden fest und zeugen von der Bejahung des Daseins trotz

aller Irrwege: »Wir sind tausend Faden Irrsinn, meine Erinnerung wird schattenhafter, und ich denke, oder es denkt in mir, spielend, willkürlich, – ich lasse es gehen. [...]. Ein wundervolles Dasein.« (Ebd.)

Anachronismus der Form und Trivialisierung

Ein wundervolles Dasein beschreibt auch Hans Carossa, der ebenfalls Arzt war, in seinen autobiographischen Werken zwischen 1922 und 1955. Paulsen bezeichnet ihn als »einen späten Erben klassischen Geistesbewußtseins« (Paulsen, B 4: 1991, 27) und Epigonen. Carossa erzählt seine Kindheit und Jugend (*Eine Kindheit*, 1922; *Verwandlungen einer Jugend*, 1928), als ob man sich weiterhin mitten im 19. Jahrhundert befände und Goethes Konzept der Metamorphosen noch unumstößliches Entwicklungs- und Gattungsgesetz zugleich sei. Durchbrochen wird dies gelegentlich von einer Prise Ludwig Thoma'schem Lausbuben-Humor. Er hat in seltsamer Gleichmütigkeit diese Form des Schreibens beibehalten und hatte damit großen Erfolg. Die Verwurzelung in der oberbayrischen Landschaft, Naturnähe, Begegnungen mit geheimnisvollen Menschen wie dem »Zaubereronkel« und der Försterstochter gehören, obgleich auch sie nur Widerspiegelungen der goetheschen Welt scheinen, noch zu den gelungeneren Partien. Wo Carossa sich von seinem poetischen Realismus entfernt, um sich zu quintessentiellen Bemerkungen aufzuwerfen, enthüllt sich trotz aller geschraubten Sprache die letztliche Trivialität seines Nachfolgemodells: »Ein junger Mensch mag noch so gesondert, noch so naturbeglückt heranwachsen; das ungeduldige Auge der Zeit richtet sich doch auf ihn« (Carossa, *Geschichte einer Jugend*, B 1: 1957, 205). Die einzige größere Störung in diesem harmonischen Bildungsprozess – »Die Seele wuchs in ihrer eigenen Jahreszeit, und jede Witterung

tat ihr gut« (ebd., 171) – erfährt er im Internat, als ihn ein
Mitschüler der Homosexualität beschuldigt. Doch ist der
Junge von solch träumerischer Naivität, dass er gar nicht
versteht, was um ihn herum vorgeht; bald stellt sich denn
auch seine »Unschuld« heraus. Er findet seinen Weg, indem
er Medizin studiert und damit seinem Vater nachfolgt, der
ihn tätig-praktisch durch die Kindheit geführt hat. In den
späteren Bänden werden die Studentenzeit in München und
Leipzig, die ersten tastenden lyrischen Versuche sowie die
Begegnungen mit dem literarischen Leben seiner Zeit geschildert. In seinem *Tagebuch im Kriege* mit dem Untertitel
Rumänisches Tagebuch (1924) schildert er seine Kriegser-
fahrungen in Frankreich und Rumänien als metaphysisches
Erlebnis – zwar nicht mit der emphatischen Bejahung Jüngers, aber doch mit einer mythologischen Überhöhung, die
letztlich noch dem Sinnlosen Sinn zuerkennt.[85]

Zu Recht hat Paulsen vermerkt, wie wenig Carossa die
engen Grenzen seines lyrisch-impressionistischen Vermö-
gens überschritten hat. Im Grunde reihen sich, ähnlich wie
in manchen Biedermeier-Autobiographien, nur Bilder und
Genreszenen aneinander. Übertrumpft wird diese ästhetische Unzeitgemäßheit nur noch von der Entwicklungsidee
seiner autobiographischen Werke, an der eine längst über-
holte Subjektposition deutscher Innerlichkeit abzulesen ist.
Nur zwischen den Zeilen werden auch Widersprüche erkennbar, die Carossa jedoch tunlichst nur andeutet, nicht
aber erzählerisch ausführt, wenn er von seiner »gefährdeten
Jugend« spricht (vgl. Paulsen, B 4: 1991, 29).

Hierin ist auch Aichinger zu widersprechen, welche Carossas Werk in einer Reihe mit dem Hauptmanns, Wie-

---

85 Müller-Seidels (B 4: 1951) Ausführungen zum *Rumänischen Tagebuch*
dürften symptomatisch für jene Zeit sein: Der Krieg habe »vom Geistigen
her« den »Einbruch zerstörerischer Mächte« (ebd., 43) bedeutet. Indessen
habe Carossa sich der Stellungnahme enthalten: »Der Krieg ist einfach gegeben […]« (ebd.) – aber aus diesem Faktum sei der Dichter doch zu
»sinnbildlicher Verdichtung« (ebd., 44) gelangt.

cherts und Kassners als Beleg für »eine stärkere Unsicherheit« (Aichinger, B 2: 1989, 193) gegenüber der eigenen Existenz anführt. Vielmehr zeigt sich bei den Genannten mit nur graduellen Unterschieden jenes Epigonentum, welches Aichinger verallgemeinernd für die Gesamtentwicklung feststellen wollte. Charakteristisch dafür scheint mir, dass eine Gattungsauseinandersetzung kaum stattfindet; man bedient sich einer Form, deren überzeitliche Gültigkeit nicht wirklich in Frage gestellt wird. Ansätze zur Reflexion bleiben Ansätze, etwa wenn Carossa seine Aufzeichnungen mit den Brotkrumen von Hänsel und Gretel vergleicht, »um gewiß wieder nach Hause zu finden. Freilich, als die Kinder dann wirklich den Heimweg antreten wollten, da hatten die Vögel alles aufgepickt, – aber da beginnt ja auch erst das eigentliche Märchen.« (Carossa, *Tagebuch*, B 1: [o. J.], 12. Dezember 1916) Formale Anpassung an die Tradition und letztliche Existenzgewissheit bleiben Kennzeichen eines anachronistischen Gattungsbewusstseins, das insbesondere in den 30er- und 40er-Jahren zu neuer Blüte gelangte. Organisches Wachsen, Verwurzelung im Landschaftlichen, Heimat als Landsmannschaft – all diese Schlagworte der Schollenliteratur schließen z. T. in personaler Kontinuität an die früheren Tendenzen nahtlos an.

Randständige Autobiographie – eine dominante Sonderform

Neben der literarischen Autobiographik ist für die ersten beiden Jahrzehnte ein starkes Anwachsen autobiographischer Werke von Randgruppen der Gesellschaft zu verzeichnen (Daniel Paul Schrebers *Denkwürdigkeiten eines Nervenkranken* von 1903; Carl Fischers *Denkwürdigkeiten und Erinnerungen eines Arbeiters*, ebenfalls 1903). Was bisher die Ausnahmeerscheinung war, wird zum Massenphänomen; es äußern sich »die Proletarier, die Frauen [!], die

Neurotiker und Psychotiker (die Träumenden), die Kriminellen und bestimmte großstädtische Outsidergruppen«
(Hoffmann, B 4: 1989, 495). Wie auch bei den Vorläufern –
erinnert sei an Bräker oder an Sachse – finden die Lebensgeschichten nur durch Vermittlung in die Öffentlichkeit. Allerdings handelt es sich nicht ausschließlich, wie Hoffmanns
Bemerkungen nahelegen, um ein »ethnologisches« Interesse
der »kulturtragenden« Schichten am Fremden in der eigenen Gesellschaft, also um »funktionalisierte Dokumente«
(ebd.) aus sonst unzugänglichen Erfahrungsräumen, Orten
der Abweichung, wie Sloterdijk (B 4: 1978) sie nennt (Gefängnis, Irrenhaus, Boheme). Dies mag für einen Teil der
Autobiographien zutreffen. Ein anderer Teil wird aber
durchaus autonom als Versuch der Selbstverständigung geschrieben – Vorläufer dessen, was in den 70er-Jahren »Verständigungsliteratur« genannt werden sollte. Fraglich ist
ferner, ob die scharfe Abgrenzung von literarischer und
»dokumentarischer« Autobiographik so aufrechtzuerhalten
ist. Sloterdijk beispielsweise hat seiner Untersuchung ein
krisentheoretisches Modell zugrunde gelegt, in dem der
Umgang mit »Stör-Erfahrungen« primär lebensgeschichtlich und erst nachgeordnet literarisch erfasst wird. Die
Grenzen sind jedenfalls durchlässiger geworden; manche
der Autobiographen aus den Randgruppen gehen selbstbewusst mit literarischem Anspruch an die Gestaltung ihrer
Lebensgeschichte. Innerhalb des von Hoffmann angeordne-
ten Typenspektrums (authentischer Bericht, Enquête und
Großautobiographie) ist die Affinität der Proletarieurauto-
biographie zur »echten« Autobiographie auffällig. Dem
Festhalten an der tradierten Form kontrastiert der häufig
»abweichende« Inhalt; neben der mangelnden literarischen
Erfahrung dürfte darin der Grund für die Wahl eines vertrauten Gerüsts lebensgeschichtlichen Erzählens liegen.
    Lena Christs *Erinnerungen einer Überflüssigen* (1912)
sind im Zuge der Suche nach »weiblicher« Autobiographik
in den letzten Jahren wiederentdeckt worden (vgl. Adler,

B 5: 1991). Nach diesem autobiographischen Debüt hat Lena Christ noch einige weitere Werke veröffentlicht, in denen sie sich anfänglich stark an Ludwig Thoma orientiert hat. Während sie in ihren späteren Texten die bäuerliche Lebensart idealisiert und etwa in *Madam Bäurin* (1919) eine heile Welt fingiert, in der es kaum Entwicklung, aber auch keine Brüche gibt, sind ihre Erinnerungen ausgesprochen realistisch. Im Mittelpunkt steht die Auseinandersetzung mit einer verständnislosen, ja brutalen Mutter, welche die uneheliche Tochter nach einer bei den Großeltern verlebten glücklichen Kindheit zu sich holt, um sie als Dienstmagd, als Kellnerin in ihrer Wirtschaft und als Hüterin ihrer Stiefbrüder auszunutzen. Ist der Großvater bis zu seinem Tod die dominierende, beschützende Figur, so zeichnet Christ ihre von der Mutter beherrschte Existenz als die einer »Überflüssigen«: »Geliebt hat mich meine Mutter nie; denn sie hat mich weder je geküßt noch mir irgendeine Zärtlichkeit erwiesen« (Christ, *Erinnerungen einer Überflüssigen*, B 1: 1991, 45). Streng chronologisch schildert sie die Kindheit und Jugend bis zu ihrer Hochzeit und Ehe. Aus dem Regen gerät sie in die Traufe, als sie ihren »Hochzeiter« ehelicht, der Alkoholiker ist. Das Auseinanderklaffen zwischen ihrer »Erwartung einer goldenen Zeit« (ebd., 227) und dem brutalen Mann, der sie schlägt und vergewaltigt, wird in geraffter Form an den Schluss gestellt; Christ bittet die Leserschaft um Verständnis für diese gedrängte Form, »denn die letzten meiner Erinnerungen sind so traurig und peinlich« (ebd., 234). Sie enden mit der Trennung von ihrem Mann, der in die Psychiatrie eingewiesen wird, und der Heimaufnahme der Kinder, für die sie nicht mehr sorgen kann. Nur noch angedeutet wird eine Wende zum Besseren.

Bereits in diesem ersten Werk zeigen sich Fähigkeiten und Grenzen ihres schriftstellerischen Talents in besonderem Ausmaß. Mit dem Dialekt als literarischem Mittel gelingt ihr nicht nur eine authentische Redeweise, sondern die dialektale Rede wird, ähnlich wie später in den Dramen

Horváths, zur Kennzeichnung und Entlarvung von Bewusstseinszuständen eingesetzt. Der Einsatz des Dialogs, überhaupt die szenische Erzählweise, ist eine Erweiterung der autobiographischen Mittel, die sie souverän handhabt. Allerdings unterlaufen ihr selbst klischeehafte Redeweisen, insbesondere, wenn es um verallgemeinernde Erfahrung geht – oder um Stimmungsschilderungen. Insgesamt aber bestätigt Christ mit ihrem autobiographischen Einstieg in den Literaturbetrieb ein Muster, das Hoffmann als Tendenz ausgemacht hat: das Aufgehen der Proletarierautobiographie »im literarischen System der Gesamtkultur« (Hoffmann, B 4: 1989, 498).

Noch bevor er ein erfolgreicher Autor war, hatte auch Oskar Maria Graf seine erste autobiographische Schrift verfasst: *Frühzeit* (1922), in der rückhaltlos sein eigenes Herkommen und Erleben in der bayrisch-bäuerlichen Umgebung beschrieben wird. Im Gegensatz zu Christ ist die Konzentration auf sich selbst viel stärker, Widerständigkeit als Notwendigkeit, aber auch die »eigene Dummheit und Unberatenheit, [...] Egoismus, bestimmte Gemeinheiten, eine durchgängige Rachsucht und Herzlosigkeit« (Bauer, B 5: 1994, 123) werden herausgestellt. Bauer hat diese Schonungslosigkeit Grafs gegen sich selbst, insbesondere in *Wir sind Gefangene* (1927), in eine Reihe mit den großen Bekenntnissen gestellt und in die Geschichte der (säkularisierten) Beichtpraxis eingeordnet. An Stör-Erfahrungen (Sloterdijk, B 4: 1978) mangelt es wie bei Christ nicht, aber in der Radikalität der Selbstentblößung kann sicher ein notwendiger Ansatz zu ihrer Bewältigung gesehen werden.

Paradigmatische Moderne: Proust, Stein und Benjamin

Prousts monumentales Werk *Auf der Suche nach der verlorenen Zeit* (1913–27 in 15 Bänden erschienen) kann hier nur annähernd angemessen in den Blick genommen werden.

Wie Steins (Auto-)Biographie *Autobiographie von Alice B. Toklas* (1933) und Benjamins autobiographische Miniaturen *Berliner Kindheit um Neunzehnhundert* (entstanden 1932/1933; veröffentlicht teilweise seit 1932, vollständig erst 1950) zählt die *Recherche* (*À la recherche du temps perdu*) zu jenen Werken der Moderne, von der sich die Entwicklung in Nazi-Deutschland abgekoppelt hat. Alle drei genannten Autobiographen gelangen aus der Absage an die traditionelle Überlieferung zu neuen Formen autobiographischen Erzählens, an die erst nach 1945 wieder angeknüpft werden konnte.

Der Erzähler Marcel geleitet durch ein Labyrinth verschiedener Erzählstränge, die oft so lose miteinander verbunden sind, dass sie zu eigenständigen Episoden geraten. Nicht mehr die Chronologie einer Lebensgeschichte wird nacherzählt, sondern einem Musikstück ähnlich werden verschiedene Motive und Themen angeschlagen, die vielfach variiert werden: Die Liebe und als deren Kontrapunkt die Unerkennbarkeit des anderen, das umfassende Thema Zeit, die Erinnerung und eine komplexe Theorie des Gedächtnisses bilden die wichtigsten Leitmotive. Als Künstlerroman, der den Weg zur Genese eines Kunstwerks beschreibt, indem er es zugleich schafft, liefert dieser eine Poetik der Moderne, deren herausragendste Kennzeichen Offenheit und Unabschließbarkeit sind. Die Etikettierungen – als Gesellschaftsroman, als Bildungsroman, als Zeitroman im doppelten Sinne – ließen sich fortsetzen, doch soll hier nur die Ebene des Autobiographischen interessieren: Als autobiographischer Roman ist die *Suche* ein Paradoxon, bildet die Lebensgeschichte des Erzählers doch nur eine sehr lockere Klammer um das Universum der Figuren und Episoden. Es ist diese Absage an eine Linearität autobiographischen Erzählens, die den Roman zu *dem* paradigmatischen Typus moderner Autobiographik gemacht hat. Als Negierung der Idee der Persönlichkeit hat Benjamin schon Prousts Werk erkannt und die poststrukturalistische Theorie hat es dankbar zum Exempel des Verschwindens des Subjekts in der Schrift gemacht: »Die Lebensgeschichte, die Imitation der Confession, schlägt vor den Augen der Leser weder die Grundbücher einer Existenz und ihrer biographischen Wahrheiten auf, noch [...] entsteht irgendwo das Fresko eines ›moi profond‹, das etwas anderes wäre als die absolute Äußerlichkeit des Textes. Prousts Roman ist die unermüdliche Selbstexplikation der Unmöglichkeit, die Wahrheit über sich und andere zu sagen.« (Schneider, B 4: 1986, 56) In der Tat hat Proust Konzepte der Einheitlichkeit und Kontinuität von Individualität aufgelöst, und sicherlich spielt die Unerkennbarkeit selbst der geliebtesten Person (gerade dieser) eine zentrale Rolle in seinem Werk. Doch wird in einer durchgearbeiteten Theorie des Gedächtnisses mit ihren unterschiedlichen Stadien und Analyseschritten eine völlige Preisgabe des Individuellen verhindert. Unwillkürliche, also nicht absichtlich herbeizuführende Gedächtnisakte (die mémoire involontaire) rufen Bilder der Vergangenheit hervor, die eine Anbindung des Gewordenen an das Gewesene erlauben – wenngleich nicht im Sinne einer Kette von Erinnerungen. Meist handelt es sich um punktuelle, von sinnlichen Erlebnissen ausgelöste Anschlüsse; das berühmteste dieser Erinnerungsmomente ist das vielzitierte Eintauchen der Madeleine: »Sobald ich den Geschmack jener Madeleine wiedererkannt hatte, die meine Tante mir, in Lindenblütentee eingetaucht, zu verabfolgen pflegte [...,] trat das graue Haus mit seiner Straßenfront, an der ihr Zimmer sich befand, wie ein Stück Theaterdekoration zu dem kleinen Pavillon an der Gartenseite hinzu, [...] und mit dem Hause die Stadt, der Platz« (Proust, *Auf der Suche nach der verlorenen Zeit* 1, B 1: 1970, 67). Was so aus dem »Schlummer« aufsteigt ins Bewusstsein, »das unermeßliche Gebäude der Erinnerung« (ebd.), sind zugleich vergessene Schichten der eigenen Persönlichkeit; das affektive Gedächtnis erlaubt einen Zugang zu diesen Schichten, welche dann literarisch »ausgearbeitet« werden. In dieser »Ausarbeitung«

hat Proust Erstaunliches geleistet, indem er mit höchster Genauigkeit psychische Vorgänge erfasst. Eine »testierbare Subjektwahrheit« (Schneider, B 4: 1986, 90) kann nicht mehr gewährleistet werden im Sinne traditioneller Ich-Psychologie, sondern nur noch als Ergebnis zufälliger Selbstbegegnungen deren Spuren das Kunstwerk verfolgt. Die in der Begegnung mit gealterten Bekannten schließlich wiedergefundene Zeit ist nichts anderes als die Erkenntnis ihrer untrennbaren Verbindung mit dem Tod. Einzig das Kunstwerk, und speziell die Literatur, bleibt zeitenthoben. Das wahre Leben ist die Literatur, die vom Schriftsteller »ans Licht gebracht« wird.

Walter Benjamins großem Projekt einer »Urgeschichte der Moderne« ist auch die *Berliner Kindheit um Neunzehnhundert* zuzurechnen, welche Fragment blieb. Am Anfang der 30er-Jahre entstanden, stehen die autobiographischen Miniaturen in einer deutlichen Verbindung zu Proust, mit dem Benjamin sich eingehend beschäftigt hat. Schneider hat die vollendete Anonymisierung des Autors/Sprechers in Benjamins Text neben anderem in Verbindung mit dessen persönlichem Schicksal gebracht, in dem das Inkognito zur Notwendigkeit geworden war: »Wer verfaßt schon seinen eigenen Steckbrief?« (Ebd., 117) Nicht erkannt sein wollen ist aber nicht gleichbedeutend mit einer vollkommenen Tilgung der subjektiven Zeichen. Im Gegenteil. Die *Berliner Kindheit* ist ein vielfach verschachteltes Reservoir sehr persönlicher Erinnerungen, die zugleich umgearbeitet werden zu einer allgemeinen Poetologie der Erinnerung. Was sich in vielen Autobiographien findet, die Bindung der Erinnerung an Orte, wird zum autobiographischen Verfahren gemacht: Eine Poetik der Räume im Sinne Gaston Bachelards wird entwickelt, die dem magischen Bewusstsein des Kindes nachgebildet ist. Die düstere großbürgerliche Berliner Wohnung mit ihren langen Fluren, kalten Winkeln, ihren Loggien, den Schränken und tempelartigen Büffets bergen alle nur denkbaren Schrecken, aber auch geheimnisvolle

Verstecke. Ausflüge in das Weichbild der Stadt an der Hand
der Gouvernante werden mit Hinweisen auf die später er-
folgende Erkundung der Stadt auf eigene Faust gepaart; die
Loggia und viele andere Schwellenorte bilden die Scharniere
zwischen drinnen und draußen. »Nie wieder können wir
Vergessenes ganz zurückgewinnen. Und das ist vielleicht
gut. Der Choc des Wiederhabens wäre so zerstörend, daß
wir im Augenblick aufhören müßten, unsere Sehnsucht zu
verstehn. So aber verstehn wir sie, und um so besser, je ver-
sunkener das Vergessene in uns liegt.« (Benjamin, *Berliner
Kindheit*, B 1: 1983, 84) Es ist nicht so sehr das Heraufholen
dieser versunkenen Erinnerungen, als vielmehr die sprachliche Mimesis an das, was die Sichtweise des Kindes ausgemacht hat, Benjamins Lektüre der kulturellen Zeichen seiner Umgebung, die diese autobiographischen Denkbilder
beschwören. Dass solches nur als Annäherung geschehen
kann, war ihm natürlich bewusst: »So mag manch einer davon träumen, wie er das Gehn (!) gelernt hat. Doch das hilft
ihm nichts. Nun kann er gehen; gehen lernen nie mehr.«
(Ebd., 86) Wie Proust bemüht er sich aber um die präziseste Erfassung des Vergangenen. Neben vielem, was ihn
mit Prousts Gedächtnisstufentheorie verbindet, etwa das
Schockhafte, als welches das schon einmal Erlebte uns zu-
stößt – »wie ein Echo, von dem der Hall, der es erweckte,
irgendwann im Dunkel des verflossenen Lebens ergangen
scheint« (ebd., 46) –, kennzeichnet die Texte eine ganz eigenständige Theorie der Verwandlungen, die dem magischen Verstehen (und Missverstehen) des Kindes zentrale
Bedeutung zumisst. In vielem greifen die Denkbilder den
Prozess des Ähnlichwerdens als Anpassung an das Bedrohliche auf, die zugleich eine Entstellung ist. Das Fest-
schreiben einer Person als mit sich identische, wie sie nach
Benjamins Theorie der Photographie insbesondere die Por-
trätphotographie darstellt, schafft nichts anderes als die
vollständige Anpassung an das Erwartete – im Photoatelier

zwischen Zimmerpalmen entsteht die perfekte Täuschung: »Ich aber bin entstellt vor Ähnlichkeit mit allem, was hier um mich ist« (ebd., 71).

In immer neuen Ansätzen hat Benjamin den Entzug vor jeglicher Festlegung beschrieben, in paradoxer Balance mit den Spuren und Zeichen individueller Existenz, welche in den Denkbildern kondensiert. Aber diese sind nur von außen entzifferbar, in einer Art mimetischer Lektüre. Im »Bucklichten Männlein«, dem letzten Stück der Sammlung, gipfelt sich noch einmal auf, was an Gespenstern, geheimnisvollen Wesen, belebten Objekten die Kindheit verzaubert hat: Das bucklichte Männlein steht an der Schwelle zum Erwachsensein, indem es seine Gestalt verändert. War es zunächst nur ein Wesen aus jener »Sippe, die auf Schaden und Schabernack versessen war« (ebd., 163), wandelt es sich zum »grauen Vogt«, dem es zusteht, »den Halbpart des Vergessens einzutreiben« (ebd., 165). Eine letzte Märchengestalt wird zum Schatzbewahrer der Bilder, aus denen sich ein individuelles Leben zusammensetzt; erst in der Stunde des Todes werden sie an den seiner selbst Ungewissen zurückgegeben.

Der Abstand zum tradierten autobiographischen Diskurs[86] ist auf den ersten Blick bei Gertrude Stein nicht so groß wie bei Proust oder Benjamin. Läse man die *Autobiographie von Alice B. Toklas* (1933) wie die Leserinnen und Leser der Erstausgabe, nämlich ohne den Autorinnennamen auf der Titelseite, so wäre nach dem Gattungsgesetz der Autobiographie bis zum letzten Absatz von Toklas als Verfasserin auszugehen. Erst in diesem wird die tatsächliche Autorschaft enthüllt: »Vor etwa sechs Wochen sagte Gertrude Stein, es sieht mir gerade nicht so aus, als ob du jemals deine Autobiographie schreiben würdest. Weißt du, was ich tun werde? Ich werde sie für dich schreiben. Ich werde sie so

---

86 Manuela Günther (B 5: 1996) spricht sogar im Falle Benjamins von einer »Anti-Autobiographie« und von der Subversion autobiographischen Erzählens bei Kracauer, Benjamin und Einstein.

einfach abfassen wie Defoe, als er die Autobiographie Robinson Crusoes schrieb. Und das tat sie und hier ist sie.« (Stein, B 1: 1985, 296) Von einem reellen autobiographischen Pakt kann nicht die Rede sein, vielmehr von einem Vexierspiel mit den Genres Biographie, Autobiographie und Memoiren. Auf den ersten Blick scheint das Werk wegen der vielen Plaudereien über die zeitgenössische Kunst und ihre Vertreter, Maler und Schriftsteller in Paris und ganz zentral Picasso, mit dem Stein eng befreundet war, den Memoiren zuzuordnen. Andererseits ist es aber entgegen der vorgeblich autobiographischen Form weit eher als Biographie von Gertrude Stein anzusehen, denn Toklas, die Lebensgefährtin Steins, bleibt im Hintergrund. Weiß man dann um die wirklichen Autorschaftsverhältnisse Bescheid – obgleich gelegentlich behauptet wurde, es handle sich um eine Koproduktion (Goodman, B 3: 1985, 298, zit. Brigdman) –, so muss von einer autobiographischen Fiktion ausgegangen werden, analog zum Vergleich mit der fiktiven Autobiographie Robinson Crusoes. Der leichte Ton lässt diese verwirrenden Verhältnisse wieder vergessen. Sie sind allerdings mit dem Kern des Projekts eng verbunden und nicht als reines Spiel zu betrachten. Gölter (B 5: 1995) hat in ihrem Vergleich von Michel Leiris und Stein festgestellt, dass beide für die großen Fragen der Wahrheit und Identität des Subjekts diametral entgegengesetzte Lösungen wählen. Das amüsante Dahinsprechen Steins soll gerade die metaphysische Aufladung der Autobiographie verhindern, die bei Leiris zur Thanatographie gerät. Die Berufung auf die eigene Genialität – die bestätigt wird in der (vergeblichen) Aussage Toklas', sie sei in Stein einem Genie begegnet, und sie habe sich noch nie getäuscht (Stein, B 1: 1985, 9) – deutet Gölter als den Entwurf einer anderen als identischen Existenz, als Bezug auf die reine Präsenz statt der Rekonstruktion einer Identität, welche es nach Stein ohnehin nicht gibt. Der berühmte Satz, wonach »Ich bin, weil mein kleiner Hund mich kennt«, ist nur die ironische Kurzversion der

Auseinandersetzung mit dem Problem der Erinnerung und der Identität. Deshalb geht es nicht um Rekonstruktionen einer Lebensgeschichte, auch wenn diese oberflächlich betrachtet die »Struktur einer Erfolgsgeschichte« (KNLL 15, B 5: 1988, 925) aufweist, also linear organisiert ist. In der *Autobiographie* lehnt sie das Ansinnen ihrer Verleger und anderer ab, eine Autobiographie zu schreiben: »und sie [Stein] hat stets erwidert, unmöglich« (Stein, B 1: 1985, 296). Wie ernst es ihr damit war, zeigt eben das Spiel mit der Fiktion. In *Jedermanns Autobiographie*, der Fortsetzung von 1937, hat sie ihre Vorbehalte nochmals formuliert: »Das ist wirklich die Schwierigkeit mit einer Autobiographie [...]. Man ist natürlich niemals man selbst« (Stein, zit. nach Gölter, B 5: 1995, 376). Ähnlich wie das bucklichte Männlein bei Benjamin die Bilder eines Lebens in sich verschließt, verrät auch die »Autobiographie« Steins nicht mehr als das Offenkundige – der Memoiren eines Genies, reflektiert in einem Vexierspiegel.

Pakte mit der Macht und das Leiden an ihr

Von einer Entwicklung der Autobiographik während der Zeit des Nationalsozialismus kann keine Rede sein. Die Gattung wird auf ihren funktionalen Gehalt reduziert, sie wird in der einen oder anderen Weise wieder zur Zweckform. Möglicherweise ist dies ein Grund dafür, weshalb sich die Autobiographieforschung nicht mit dem Zeitraum 1933 bis 1945 befasst hat. Hier klafft eine durchaus signifikante Lücke, deren Ausmaß nur angedeutet werden kann.[87] Grob

---

87 In seinem Überblick über die Autobiographik des 20. Jahrhunderts ist Paulsen (B 4: 1991) der einzige, der bemüht ist, den Zeitraum des Nationalsozialismus abzudecken, wenngleich in nicht sehr transparenter Form; systematischer geht Bluhm (B 4: 1991) mit dem Tagebuch im Dritten Reich zu Werk, allerdings mit äußerst fragwürdigen Prämissen bezüglich der so genannten Inneren Emigration.

sind drei Richtungen zu unterscheiden, die in sich aber wesentlich differenzierter zu betrachten wären, als dies in unserem Rahmen geschehen kann. An den beiden Polen des Spektrums befinden sich einerseits diejenigen autobiographischen Zeugnisse, die einen Pakt mit der Macht demonstrieren und das autobiographische Schreiben als ideologisches Instrumentarium zur Unterstützung des faschistischen Regimes einsetzen und andererseits die Zeugnisse der von den Gewaltmaßnahmen direkt Betroffenen, in Gefängnisse und Konzentrationslager Verschleppten, im Untergrund Lebenden oder noch ins Exil Entkommenen. Erstere werden im Dritten Reich veröffentlicht, letztere aus naheliegenden Gründen – mit Ausnahme einiger Exilwerke – nach 1945, manche sogar erst Jahrzehnte später. Dazwischen wäre eine breite Spanne von autobiographischen Äußerungen jeglicher Form anzusiedeln, die von Tagebüchern der so genannten Inneren Emigration über verspätete Erinnerungen der Naturalisten bis hin zu vermeintlich »apolitischen« Zeugnissen reichen.

Paulsen sieht eine nachvollziehbare Linie von den Erinnerungen des ehemaligen Naturalisten und Neoromantikers Gerhart Hauptmann (*Im Wirbel der Berufung*, 1936; *Das Abenteuer meiner Jugend*, 1937) zur Blut-und-Boden-Literatur verlaufen, eine Linie, die einige vormalige Vertreter des Naturalismus (wie einige des Expressionismus) bis zum »Anschluss« vertieft haben. In ihrer geschönten Gestalt können die Erinnerungen Hauptmanns nur als Lebenslügen bezeichnet werden; ein vergleichender Blick auf seine Tagebücher zeigt dies überdeutlich. Die konventionelle Form, welche tief im 19. Jahrhundert wurzelt, ist sicher kein Verbrechen – sie schlägt aber in der falschen Idylle einen bedenklichen Bogen zur faschistischen Schollenliteratur etwa eines Gustav Frenssen (*Lebensbericht*, 1940), der sich dem Landschaftlich-Heimatlichen lange vorher schon unkritisch verschrieben hatte, und der nun sein »Germanentum« nahtlos in das ideologische Konzept des Faschismus überleiten konnte. Max Halbes *Scholle und Schicksal* (1933) formuliert bereits im Titel die Anhängerschaft des ehemaligen Naturalisten an die neue Ideologie, und ebenso Johannes Schlaf, auch ein Naturalist, der mit *Aus meinem Leben* (1941) »über alle seine naturalistisch-kosmologischen Umwege hinweg längst seinen Anschluß ans Dritte Reich gefunden hatte« (Paulsen, B 4: 1991, 12). Interessant ist also in formaler Hinsicht, dass die anachronistische Form, wie bei Carossa schon gezeigt, benutzt wird, um eine Ideologie des Bäuerlich-Bodengebundenen zu transportieren, welche über die Modernität des kapitalistisch-imperialistischen Modells hinwegtäuschen konnte. Eine »harmlosere« Variante der idyllischen Verklärung sieht Paulsen in den autobiographischen Bänden Falladas (*Damals bei uns daheim*, 1941; und *Heute bei uns zu Haus*, 1943), die er als »puren Eskapismus« (ebd., 56) einordnet, kommt doch nichts darin vor, was an Krieg und Gewalt erinnert. Stattdessen wird das Leben eines erfolgreichen Autors und seiner Familie auf dem erworbenen Bauernhof geschildert, mit sanft ironischen Untertönen. »Der sprachliche Leerlauf«, den Paulsen für jene Zeit konstatiert (ebd., 57), und der dazu geführt habe, »die Grenze zwischen Trivialliteratur und einer ästhetisch anspruchsvollen Literatur« (ebd.) unkenntlich zu machen, ist indessen keineswegs einem innerliterarischen Phänomen zuzuschreiben, wie er meint, sondern Kennzeichen der Anpassung an die Nazi-Ideologie, sei es in der Form einer »individuellen Propagandaschrift«, sei es als Eskapismus.

Auf den ersten Blick unverständlich mutet der empirische Befund Peitschs an, dass nur zwei von hundert »Erlebnisberichten« unmittelbar nach dem Krieg auf das Thema Exil Bezug nehmen, »obwohl der Erlebnisbericht [...] innerhalb der im Exil publizierten Autobiographik vorgeherrscht hatte« (Peitsch, B 4: 1990, 214). Döblins *Schicksalsreise* (1949) zählt hierzu. Ihre Rezeption stützt die Hauptthese Peitschs, dass ein Großteil der Autobiographik nach 1945

apologetischen Charakter hatte; Exilanten wurde eine Mit-
sprache verweigert, konnten sie doch aufgrund ihrer »Er-
fahrungsdifferenz« – sprich: ihrer Nicht-Anwesenheit – das
Leiden des deutschen Volkes nicht nachvollziehen. Döblin
selbst hat beschrieben, dass seine Anwesenheit als Offizier
der Besatzungsmacht Feindseligkeit auslöste, weil er als
»Verräter« empfunden wurde. Ähnliche Erfahrungen machten viele Emigranten. Ihr Leiden nicht nur an der Vergangenheit, sondern an einem Deutschland, das Wiederaufbau
anstelle der »Trauerarbeit« (Mitscherlich) betrieb, führte in
nicht wenigen Biographien zu Brüchen. Klaus Mann hat
seinen autobiographischen Bericht *Der Wendepunkt* (1952)
schon in den frühen 40er-Jahren in einer englischen Version
veröffentlicht. Erstaunlich an ihm ist vielleicht gerade die
Konventionalität der Form, das Defilee von zahlreichen
»Zelebritäten«, wie Paulsen (B 4: 1991, 62) sich mokiert hat
– erstaunlich jedenfalls, wenn man davon ausgeht, dass der
Bruch in Klaus Manns Leben nicht mehr zu kitten war.
Seine Selbsttötung und die memoirenartige Darstellung
markieren einen grotesken und offensichtlich für Mann
nicht lösbaren Widerspruch. Carl Zuckmayer scheint es
hingegen gelungen zu sein, die Exilerfahrungen in sein Le-
benskonzept zu integrieren. Paulsen schreibt dies unter-
schwellig dem Humor als Bewältigungsstrategie in dessen
1966 erschienener Autobiographie *Als wär's ein Stück von
mir* zu. Noch deutlicher wird diese Strategie in Albert Vigoleis Thelens Mallorca-Roman *Insel des zweiten Gesichts*
(1953), der die Exilerfahrungen pikaresk übersteigert. Für
den weitaus größeren Teil autobiographischer Werke, die
insbesondere den Erfahrungsbereichen Verfolgung und In-
ternierung zuzurechnen sind, gilt, dass sie erst mit einer
symptomatischen Verzögerung veröffentlicht wurden, einige erst nach Jahrzehnten. Abgesehen davon, dass Aufzeichnungen verloren gingen, vernichtet oder unterschlagen
wurden, dass vielfach im Wirtschaftswunderland kein
Interesse an ihrer Veröffentlichung bestand, war es bei

vielen Überlebenden des Holocaust die traumatische Erfahrung selbst, die nicht im Schreibakt wiederholt oder auch nur erinnert werden konnte. Die Namen Jean Amérys und Primo Levis, der sein Überleben in Auschwitz in dem autobiographischen Bericht *Ist das ein Mensch?* (dt. 1961) geschildert hat, sollen hier nur stellvertretend für viele Überlebende aufgeführt werden, die die Verfolgung durch die Nazis zuletzt durch ihre Selbsttötung doch noch Erfolg haben ließen. Ruth Klügers Autobiographie *weiter leben. Eine Jugend* erschien erst 1992, Charlotte Delbos *Trilogie. Auschwitz und danach* wurde 1990 aus dem Französischen übersetzt[88]. Die Veröffentlichung der Tagebücher Viktor Klemperers über die Zeit seines Überlebens im nationalsozialistischen Deutschland erfolgte ebenfalls erst in jüngster Zeit mit überraschend großem Erfolg.

Ein »Bestseller« hingegen, das *Tagebuch der Anne Frank*, erschien schon 1950 auf Deutsch, wurde in vierzig Sprachen übersetzt und millionenfach verkauft. Der ungeheure Erfolg dieser Aufzeichnungen eines jüdischen Mädchens aus seinem Versteck in einem Lagerhaus in Amsterdam bis zur Deportation dürfte auf der berührenden Authentizität dieser Alltagsschilderungen beruhen – einer Authentizität, die immer wieder bis hin zu kriminologischen Untersuchungen in Frage gestellt wurde.

Interessanterweise war es das Tagebuch, das neben der unzeitgemäßen Trivialform der Autobiographie zum dominierenden Typus der 40er-Jahre wurde, und das nach 1945 eine Kontinuität im Wandel autobiographischen Schreibens garantierte. In der Wahl des Tagebuchs als Äußerungsform schlägt sich der Wunsch nach »Orientierung, Entlastung und Sicherheit« (Zur Nieden, B 3: 1995, 290) nieder; es ist eine »kulturell überlieferte Form der Lebensbewältigung« (ebd., 287) und bietet sich aufgrund seiner formlosen Form

---

88 Vgl. zu dem Thema »Literatur und Genozid« die Veröffentlichungen von Klein, B 4: 1992 und B 5: 1995.

für Laien wie Schriftsteller insbesondere in krisenhaften
Situationen an. Im Zweiten Weltkrieg wurde es propagan-
distischen Zwecken unterstellt: »Das Tagebuchschreiben
wurde von nationalsozialistischer Seite nicht nur nach-
drücklich unterstützt, sondern auch seit Beginn des Krieges
verstärkt propagandistisch eingesetzt« (ebd., 291). Dies galt
nicht nur für die heroischen Aufzeichnungen von Soldaten,
sondern für die gesamte Bevölkerung. Auch die gegnerische
Seite wollte das Medium für die Geschichtsschreibung nutzen: Radio London sendete Aufrufe, Tagebücher sorgfältig
aufzubewahren, und Anne Frank folgte dem durch das Ab-
schreiben ihres Tagebuchs (Mulisch, B 5: 1986).

Nach 1945 gewinnt die Funktion der Entlastung absoluten Vorrang: Das Tagebuch wird zu einem bevorzugten Medium der Apologetik. Peitsch hat am Beispiel der vermutlich nachträglichen Tagebuchaufzeichnungen Ruth Andreas-
Friedrichs (*Der Schattenmann. Tagebuchaufzeichnungen
1938–1945*, 1947 erschienen) gezeigt, dass diese sich so »aus
einer Angehörigen der literarischen Inneren Emigration zur
Exponentin des politischen Widerstandes zu schreiben« ver-
mochte (Peitsch, B 4: 1990, 301). Die Kategorie des »nachträglichen« Tagebuchs wählt Peitsch, um deutlich zu machen, wie die dem Tagebuch zugeschriebene Gattungseigenschaft der Unmittelbarkeit als Rechtfertigung umgemünzt
wird: Da die meisten dieser Aufzeichnungen die Nachträg-
lichkeit nicht ausweisen, gelingt es ihren Verfassern, »den
Verdacht auszuräumen, daß der Schreiber seine Urteile und
Wertungen nachträglich geändert haben könnte« (ebd.,
233). Von den Rezensenten wurde diese Retuschierung
hingenommen. Als »verspätete« Tagebücher charakterisiert
Peitsch schließlich solche, die zu dem Zeitpunkt begonnen
wurden, als die Verfasser und besonders die Verfasserinnen
den Krieg für verloren erkannten. Ihr Zweck ist die öffentliche Rechtfertigung. Für die meisten dieser Tagebücher sei
die Flucht in Natur und Kunst kennzeichnend; Trost im
Zeitlosen der Natur, das religiöse Erlebnis, die Wandlung

sind ständig wiederkehrende Formulierungen, die das Programm einer (apolitischen) Erneuerung vorstellen. Solches begegnet etwa bei Ernst Wiechert, der die paradoxe Erfahrung machen musste, dass seine Bücher in der Lagerbibliothek des Konzentrationslagers Buchenwald standen, wohin man ihn verbracht hatte. In seinem Bericht *Der Totenwald* (1946) werden diese Lagererfahrungen notiert. Am Beispiel Wiecherts konnte Peitsch die Unterschlagung des eigenen Beitrags zur Stabilisierung des Faschismus zugunsten eines humanistischen Plädoyers für die tätige »Verwandlung« und »Erneuerung« plastisch machen. Seine Autobiographie *Wälder und Menschen. Eine Jugend* erschien nämlich 1936 und darf als ein weiteres Beispiel für die Beschreibung von verklärter Kindheit in waldreicher Heimat gelten, deren Idyllik stillschweigende Duldung des Gewaltregimes bedeutete.

Luise Rinsers *Gefängnistagebuch* (1946) bezieht sich auf zwei Monate Untersuchungshaft, wurde aber wie Wiecherts Text nachträglich verfasst. Wollten viele Literaturkritiker und Journalisten in den späten 80er-Jahren in Rinsers Deutungsmustern Selbststilisierungen zur Nazi-Gegnerin erkennen, denen sie ihre »völkischen« Veröffentlichungen 1933–38 entgegenhielten, so plädiert Peitsch in diesem Fall dafür, ihre »Wandlung« ernst zu nehmen. Die Gefängnis-Erfahrung habe für sie, wie sie schreibt, eine »Wende« bedeutet. Wie bei Wiechert besteht ihre Antwort auf das Geschehen in Deutschland in der Forderung nach einer »Wandlung«, wobei sie die Überwindung von Hass in eine Art »sozialistische« Liebespolitik münden lässt.

Während die genannten Tagebücher einen »volkserzieherischen« Anspruch formulierten, der statt »mechanischer« Entnazifizierung auf innere – bei Wiechert heißt es »blutmäßige«(!) Erneuerung« – zielte, wurde von den maßgeblichen literaturpolitischen Instanzen ein ganz anderes Modell diaristischen Schreibens favorisiert, dem man schon vor seinem Erscheinen Anspruch auf Repräsentativität zuer-

kannte: Ernst Jüngers *Strahlungen* (1949). Jüngers Tagebuch
war Gegenstand einer Literaturdebatte, in der es um die
Funktion des Werks im Faschismus einerseits und um die
Beglaubigung seiner »Wandlung« andererseits ging. Jünger
schien jenen, die ihre Hoffnung auf ihn richteten, für eine
dogmenferne Transformation des deutschen Nationalismus
zu stehen, der »politisch ins Europäische, weltanschaulich
ins Christliche« (Peitsch, B 4: 1990, 234) überging. Eine
weitere Konstante der Literaturpolitik jener Jahre war die
des »Erlebnisses« (vgl. Müller-Seidel, B 4: 1951) – nur
das Erlebnis der Zerstörung und des Leidens, bei Jünger
konkret das Kriegserlebnis, konnte die »Wandlung« be-
glaubigen. Unnötig anzufügen, dass aus dieser »Erlebnisge-
meinschaft«, welche an die Stelle der völkischen trat, die
Exilanten natürlich ausgeschlossen werden konnten. Es war
Jüngers existentialistische Überhöhung des Krieges, in dem
ein Individuum seine Souveränität behauptete, welche die
Rezipienten in Bann schlug. In seiner einsamen Geistesfrei-
heit wird ihm das Tagebuch zur einzig angemessenen literarischen Form; das Kriegstagebuch schien mit Jüngers Werk
seine blutige Herkunft endgültig transzendiert zu haben.
Was Müller-Seidel Carossas *Rumänischem Tagebuch* zugesprochen hat, wurde dankbar auch als letzte Wahrheit der
Strahlungen erkannt: dass es eine Sinngebung des Sinnlosen
gebe.

Als das »Muster einer deutschen Apologie« (Peitsch, B 4:
1990, 373) soll zuletzt noch Gottfried Benns *Doppelleben*
(1950) besprochen werden. Seine autobiographische Verteidigungsschrift greift in ausgesprochen kluger taktischer
Form die Ressentiments gegen die Emigranten auf, indem
er den Brief Klaus Manns an ihn offensiv als Auftakt nutzt.
Dem voran gehen einige Passagen, in denen Benn glaubhaft
zu machen versucht, dass er keinerlei antisemitische Vorur-
teile gehegt habe. Als Belege gibt er sowohl persönliche Beziehungen sowie Bewunderung literarischer und ihn prä-

gender wissenschaftlicher Werke von Juden an. Dem Brief Manns lässt er Ausschnitte seines Antwortschreibens folgen, in dem für eine Art nationales Selbstbestimmungsrecht plädiert wird, das auch für den faschistischen Staat zu gelten habe. Das Eintreten für den neuen Staat wird aus dem Bezug zur Heimat gerechtfertigt: »*es gibt Augenblicke, wo dies ganze gequälte Leben versinkt, und nichts ist da als die Ebene, die weite, Jahreszeiten, Erde, einfache Worte –: Volk*« (Benn, *Doppelleben*, B 1: 1980, 77). Die zerebrale Qual des Intellektuellen findet in der Volksgemeinschaft angeblich ihr Heilmittel. Ferner polemisiert er gegen die Emigranten, die »in französischen Badeorten« (ebd., 78) sitzen und es sich gut gehen lassen. Seine eigene Gefährdung schildert Benn mit ironischer Untertreibung, die beschriebene Unterstützung durch das ehrgeleitete Offizierskorps pflegt den Mythos von dessen preußischer, antihitlerischer Haltung. Ebenso wie er den Vorwurf des Antisemitismus von sich weist, legt Benn großen Wert darauf, »kein Militarist und Kriegstreiber« (ebd., 93) gewesen zu sein, war er doch lediglich in der »Versorgung« tätig. »Haltung« fordert Benn, nachdem man die »Lage erkannt« hat. Er selbst hat nach eigenen Angaben sehr schnell den Charakter des neuen Regimes und seiner Helfershelfer erkannt: Dies war nicht der Heroismus der »Staufer, der Norden und Süden vereinigen wollte, nicht die immerhin solide kolonisatorische Idee der Ordensritter, die nach dem Osten zogen, es war reiner Ausfall an Wurf und Form« (ebd., 115). In der personifizierenden Beschimpfung der »sogenannten Regierung« (ebd., 115) als Ansammlung von »Krakeelern«, »Hanswürsten«, »Spielern« (ebd.) zeigt sich eher elitäres Bewusstsein denn tatsächliche Einsicht in den Charakter des Regimes. Aus der völligen Desillusionierung über die »Menschheitsidee« (ebd., 125) und der ja längst von Benn vertretenen Ansicht, dass es keine Entwicklung gibt, wird nur ein wesentlicher Bereich ausgenommen: die Kunst. Den Glauben an deren Autonomie hat sich Benn bewahrt, diesen teilt er mit al-

len Vertretern der »inneren Emigration«. Wahre Kunst ist
rücksichtslos, sie ist antiideologisch und hermetisch: »Kunst
– diese sagt nur sich selbst, ist ohne Idee und ist vollendet.«
(ebd., 164) Auf seine Apologie kann dies keine Anwendung
finden: ihrer legitimatorischen Strategie zuliebe muss Benn
auf Hermetik verzichten, mit populärem Ton nimmt er
durchaus Rücksicht auf das Publikum. In der Aneinander-
fügung von Briefen, Gedichten, angeblich authentischen
Passagen von 1943/44 verfolgt sie nicht primär ein literarisches Interesse an der Erneuerung der Form, sondern stellt
die Montage einzig in den Dienst der Rechtfertigung:
Zweckform tritt an die Stelle von Kunst.

Die 50er-Jahre: Unterwegs zu neuen Ufern?

Noch bis weit in die 50er-Jahre dominiert die Apologetik im
wesentlichen das literarische Geschehen. Erneuerung wird
gedacht nur als metaphysischer Rückgriff auf die alten
abendländischen Konzepte von innerer Umkehr – oder
wie bei Benn – als deren pseudoradikale Preisgabe. Diese
Stagnation macht sich auch formal bemerkbar: Benns Mon-
tagegestus bleibt ein rein äußerlicher Effekt, zusammen-
gebunden vom sehr individualistischen Willen zur Selbstrechtfertigung. Das Gleiche gilt übrigens für Arnolt Bronnen, auch er ein ehemaliger »vatermordender« Expressionist,
der schließlich Anschluss an die Nazis gefunden hat. Sein
Gibt zu Protokoll (1954) ist nicht deshalb interessant, wie
Aichinger meinte, weil darin »tiefgreifende Formveränderungen« sich ausprägen (Aichinger, B 4: 1977b, 816), sondern
weil diese dem apologetischen Zweck dienstbar gemacht
werden. Die Entlastungsfunktion bringt dementsprechend
solch unterschiedliche autobiographische Schreibweisen wie
diejenigen Carossas, Benns und Bronnens unter ein Dach
(vgl. Deußen, B 5: 1987). Neben diesen festen literarischen
Größen konnte zwar ein Werk wie dasjenige Georg K. Gla-

sers entstehen, doch war ihm bereits damals wie noch heute nur eine bedauerliche Randständigkeit beschieden. Andere Neuansätze verdanken sich, wie zu sehen sein wird, der Diaristik eines Max Frisch.

Gleichgerichtet in der Erklärungsabsicht, inhaltlich aber in absolutem Kontrast zu den Apologeten, steht der autobiographische Bericht einer Desertion von Alfred Andersch, *Die Kirschen der Freiheit* (1952). Andersch deutet seine Flucht 1944 in Italien als einen existentialistischen Akt, für den symbolisch die wild wachsenden Kirschen stehen, die er in Freiheit genießt. Dieser Akt der Selbstbefreiung ist zunächst ein Akt des Widerstands gegen das Nazi-Regime, aber es befreit ihn auch aus der dogmatischen Enge der Kommunistischen Partei, in der er seine Jugend verbrachte. Formal deutet sich im reportagehaften Stil die Verpflichtung auf den Realismus an, der von vielen Autoren, programmatisch von der Gruppe 47, als Abkehr vom schönen Schein der Literatur gefordert wurde. Die Dokumentation, das »faktische« Schreiben, entspricht deutlich der weltanschaulichen Abkehr von Mystifikationen und Dogma. Literarische Formung bleibt auch hier auf den Zweck rückbezogen.

Ein Ausnahmebuch jener Zeit stellt vielleicht nur Georg K. Glasers Bericht *Geheimnis und Gewalt* (1951) dar, den Schweikert in verwandtschaftlicher Nähe zu Oskar Maria Grafs *Wir sind Gefangene* und Franz Jungs *Der Torpedokäfer* (als Neuausgabe von *Der Weg nach unten* 1961 erschienen) sieht (Schweikert, B 5: 1980). Themen sind die Revolte gegen den äußerst brutalen Vater, gegen den Staat, gegen jede Form von Unterdrückung, aber auch das Aufspüren jenes Geheimnisses, das später Bernward Vesper ähnlich erschüttern wird: dass der brutale Vater, dass Hitler in ihm selbst steckt. In seiner Autobiographie liefert Glaser auf der individuellen Ebene Belege für Reichs Deutungen des Faschismus, für die »Wollust der Hörigkeit« (zit. nach Schweikert, B 5: 1980), aus der nur rebellisches Aufbegehren herausführen kann. Wie bei Andersch hat diese existentielle Selbstergreifung den Bruch mit der kommunistischen Partei zur Folge. Glasers Buch gehört, eindringlicher und überzeugender als Heinrich Manns *Ein Zeitalter wird besichtigt* (1946), in die Reihe jener Werke, in der tatsächlich ein Zeitalter porträtiert wird.

Frischs *Tagebuch 1946–1949* wurde 1950 veröffentlicht. Im Vergleich mit der Altherren-Problematik der zwanzig Jahre später erscheinenden Tagebücher zählt es für Bohrer »wahrscheinlich zum Besten, was er je geschrieben hat« (Bohrer, B 5: 1972). Es enthält ein Konglomerat an Notaten zur Zeit, zur Schriftstellerei, Reiseskizzen, Ereignisse von »unterwegs«, ausführliche Entwürfe zu Arbeiten, zu einem Filmprojekt. Als öffentliches Tagebuch geschrieben, d. h. zur Veröffentlichung gedacht, nimmt es Stellung zum Zeitgeschehen, gibt Beobachtungen wieder (etwa auf einer Fahrt 1946 durch das zerstörte Deutschland, bei der Besichtigung des Warschauer Ghettos), notiert Begegnungen, zum Beispiel mit Brecht als einer zentralen Orientierungsfigur, und es enthält Reflexionen zu drängenden moralischen Fragen, etwa zu der »Unmöglichkeit, sittlich zu sein und zu leben – ihre Zuspitzung in Zeiten des Terrors« (Frisch, *Tagebuch*, B 1: 1958, 254). Während die Zeitbeobachtungen noch unmittelbar berühren, erscheinen die bei Frisch ja notorisch gebliebenen abstrakten Ausführungen zur Dualität des Männlichen und Weiblichen heute eher erheiternd als ernst zu nehmend. Die Bemerkungen zum »Widermännlichen« (im Gegensatz zum echt Männlichen), »der geschlechtlichen Verkehrung« (sprich Homosexualität), über »das scheinbar Uneigene des Weibes, das sich formen läßt von jedem, der da kommt« (ebd., 318), sind Leckerbissen eines male chauvinism.

Mitten im Tagebuch findet sich unter der Überschrift »Autobiographie« die Kurzfassung einer solchen. Weniges von der Geschichte der Familie, Lektüre bzw. das Fehlen einer Lektürebiographie, erste schriftstellerische Versuche mit sechzehn, das Studium und die Berufsfindung und ihre Umwege werden geschildert, die Heirat – »Eine junge Architektin, die mir am Reißbrett half und das Mittagessen richtete, wurde meine Frau« (ebd., 280) –, Reisen und schriftstellerische Arbeiten verzeichnet. Alles im lakonischen Ton der Chronologie, aus der nur manchmal ein Hinweis auf innere Zustände herausragt: »immerhin war es ein Schock, zum erstenmal die ernsthafte Vorstellung, daß das Leben mißlingen kann« (ebd., 278). Frisch schreibt gewissermaßen ersatzweise von sich selbst, denn Versailles, in dem er zur Zeit der Abfassung sich befindet, ist ihm schon zu oft beschrieben: »So, auf mich selbst verwiesen, schreibe ich heute über mich selbst« (ebd., 274). Man meint die damit verbundene Peinlichkeitsempfindung zu verspüren; wie Versailles schon tausendfach beschrieben wurde, gelingt es ihm in seiner Selbstdarstellung letztlich nicht, über bekannte Muster hinauszugehen. Das Tagebuch war sicher die Frisch gemäßere Form der autobiographischen Reflexion, lässt man die Romane außen vor, in denen immer gerne autobiographische Verkleidungen erkannt wurden. Sieht man aber von seiner persönlichen Präferenz ab, so bietet auch vor dem Hintergrund der Zeit die offene Form des Tagebuchs eine Möglichkeit »natürlicher« Montage verschiedenster Eindrücke. Frischs Tagebücher sind die ebenso adäquate wie ungeschützte Antwort auf die zeitgenössische Suche nach einer nicht kompromittierenden Darstellungsform individueller Reflexion. Stellt die Panzerung der apologetischen Beweisführung bei Benn oder Bronnen eine Form uneigentlichen Umgangs mit der eigenen Geschichte dar, so verkörpert Frischs Schreiben das Prinzip einer Öffnung, wie angreifbar auch immer.

Die 60er-Jahre: Unruheherde

Als ein Unikum erschien kurz nach dem Ende des Zweiten Weltkrieges, 1946, das *Buch der Erinnerung* des Philosophen und Psychologen Max Dessoir. Es wird hier angeführt, weil es einen gewaltigen Zeitsprung markiert: Es reicht nicht nur in seiner Zeitzeugenschaft bis in die 1880er-Jahre zurück, sondern steht auch ausdrücklich in der Tradition des 19. Jahrhunderts. Was es aber gegen einen Typus wie den von Carossa vertretenen abhebt und ihm eine gewisse Sonderstellung verschafft, sind zwei bemerkenswerte Vorgänge: Zum einen ist Dessoirs *Buch* das einzige autobiographische Werk, in dem der Verfasser sich in einem programmatischen Kapitel »Grundsätzliches und Geschichtliches« in höchst bewusster Weise mit den Gattungsvoraussetzungen auseinandersetzt und Werke benennt, die er »durchblätterte« (Dessoir, *Buch der Erinnerung*, B 1: 1947, 8). Zum anderen stellt es den ebenfalls seltenen Fall vor, in dem die Memoiren einen Umweg zu autobiographischer Selbstverständigung einschlagen. Über die verschiedenen Stufen des *work in progress* scheint sich bei Dessoir eine Veränderung seiner ursprünglichen Intention vollzogen zu haben. Wenn im Vorwort versichert wird, nicht »die unschöne Freude an Selbstentblößung« (ebd., Vorwort von 1942) treibe ihn, so findet sich im Epilog die Überraschung vermerkt, dass ihm sein Memoirenprojekt entglitten, die Selbstbegegnung wider alle Absicht zentrale Bedeutung erlangt habe: »Ich ging aus auf den Fang von Menschen und Welten, und ich entdeckte mein Ich« (ebd., 299). Was diesem Fischer ins Netz ging, war letztlich er selbst – allerdings zu spät, wie er bedauert. An diesem Punkt hätte nun die »eigentliche« Autobiographie einzusetzen, die in den zahlreichen Porträts, in Reisebeschreibungen und Karriereverlauf nur unter der Hand mitgeschrieben wurde. Im Nachwort spricht Dessoir denn auch vom Scheitern seines Projekts, das er an fehlendem »Gesamteindruck« und »Ungleichmäßigkeit der Darstellung« (ebd., 301) festmacht. Zwischen den Einsichten in die »Gesetzmäßigkeiten« der Gattung (Wahrheitsproblematik, Stilisierung, »Eid« des Autobiographen) und ihrer Umsetzung klafft bei Dessoir eine nicht zu überbrückende Kluft, entstanden durch die Wahl des falschen Genres. Im Nachwort klingt an, dass »tagebuchartig« vielleicht die eigenen Erfahrungen adäquater hätten erfasst werden können als im Memoirenstil. Modernes Gattungsbewusstsein und konservative Form waren nicht vereinbar.

Dieses Scheitern ist ein zeittypisches Phänomen. Nicht das persönliche Versagen Dessoirs vor der Aufgabe des Autobiographen – »er solle nicht nur eine Urkunde vorlegen, sondern etwas einem Kunstgebilde Ähnliches gestalten« (ebd., 7) –, sondern der Mangel an einem innovativen, zeitgemäßen Muster der Autobiographik ist dafür als Grund anzugeben. Das Ausweichen auf andere Formen der Autobiographik, das Tagebuch, oder auch die pseudoinnovative Lösung Benns blieb Dessoir aus vielen Gründen versperrt. »Es ist deshalb so schwer, ein wirklich gelebtes Leben in eine literarische Darstellungsform überzuführen, weil wenige Lebensläufe sich in einer geraden Linie bewegen« (ebd.) – Dessoir konnte nur die Diagnose stellen.

Mit Memoiren war den langwelligen Erschütterungen der Kriegszeit nicht beizukommen. Erst lange nach Dessoir sind Ansätze einer adäquaten Reaktion auf die Verheerungen auch jedes einzelnen Lebenslaufes wieder innerhalb der Autobiographie gesucht worden. Dies beginnt mit Weiss, setzt sich in den 70er-Jahren fort in der Auseinandersetzung mit den Eltern als einer Tätergeneration (Vesper), der Suche nach Erklärungen für das Unfassbare (Wolf), und ist in den 90er-Jahren mit den Aufzeichnungen von Holocaustüberlebenden noch nicht an ein Ende gekommen.

Die beiden autobiographischen Bände Peter Weiss', *Abschied von den Eltern. Erzählung* (1961) und *Fluchtpunkt. Roman* (1962) markieren einen signifikanten Wendepunkt in der autobiographischen Schreibweise nach 1945. Weiss

und andere nach ihm haben an die Tradition des psychologischen Romans seit Moritz angeknüpft; bei Weiss kann
wegen der Einbeziehung psychoanalytischer Erkenntnisse
von einer Vertiefung zum »psychoanalytischen« Roman gesprochen werden (vgl. Holdenried, B 2: 1991, 272 ff.). »Ver-
lorenheit und Haltlosigkeit unserer Existenz« (Weiss, *Abschied von den Eltern*, B 1: 1985, 116) in der Emigration
werden beschrieben, und ausdrücklich benutzt Weiss den
Terminus der »Psychodramen«, mit denen er und sein Bruder »mehr Wirklichkeit und Gegenwartsnähe« (ebd., 117)
herzustellen suchten. Das Gefühl der Unzugehörigkeit, das
sich auch auf den engsten Kreis der Familie bezieht, war
lange vor der Flucht aus Deutschland schon das beherr-
schende Lebensgefühl.

»Selbstentblößung«, bei Dessoir noch unter das Verdikt
des Unschönen und Ungehörigen gestellt, erhebt Weiss
zum Programm. Die Familie wird als Keimort äußerster
Entfremdung in all ihren Facetten beleuchtet. Flucht in die
Musik, in Bücher und in die Malerei sind Stationen einer
Selbstfindung, die nur aus der Negation erfolgen kann: als
»Werdegang eines Widersachers« (Weiss, *Fluchtpunkt*, B 1:
1983, 28). Beschrieben wird die Geschichte eines Scheiterns,
denn am Schluss des zweiten Bandes haben sich alle Versuche einer Einpassung in eine gesellschaftlich anerkannte
Rolle als illusionär erwiesen. Einzig die jeweils an den
Schluss gestellte Vision einer zukünftigen Schriftstellerexis-
tenz weist über die Entfremdung hinaus auf ein Moment
des Gelingens. Dieser Salto in die künstlerische Existenz
verbindet bei aller Gegensätzlichkeit nicht nur Weiss mit
Benn; in vielen der nachfolgenden Werke kristallisiert sich
die therapeutische Funktion als ein, wenn nicht *das* wesentliche Schreibmuster heraus. Weiss ist es in beeindruckender
Weise gelungen, autobiographischen Impuls und psychoanalytischen Erkenntnisprozess in der literarischen Form
konvergieren zu lassen. Die Erfindung, nicht das Wie-
derfinden verlorener Zeit, ist Ziel des autobiographischen

Schreibens: »Dies war die Wahnwelt, und ich konnte sie verändern, ich brauchte mich nicht mehr damit abzuschleppen, sie war mir aus dem Leib geschnitten worden, sie hatte nur die glücklichen Kinderjahre gefressen, aber ich konnte mir andere Jahre erfinden« (ebd., 134). Mit dem Schreiben wird ein »Doppelleben« geschaffen, dessen Fragwürdigkeit als Ersatz für das verhinderte, misslungene, verpasste Leben Reflexionsgegenstand bleibt: »Mit dem Schreiben schaffe ich mir ein zweites, eingebildetes Leben, in dem alles, was verschwommen und unbestimmt war, Deutlichkeit vorspiegelt« (ebd., 25). In einer Art archäologischem Prozess stößt er unter der Ambivalenz der Fiktion (des Schreibens wie der Person) auf die Möglichkeit der Heilung des »Urübels, des Ausgesetztseins, der Verlassenheit« (ebd., 195): im Rohstoff Sprache, in dem er seinen »Fluchtpunkt« findet: »In diesem Augenblick war der Krieg überwunden, und die Jahre der Flucht waren überlebt« (ebd., 197). So emphatisch die am Ende beschriebene Vision einer »Teilhabe« aufscheint, so sehr blieben die Gefährdungen der Identitätssuche Thema des Autors. Noch in seinem monumentalen Epos von der Geschichte des antifaschistischen Widerstands und der Arbeiterbewegung, der *Ästhetik des Widerstands* (1975–81), bleibt die Integration des einzelnen in eine kollektive Geschichte Gleichgesinnter immer gefährdet. Will man darin eine »Wunschbiographie« lesen, dann sicher nur in dem Sinne einer Mehrdimensionalität der Entwürfe, die gerade nicht auf die Eindimensionalität vermeintlicher Identitätsfindung zurückzuführen ist. Nichts geht hier in anderem auf: Letztlich stellt die *Ästhetik* eine Absage an jedes konventionelle Projekt lebensgeschichtlichen Erzählens dar.

Peter Weiss war als politisch engagierter Schriftsteller an der Politisierung der Literatur und der Wende zum Dokumentarismus maßgeblich beteiligt. Misstrauen gegen die Fiktion als Verschleierungsinstrument der herrschenden Klasse und der in ihren Diensten stehenden Literaturproduzenten, Beharren auf größtmöglicher, beglaubigter Authentizität sind die entscheidenden Stichworte der literarischen Entwicklung der 60er-Jahre. Auf dem Höhepunkt der Literaturdebatten wird 1968 der »Tod der Literatur« gefordert, da ein gesellschaftlicher Stellenwert künstlerischer Produktion nicht nachweisbar sei. An deren Stelle soll die politische Aktion treten.

Wenige Jahre später feiert das Feuilleton die »Wiedergeburt des Erzählens«. Von einer »Tendenzwende« ist die Rede, deren wichtigstes Charakteristikum im Zurückschwingen des Pendels zur subjektiven Seite gesehen wird. Falsch wäre es allerdings, darin einen völligen Bruch mit dem Vorangegangenen zu sehen: Die Forderungen nach Authentizität, Erfahrungsgebundenheit und »Realismus« bleiben erhalten – sie werden aber nicht mehr als abstrakte Parameter verstanden, sondern an den »subjektiven Faktor« gebunden. Kein Zufall also, dass das Autobiographische seit Beginn der 70er-Jahre zum vorherrschenden literarischen Muster wird, kann es doch als entscheidenden »Heimvorteil« im Kontext der »Neuen Subjektivität« gerade die Erfüllung dieser Forderungen verbuchen. Damit kehrt auch die »dokumentarische Autobiographik«, für die beispielhaft Erika Runges *Bottroper Protokolle* (1968) genannt seien, eine Sammlung von »Berichten aus der Klassengesellschaft« (Martin Walser), zurück zur subjektiven Wirklichkeit.

Die 70er-Jahre: Everybody's Autobiography?

Die große Vielfalt autobiographischen Materials kann hier nur in Streiflichtern dargeboten werden. Aus dem Rückblick entsteht leicht der Eindruck einer amorphen Masse, in der eher Themenfelder anzugeben als einzelne Werke herauszuheben sind. Diese Verflachung hängt mit dem Phänomen der »Verständigungstexte« zusammen, einer Kategorie für eine breite Palette autobiographischer Formen, deren gemeinsames Charakteristikum darin besteht, dass Authentizität und Subjektivierung von Erfahrung in einen gesteigerten Kult persönlicher »Betroffenheit« münden. Erst die um 1975 einsetzende Rückkehr zum Literarischen stoppt diesen Trend.

Peter Schneiders Erzählung *Lenz* (1973) und Karin Strucks Roman *Klassenliebe* (1973) markieren den Beginn der Neuen Subjektivität. Symptomatisch sind sie für die neue Bewegung, insofern sie die Abwendung von der »großen« Politik zu einer »Politik des Privaten« vollziehen. Selbsterfahrung und der Versuch, zu einer Übereinstimmung von politischer Theorie und gelebtem Alltag zu gelangen, sind wesentliche Schreibimpulse.

In seiner summarischen Charakteristik der Bekenntnisliteratur hat Prümm die Vorliebe für die »offenen, spontanen Formen« betont: »[...] das sich erinnernde Ich will sich manövrierfähig halten nach allen Seiten, Strukturen sollen nicht einengen. Es ist bezeichnend, daß die ›Nicht-Bücher‹, die Nachlässe von Bernward Vesper (›Die Reise‹) und Rolf Dieter Brinkmann (›Rom, Blicke‹) Vorbildcharakter gewinnen.« (Prümm, B 4: 1989, 82) Die Biographie werde segmentiert, einzelne Ereignisse mit Bedeutung aufgeladen. Unmittelbarkeit wird zum Schreibideal, was im Extremfall zum »Mitstenographieren« des Lebens führt: Peter Handkes *Das Gewicht der Welt* (1977) sucht die Simultaneität von Leben und Schrift im Notat zu erreichen. Das Tagebuch (»Journal«) wird zum wahrnehmungspsychologischen Stenogramm.

Ein Themenkreis ist für die neuen Schreibweisen besonders signifikant: Existenzkrisen, Krankheit und Todeserfahrung; Fritz Zorns *Mars* (1977) gehört in diesen Bereich. Sein Bestsellererfolg, den der an der beschriebenen Krebskrankheit gestorbene Autor nicht mehr erlebte, ist symptomatisch für das Interesse an existentiellen Themen. Maria Erlenbergers *Hunger nach Wahnsinn* (ebenfalls 1977) wurde als therapeutisches Werk begonnen; es ist das sprachgewaltige Be-

wusstseinsprotokoll einer Schizophrenie. Der zweite Themenkreis ist der Körper; Körperlichkeit wird zum Seismographen von Erfahrung und Befindlichkeit. Verena Stefans
Häutungen (1975) ist hier zu nennen, das ein lesbisches
Coming-out und den Versuch beschreibt, zum eigenen
Körper ein nicht-entfremdetes Verhältnis herzustellen. Der
Text kann als Initialzündung für eine bestimmte Richtung
der so genannten Frauenliteratur betrachtet werden (Anja
Meulenbelt u. a.). Das Ende von Liebesbeziehungen (Brigitte Schwaigers *Wie kommt das Salz ins Meer?*, 1977) oder
der Konflikt mit der Generation der Eltern (Elisabeth
Plessens *Mitteilung an den Adel*, 1976) bilden den dritten
Themenkreis.

Trotz aller Heterogenität der Formen, von Tagebuchnotaten, Montage, Bewusstseinsprotokoll, essayistischer
Autobiographie über Erinnerungen, autobiographische Romane bis hin zum mentalen Theater eines Botho Strauß,
kann die Reflexion auf Bedingungen der Erfahrungsbildung
und der Versuch, neue Dimensionen von Erfahrung zu erschließen, als Gemeinsamkeit gelten. In dem Sammelsurium
von Richtungen sind jedoch einige Haupttendenzen gesondert hervorzuheben: 1. die Koexistenz von trivialisierten
Formen der »Verständigung« ohne literarischen Anspruch
mit im engeren Sinne literarischen Formen, 2. eine »Demokratisierung« autobiographischen Schreibens, wie sie in
dieser Massenhaftigkeit in den 20er-Jahren schon einmal zu
beobachten war, und 3. die herausragende Rolle von Debütwerken autobiographischer Natur.

Zum ersten Punkt: Literarische »Wellenreiter« einer Bewegung, der es mehr auf die Aufhebung von Distanzen
(zwischen Erleben und Schreiben, Autor/-in und Publikum) und damit auf identifikatorische Lektüre ankam als
auf literarische Vermittlung, waren etablierte Schriftsteller
wie Max Frisch, Günter Grass oder Peter Handke, um nur
einige zu nennen. In seinem Bestseller *Montauk* (1975), einer autobiographischen Erzählung über eine Wochenend-

fahrt mit einer Frau, Lynn, scheint Frisch die Gelegenheit zur direkten Selbstdarstellung ergriffen zu haben, die er bis dahin in seinen Tagebüchern so sorgfältig vermieden hatte. Reflexionen über sein Leben, den Verrat an sich selbst, das Geschlechterverhältnis und Erinnerungen an seine Beziehung zu Ingeborg Bachmann sind die zentralen Motive. Peter Handke knüpft nicht an die Neue Subjektivität an, seine Schreibweise stimmt mit ihr überein, ohne dass sie deren Befangenheiten teilt. (Das Gleiche gilt auch von Nicolas Born, dessen Krisenbericht *Die erdabgewandte Seite der Geschichte* von 1976 auf Individualisierung als Therapeutikum gegen die Alltäglichkeit setzt.) In Handkes schmalem Band über den Tod seiner Mutter, *Wunschloses Unglück* (1972), kann eine (auto)biographische Erzählung gesehen werden, insofern nicht nur das Leben der Mutter vor deren Selbsttötung Kontur annimmt, sondern auch dasjenige des Sohnes.

Zur zweiten Tendenz: Jede/-r schreibt? Marktkonformität und die Nachfrage nach anderen, abweichenden Lebensformen bis hin zu Wahnsinn und Verbrechen führen zu einer nie dagewesenen Flut autobiographischer Aufzeichnungen. Der fremde Blick auf das Eigene fördert Merkwürdiges zutage: Exotische Lebensverhältnisse in den ländlichen Gegenden der Alpenregionen oder in Niederbayern sind plötzlich ebenso Gegenstand des Interesses wie die uneinsehbaren Orte der Abweichung, das Gefängnis oder die Psychiatrie. Unica Zürns Werk *Der Mann im Jasmin. Eindrücke aus einer Geisteskrankheit* (1977) enthält beklemmend eindrückliche Schilderungen psychischer Verstörung. Eine ganze Reihe von Veröffentlichungen aus diesem Bereich folgen, erstaunlich viele davon stammen von Frauen. Die bäuerliche Sphäre nimmt eine Sonderstellung ein, weil diese Fremde so nah und doch in eine andere Zeit zu gehören scheint. Der mittlerweile auch verfilmte Bestsellererfolg von Anna Wimschneider, *Herbstmilch* (1984), sowie die literarische Anerkennung von Maria Beig (u. a. *Rabenkräch-*

zen, 1982; *Hochzeitslose*, 1983), die von Martin Walser gefördert und mit Literaturpreisen bedacht wurde, sind mit
der Neuen Subjektivität nur noch lose vermittelt. Ihre Erfolge ruhen vielmehr in der Anbindung und – zumindest
bei Beig, aber auch etwa bei Alois Brandstetter (*Über den
grünen Klee der Kindheit*, 1982) – Modernisierung von
Heimatdichtung.

»Hassbücher« könnte man drittens eine ganze Reihe von
autobiographischen Aufzeichnungen nennen. Hass gegen
die Eltern, oft einen brutalen und verständnislosen Vater,
Hass, der sich selbstzerstörerisch gegen die eigene Person
wendet, wird insbesondere in einigen Debütwerken explo-
siv aus sich herausgeschrieben. Die Zahl dieser Väter-Müt-
ter-Abrechnungsliteratur ist groß; in ihr drückt sich meist
der konfliktive Prozess der Kinder mit der Vätergeneration
aus, die zur faschistischen Tätergeneration gehört. Bernward Vespers *Die Reise* (1977 postum erschienen) verkörpert den radikalen Prototyp dieser Richtung, über die er zugleich weit hinausreicht, insofern der autobiographische
Roman-Essay dieses Sohnes von Will Vesper, eines Nazi-
Autors, und Gefährten von Gudrun Ensslin, Drogentrips,
wirkliche Reiseerlebnisse, die Beziehung zu seinem eigenen
Sohn, Kindheit, Jugend nebeneinanderreiht. Die Montage
und das Unvollendet-Fragmentarische sind dabei nicht
mehr zu einer Einheit zu verbinden. Kindheitserinnerungen
und Gegenwarts- bzw. Trip-Ebene klaffen auch stilistisch
völlig auseinander. Vesper ist an diesem Selbstexperiment
mit der erschreckenden Einsicht, dass er Hitler in sich trage,
existentiell gescheitert. Franz Innerhofer hingegen hat sich
mit seinen vier autobiographischen Büchern (*Schöne Tage*,
1974; *Schattseite*, 1975; *Die großen Wörter*, 1977; *Der Emporkömmling*, 1982) eine Existenz als Schriftsteller erschrei-
ben wollen. Es scheint jedoch, als ob die erstaunliche Wort-
gewalt nur dazu ausgereicht hat, der Vergangenheit zu entkommen, nicht aber, sich literarisch davon zu lösen. Außer
wenigen kleineren Veröffentlichungen hat man nichts mehr

von ihm gehört. »Ausgesetztsein« (Innerhofer, *Schöne Tage*, B 1: [o. J.], 61) in einer »Ohrfeigenlandschaft« (ebd., 19) ist die bestimmende existentielle Erfahrung des Jungen. In der Beschreibung bäuerlicher Gewalt – Innerhofer spricht von der Leibeigenschaft seines Alter Ego Franz Holl in einem österreichischen »Bauern-KZ« (ebd., 201), dem Hof des Vaters – erreicht Innerhofers Werk die Qualitäten eines modernen Epos, einer *Via mala* unserer Tage. Je mehr sich der »Emporkömmling« aus dieser Welt stummer Gewalt die Sprache aneignet und sich über die Stationen Schmiedelehre, Fabrikarbeit und Abendschule, Abitur und Studium in die Welt der »großen Wörter« begibt, desto weniger Plastizität erreichen seine Schilderungen. Jeder Milieuwechsel ist überschattet von der eigenen Geschichte, aus der sich der Protagonist nicht zu lösen vermag, so dass am Ende die totale Desillusionierung steht. Vom Reichtum der ersten Bände dieses modernen Entwicklungsromans bleibt zuletzt nur das Skizzenhafte übrig; für die persönliche Krise gibt es keine Lösung (eine Detailanalyse in Holdenried, B 2: 1991, 494 ff.). Das herausragende Beispiel einer Mutter-Tochter-Beziehung, die auf Hass basiert, ist Claire Golls *Ich verzeihe keinem* (1978). Es ist vielleicht gerade diese persönliche Unversöhnlichkeit, die das Buch über die Zeitzeugenschaften von Frauen berühmter Männer hinaushebt. Als literarische *Chronique scandaleuse* bleibt sie jedoch dem Muster der Memoiren verhaftet.

Die Demokratisierung des Schreibens zur Schreibbewegung, die in Literaturwerkstätten, Schreibgruppen, Schreibcafés ihre Orte schuf, hatte mit dem Enthusiasmus begonnen, dass alle schreiben können, und mündete in ernst gemeinte Vorschläge zur Abschaffung des Berufsschriftstellertums. Statt Spezialistentum sollte Spontaneität zum treibenden Prinzip erhoben werden. Einige maßgebliche Werke gerade älterer Autoren wie Frisch bewiesen deren berufliche »Daseinsberechtigung« durch Anpassung an die Erfordernisse der Neuen Innerlichkeit. Andere hingegen schrieben unbeeindruckt und weitgehend unbeeinflusst von solchen Zugeständnissen. Elias Canettis Lebensgeschichte in drei Bänden (*Die gerettete Zunge. Geschichte einer Jugend*, 1977; *Die Fackel im Ohr. Lebensgeschichte 1921–1931*, 1980; *Das Augenspiel. Lebensgeschichte 1931–1937*, 1985) gehört zu diesen Werken älterer Herren. Auch Werke älterer Damen wären hier zu nennen, etwa Ricarda Huchs *Erinnerungen an das eigene Leben* von 1980, die postum herausgegeben wurden, und, so Paulsens Tenor (Paulsen, B 4: 1991, 41 f.), eher davon zeugen, wie schwer Huch ein Bild von sich selbst fiel, das ihre polaren Ich-Eigenschaften erfassen und vereinbaren konnte. Die Meinungen über die Bedeutung des Canetti'schen Bilderbogens gehen weit auseinander. Paulsen sieht darin »fraglos einen der Höhepunkte moderner deutscher Autobiographie« (ebd., 162), andere Kritiker monierten, dass die Lebensgeschichte hinter den »objektiven« Fakten zu blass geblieben sei. Meines Erachtens haben wir es hier eher mit Memoiren zu tun, was diese »Blässe« erklären würde. Canetti hat wohl, besonders im ersten Band, einen autobiographischen Impetus verfolgt (man lese die Eingangspassage), aber entstanden ist ein Werk über wichtige Begegnungen mit vielen Größen der Zeit, etwa mit Karl Kraus. Die Kämpfe mit der Mutter, das Eindringen in die Ordnung der Sprache, die Liebesbeziehung zu Veza sind sicher keine gängigen Memoireninhalte. Sie streuen aber nur winzige Brosamen einer wirklichen Lebensgeschichte. Das Zeitalter wird wie im Kaiserpanorama gesehen, von sich sieht Canetti weitgehend ab; dafür suggeriert er eine Verfügungsgewalt über Erinnerungen, welche ebenso wenig produktivem Zweifel unterliegt wie seine Subjektauffassung. Damit gehört er zu den großen Unzeitgemäßen – ähnlich wie Manés Sperber –, welche über der von den Kritikern begrüßten Rückkehr zum Erzählen nicht nur eine berechtigte Abkehr vom Dogma der Betroffenheit vollziehen, sondern ihre eigenen erzähleri-

schen Anfänge verneinen. Vom Verfasser der *Blendung* zum
»Keller des 20. Jahrhunderts« (ebd., 165) führt eine abschüssige Bahn.[89]

Anti-Idyllen und Grenzüberschreitungen im autobiographischen Roman

Mit der Ausweitung autobiographischen Schreibens ging in
den 70er-Jahren eine Vervielfältigung der Formen einher.
Autobiographien beschrieben nicht mehr Kindheiten und
Jugenden, am allerwenigsten geschlossene Lebenskreisläufe,
sondern verloren sich immer mehr ins Kleinteilige des einzelnen bestimmenden Erlebnisses und der Stimmung. Statt
der Retrospektive herrschte die Mikroskopie. Dem entsprachen die formalen Verästelungen: Der autobiographische
Essay, das Fragment, das Bewusstseinsprotokoll, die Dokumentation erweiterten das gängige autobiographische
Repertoire. Seit Mitte der 70er-Jahre hingegen ist die Rückkehr zum Literarischen mit *einer* dominierenden Form verknüpft, dem autobiographischen Roman. Damit soll anderen innovativen Formen nicht ihr Rang abgesprochen werden: Ernst Jandls (GW, B 1: 1985) autobiographische Texte
(*1944; Zur Wichtigkeit, Ernst und ernst zu sein* u. a.), die
Riha »verdichtete Psychogramme« genannt hat; Friederike
Mayröckers Konzept der »Biographielosigkeit als Lebensform«, die »keine Autobiographie«, dennoch höchst Authentisches ermöglicht (vgl. Riess-Beger, B 5: 1995, bes.
221 ff.); vielleicht auch Rühmkorfs *Die Jahre, die ihr kennt*
(1972) als »neue Art von Buch: eine monströse Privatgeschichtsschreibung, eine essayistische Autobiographie [...].
Das Ganze ist durchsetzt mit politischen Kampfartikeln,
Kunstpolemiken, Kritiken, Kinderversen und unveröffent-

---

89 1996 sind Canettis letzte Aufzeichnungen erschienen, in denen der Skeptizismus sich selbst gegenüber lesenswerte Einsichten zutage gefördert hat (Canetti, B 1: 1996).

lichten Geschichten«[90]; Sarah Kirschs autobiographisches Märchen *Allerlei-Rauh. Eine Chronik* (1988) – und nicht zuletzt das Riesenwerk Herbert Achternbuschs, das in filmischer und literarischer Umkreisung des Ich eine anarchistische Autobiographie genannt werden kann. Eine Sonderstellung innerhalb der deutschsprachigen Autobiographik, die zugleich verbunden ist mit einer kollektiven biographischen Geschichtsschreibung, nimmt das Lebenswerk Walter Kempowskis ein, der zuletzt mit *Das Echolot* (1993), einem kollektiven Tagebuch von 3000 Seiten über die zwei ersten Monate des Kriegsjahres 1943, an die Öffentlichkeit trat. Man kann diese monumentale Collage von Zeit-Dokumenten, die Kempowski als erzählender Chronist verfugt hat, als Höhepunkt und Opus magnum eines Werks sehen, das den geschichtlichen Faktor sicher stets höher angesetzt hat als den subjektiven.

Die einzige durchgängige Tendenz innovativer Gattungsvariation von den 70er-Jahren bis zu den aktuellsten Werken der 90er-Jahre ist jedoch die Hinwendung zum autobiographischen Roman (oder der autobiographischen Erzählung). Die Fiktionalisierung in romanhafter Form bietet die Gewähr, trotz einer gewissen Homogenisierung des autobiographischen Materials mit diesem experimentell verfahren zu können.

a) »Tourismus in alte Heimaten« (Wolf): Kindheiten

Christa Wolfs *Kindheitsmuster. Roman* (1976) wurde zum strukturbildenden Muster einer Auseinandersetzung mit Vergangenheit, wie es sie in dieser komplexen Form bis dato nicht gab. Nicht im Verlautbarungsjargon der SED-Partei soll nach »dem« Faschismus gefahndet werden, sondern in hochnotpeinlicher Selbstbefragung stellt Christa

---

90 Verlagsauskunft, zit. nach *Geschichte der deutschen Literatur*, Bd. 6, B 4: 1984, 150.

Wolf sich die Frage nach dem Mitläufertum des jungen
Mädchens, das sie damals war (und das sie »Nelly« nennt).
Eine lineare Erzählweise war für das Projekt, »Ich, du, sie«
als untrennbare Einheiten synthetisch auseinanderzuhalten
und doch wieder zu einer Geschichte zusammenzufügen,
nicht durchführbar: »Sprachlos bleiben oder in der dritten
Person leben, das scheint zur Wahl zu stehen« (Wolf, B 1:
1979, 9). Wolf hat aus diesem Dilemma heraus ein mehr-
schichtiges Erzählverfahren gewählt, wobei sie sich völlig
im Klaren darüber war, dass dies »auf ungenaue Benennun-
gen ausweichen und den wirklichen Vorgang verfälschen«
heißt (ebd., 252). Was sie anstrebt, ist durch kein Erzählverfahren erreichbar: »phantastische Genauigkeit« (ebd.). Die
erste Erzählebene ist die Reise an den Geburtsort im heutigen Polen, zusammen mit Mann, Bruder und Tochter, die
zweite chronologische Ebene ist die Kindheitserinnerung an
den Alltag im Faschismus, und die dritte Ebene ist die Er-
zählgegenwart, in der die Autorin Zeitgeschehen kommentiert, Stellung zu ihren Verfahren nimmt, Zweifel äußert.
»Wann hat das angefangen?« (ebd., 153) – dieser Frage nach
dem Einsetzen bestimmter Bewusstseinsveränderungen bis
hin zum mentalen Engagement im ›Bund deutscher Mädel‹
geht Wolf mit geradezu kriminalistischem Gespür nach.
»Der Hang zur Authentizität nimmt zu« (ebd., 153): Durch
die Rekonstruktion familiärer Ereignisse im Zeitzusam-
menhang, über die »Glitzerworte«, die nicht ausgesprochen
werden dürfen, sucht sie Nelly auf die Spur zu kommen,
immer vom Zweifel an der Vermittlung des Vergangenen
begleitet: »Die Beschreibung der Vergangenheit – was immer das sein mag, dieser noch anwachsende Haufen von Erinnerungen – in objektivem Stil wird nicht gelingen« (ebd.).
Das Ende der Aufzeichnungen bleibt ein offenes – ob es
»unmöglich ist, der Todsünde dieser Zeit zu entgehen, die
da heißt: sich nicht kennenlernen wollen« (ebd., 377), kann
die Autorin nicht beantworten: »Ich weiß es nicht« (ebd.,
378). Trotz und gerade wegen dieser Offenheit – gegen die

lebenslange »Panzerung« (ebd., 376) – ist der Autorin ein
großer Wurf gelungen. Das Beharren auf der Suche nach
den kindheitsprägenden Mustern, die über die offiziellen
Erklärungen hinaus in der eigenen Geschichte Anfälligkei-
ten für ideologische Verführbarkeit aufspürt, konnte dem
Regime nicht recht sein.

Andere DDR-Autoren, wie Stephan Hermlin in *Abendlicht* (1979), versuchten ihre Autobiographie innerhalb des
literaturpolitisch vorgegebenen Rahmens zu halten. Den
Balanceakt zwischen lyrischer Subjektivität und politischen
Bekundungen hat Hermlin nicht geschafft. Was Christa
Wolf trotz der zahlreichen Widerstände zu einem Ganzen
integrieren konnte, bleibt bei Hermlin unvermittelt. Passagen lyrischer Intensität, erzählte Zeit der Jugend, Vorgriffe,
politische Statements bleiben Erinnerungssplitter, die sich
nicht zu einem übergreifenden Bild zusammenfügen. Weit
schwerer als die stilistische Inkohärenz wiegt der Vorwurf,
den der Literaturwissenschaftler Karl Corino (B 5: 1996) an
Hermlins Adresse richtete: Die meisten seiner Angaben,
zum Reichtum der Familie, zur eigenen Bildungsbiographie, zur Tätigkeit im Berliner Untergrund der Jahre 1933
bis 1936, die Teilnahme am Spanischen Bürgerkrieg und der
Résistance, ja sogar die Inhaftierung im KZ, der Tod des
Bruders als Flieger und der des Vaters im KZ Sachsenhau-
sen seien geschönt oder frei erfunden. Mit »Fiktionalisierung« hat dies wenig zu tun, konnte Corino doch nachweisen, dass Hermlin auch in anderen dezidiert autobiographischen Texten an der eigenen Legende gebastelt hat (vgl. im
vorliegenden Band S. 39–41). Viel eher liegt hier ein Fall
vor, den man mit Rekurs auf Lejeune eine Vortäuschung des
»autobiographischen Paktes« nennen könnte – vielleicht
rührt daher das Nebulöse des Textes.

Helga Novaks Roman *Die Eisheiligen* (1979) und der
Folgeband *Vogel federlos* (1982) beschreiben den Leidens-
weg einer Vier- bis Sechzehnjährigen bei ihren Adoptiv-
eltern und das Engagement als Jugendliche in der DDR.

»Kaltesophie«, die Adoptivmutter, scheint einem bösen Märchen entsprungen. Mit Prügeln, Demütigungen, Liebesentzug bestraft sie jede Handlung des Kindes, die nicht in ihr »Erziehungskonzept« passt. Das Kind unterwirft sich jedoch nicht: Zum einen gewinnt sie aus der Beziehung zu Concordia, der Schwester des Adoptivvaters, das Bild einer warmen und lebendigen Gegenwelt zu der eisig erstarrten familiären Welt. Concordia ist belesen, fähig zur Relativierung und zur Distanzierung vom kleinbürgerlichen Mief ihrer Verwandtschaft; das Scheitern ihres Humanismus an der brutalen Wirklichkeit zeigt jedoch auch die Begrenztheit ihrer Vorbildfunktion. Dennoch leistet das Kind Widerstand mit allen Mitteln – im Gegensatz zu manch anderem Beitrag der »Katastrophenliteratur« (Rutschky) ist die Schilderung ihrer zerstörerischen Akte zum Teil ausgesprochen komisch, wozu nicht zuletzt die »Berliner Schnauze« beiträgt. Als das Mädchen erfährt, dass bereits einmal ein Adoptivkind bei Kaltesophie gestorben ist, kämpft sie um ihr Überleben in einem ganz direkten Sinn. Das Gefühl seelischer Taubheit – »Da ist wieder das Gefühl, daß es mich gar nicht gibt« (Novak, *Die Eisheiligen*, B 1: 1989, 165) – und Selbstzerstörungswünsche können nur eingedämmt werden, indem sie überall ihre Signatur hinterlässt: Sie ritzt ihren Namen ein, und sie schreibt Gedichte. Gegen Ende des ersten Buches ist die weitere Entwicklung vorgezeichnet. Der Eintritt in die Jugendorganisationen des Staates stellt den größtmöglichen Widerstandsakt dar, sind beide Eltern doch vollkommen gegen den Staat der »Vaterlandsverräter« eingestellt. Hier erfährt sie erstmals »Aussicht auf Leben« und »Zuversicht« (ebd., 223). Doch bereits an dieser Stelle werden die Widersprüche zwischen ihrem Wunsch nach einem Sozialismus mit menschlichem Antlitz und dem real existierenden Sozialismus angedeutet. Im zweiten Teil ihrer Biographie beschreibt sie die Vertiefung dieses Widerspruchs. Anders als Christa Wolf markiert Novak die Erzählebene nicht; sie bemüht sich vielmehr um erzählerische

Vergegenwärtigung ohne Brechungen. Dennoch besticht insbesondere der erste Band durch seine sprachliche Gestaltung: Aus der Perspektive des Kindes wird erzählt, Dialoge
werden wiedergegeben, Satz- und Liedfetzen aus der All-
tagswirklichkeit eingestreut, Gedichte und innere Mono-
loge eingebaut. Eine Collage entsteht so, die, anders als
Hermlins Geschichtsklitterung, ein wirkliches Mosaik ergibt.

Eine Reihe solch schmerzhafter Erinnerungen an die
Kindheit entstanden in dieser Zeit. So komplex wie Christa
Wolfs Roman oder Bernward Vespers Fragment sind die
wenigsten dieser eher persönlichen Abrechnungen, aber die
Eruption des Freischreibens merkt man Werken wie Manfred Bielers *Still wie die Nacht – Memoiren eines Kindes*
(1989) oder Cordelia Edvardsons *Gebranntes Kind sucht
das Feuer* (1989) an. Die persönliche Recherche nach der le-
bensbestimmenden Prägung findet sich bei Horst Bieneks
Birken und Hochöfen (1990) ebenso wie bei Beate Morgen-
sterns *Nest im Kopf* (1989). Bienek definiert Kindheit als
Heimat, die, im Gegensatz zur besuchten ehemaligen Heimat Oberschlesien, nicht verlorengehen kann; Morgenstern
berichtet von einer Kindheit im frommen »Gottshut« und
der Wiederbegegnung der Erwachsenen mit diesem Ort.
Eine Verbindung von Lebensgeschichte und Zeitgeschichte
im größeren Rahmen einer hundertjährigen Familiengeschichte hat Ingeborg Drewitz unternommen (*Gestern war
heute. Hundert Jahre Gegenwart*, 1978). Die Zeitläufte, besonders Nationalsozialismus und Studentenrevolte prägen
die Geschichte der Hauptfigur Gabriele, die unter anderem
als Emanzipationsgeschichte zu lesen ist.

b) Künstliche Anti-Idyllen

Lange hatte man auf Koeppens großen Roman, sein Opus
magnum gewartet, dessen Titel »In Staub mit allen Feinden
Brandenburgs« lauten sollte. Als er dann erschien, war es

ein autobiographisches Werk mit dem ganz schlichten Titel *Jugend* (1976). So schmal es ist, kann es doch als ein Meisterwerk autobiographischer Erzählkunst gelten. *Jugend* ist ein Text über einen Jugendlichen, der, unehelich geboren, in Greifswald aufwächst. Er schildert die provinzielle Enge, die erstickende Moral des Kaiserreichs und eine militaristische und präfaschistische Atmosphäre in vielen Facetten: das Militär-Knaben-Institut (in dem Koeppen nie war), die Korpsstudenten, einen von Freikorpsleuten begangenen Mord. Schlaglichter zeigen die Familie und die »familiäre Niedertracht« (Koeppen, *Jugend*, B 1: 1986, 9), die soziale Deklassierung der Mutter und deren Orientierung an der großen Welt; Vergnügungsorte, das Lichtspielhaus, die Universität und ihre Bibliothek werden ausgeleuchtet, Porträts ihrer jeweiligen Vertreter gezeichnet, die als Karikatur Grosz'schen Formats ein Bild des »autoritären Charakters« formen, aber auch abweichende Charaktere, die mögliche Identifikationsfiguren abgeben könnten (der Amtsrichter »Tante Martha«). Pubertäres Erwachen, das Motiv der Verwandlung, die Flucht in Literatur und anarchistisches Einzelgängertum sind Themenkreise, die gleichberechtigt neben erzählerischen Reflexionen der Armut, der Macht, des Krieges stehen. Parataktisch organisiert, ist der Text nicht Zeugnis eines Lebenslaufs in aufsteigender oder absteigender Linie, sondern träumerisches Panorama eines erinnernden Bewusstseins, das bis in die Gegenwart hinein auf der Traumdoublette des tatsächlich gelebten Lebens beharrt: »Ich glaubte damals, aufzuwachen, aber die Wahrheit ist wohl, daß mein Schlaf sich in einem Traum verlor. Ich sah mich in diesem Traum agieren, ich handelte folgerichtig nach einer ihm innewohnenden Logik; doch ich hätte zu keiner Zeit sagen können, wovon ich träumte, oder auf welches Ziel hin ich mich bewegte.« (Ebd., 47) Der Text wirft aufgrund seiner komplexen Sprachstrukturen erhebliche Deutungsprobleme auf. Ist es überhaupt ein autobiographischer Text? Einen Fingerzeig liefert das vorangestellte

Motto »Das Gedichtete behauptet sein Recht wie das Ge-
schehene. Goethe« (ebd., 7) – ein deutlicher Hinweis auf die
Nähe zu Goethes Konzept des »Grundwahren«. Das Paradoxon möglicher und stets denkbarer Alternativen bestimmt diese Prosa, nicht die nachprüfbare Faktizität eines
Lebenslaufs.

Letzteres gilt auch für die fünfbändige Autobiographie
Thomas Bernhards (*Die Ursache. Eine Andeutung*, 1975;
Der Keller. Eine Entziehung, 1976; *Der Atem. Eine Entscheidung*, 1978; *Die Kälte. Eine Isolation*, 1981; *Ein Kind*,
1982). Lebensthema von den frühen Gedichten bis zu seinen späten Werken war der Tod. Existenz wird von Anbeginn im Angesicht des Todes gelebt – Bernhard hat sein
Leben aus der Perspektive des Todes und auf diesen hin geschrieben, als Thanatographie (vgl. zu dieser Thematik ausführlich Holdenried, B 2: 1991, 316 ff.). Es ist dies die radi-
kalste Form einer Anti-Idylle, deren Besonderheit in der
Dominanz des Ästhetisch-Philosophischen über die lebensgeschichtliche Faktizität liegt. Wie Koeppens autobiographisches Fragment als Rondo angelegt war, in der das Motiv der Schlange (als Sexualsymbol, als Symbol der Ewig-
keit) den äußeren Zusammenhang bildet, so kehrt auch
Bernhard mit dem letzten Band in die allererste Kindheit
zurück, wodurch der lebensgeschichtliche Kreis künstlich
geschlossen wird. Die Schulzeit im Salzburger Internat, die
Kriegsereignisse, die Fortsetzung der autoritären Unter-
drückungsmechanismen im katholischen Johanneum, der
Abbruch der schulischen Laufbahn und die Lehrzeit bei einem Lebensmittelhändler in einem heruntergekommenen
Viertel Salzburgs, der Versuch einer Ausbalancierung von
praktischen und musischen Interessen, die Erkrankung, die
schließlich zu Tuberkulose und langwierigen Behandlungen
in einem Lungensanatorium führt – all dies sind nur äußere
Stationen in der Ausbildung eines Skeptikers, der vom
Großvater die schonungsloseste Erziehung zum selbständigen Denken erfährt. Es sind immer wieder lebensentschei-

dende Augenblicke, besonders in *Der Atem*, die zu existentiellen Kehrtwendungen in die »entgegengesetzte Richtung« (Bernhard, B 1: 1994a, 7) führen. Die Geschichte seines Lebens hat Bernhard, an Montaigne geschult, nicht preisgegeben – er hat nur »Andeutungen« darüber gemacht: »Aber auch das kann, wie alles hier Notierte, nur Andeutung sein« (Bernhard, *Die Ursache*, B 1: 1994b, 88).

Künstlich sind beide Anti-Idyllen, insofern es weder Koeppen noch Bernhard um die Ausmalung einer besonders schrecklichen Kindheit geht. Beide weichen vor den Gefahren allzugewisser Erinnerung in ein distanzschaffendes Erzählverfahren aus, das höchst artifiziell ist und keine bloße Reduktion der »Fakten« auf ein lebensgeschichtlich sinndeutendes Schema mehr erlaubt.

c) Überlebensprojekte, späte Bewältigungsversuche

1983 schrieb Grete Weil, Überlebende des Holocaust, in ihrem autobiographischen Roman *Generationen* von ihrer »Krankheit Auschwitz«, an der sie, wie Jean Améry oder Primo Levi, unentrinnbar litt. Das Schreiben ist der Versuch, am Leben zu bleiben. Wie in ihrem davor erschienenen autobiographischen Buch *Meine Schwester Antigone* (1980) reicht die Vergangenheit immer wieder bedrohlich in die Gegenwart hinein, die Gegenwart einer alten Frau. Die Zunahme von Veröffentlichungen, die der Holocaust-Literatur zuzurechnen sind, in den 80er- und 90er-Jahren, hat unmittelbar etwas mit dem Alter ihrer Autorinnen und Autoren zu tun – der Abstand, wie ihn Goethe für die Autobiographie forderte, zeitigt hier jedoch keinerlei beruhigte Rückschau. Im Gegenteil aktualisiert die Auseinandersetzung mit dem nahenden eigenen Tod noch einmal auf bedrohliche Weise das Trauma der Verfolgung. Eine Ausnahmeerscheinung in dieser Reihe stellt Edgar Hilsenraths autobiographischer Roman *Die Abenteuer des Ruben Jablonski* (1997) dar, der in der Form des Abenteuerromans

über seine Kindheit, das rumänische Ghetto und den Weg
zum Schreiben berichtet. Damit wendet sich Hilsenrath auf
ungewöhnliche Weise vom Augenzeugenbericht ab und
wählt den Roman, vielleicht um damit auch formal zu
dokumentieren, dass das Schreiben für ihn eine Transzendierung der leidvollen Erfahrungen bedeutet hat. Nachgelassene Aufzeichnungen wie die Tagebücher Viktor Klemperers über die Zeit von 1933 bis 1945 (1997) oder die
weitgehend unbemerkt gebliebenen Aufzeichnungen Oskar
Rosenfelds (*Wozu noch Welt? Aufzeichnungen aus dem
Ghetto Lodz*, 1994) vermitteln hingegen etwas von der existentiellen Notwendigkeit, im Hier und Jetzt der Bedrohung zu schreiben, um zu überleben.

Aus dem Nachlass herausgegeben wurden die »Kapitel
einer Autobiographie« mit dem Titel *»Narziß mit Brille*
(1985) von Bernhard Blume, der vor seiner Emigration in
die USA zu den viel gespielten Dramatikern der Weimarer
Republik zählte. Blume hat seine Autobiographie vielleicht
auch deshalb nicht beenden können, weil er das Projekt einer »Anti-Autobiographie« verfolgte. Ein ganzes Kapitel
ist dem Zweifel an der Autobiographie gewidmet. Als einzig lockende Aufgabe erscheint ihm das Zertrümmern der
Autobiographie, doch hofft er andererseits auf heilende
Kräfte von ihr: »Vielleicht wäre uns schon geholfen, wenn
wir mehr *verzweifelte* Autobiographien zu lesen bekämen«
(Blume, B 1: 1985, 124). Kindheit wird ebenso ausführlich
beschrieben wie der »Schrumpfungsprozeß«, den er im Altern sieht. Zwischen beiden Polen findet keine zielgerichtete
Entwicklung statt; Blume gesteht sich selbst gegenüber
schonungslos ein, dass er meist gerade keine Entscheidungen getroffen hat, sondern »die Umstände« sein Handeln
bestimmten.

d) Grenzüberschreitungen

Weit entfernt von dem ihr prophezeiten Ende ist das innovative Potential der Autobiographik der Jahrtausendwende noch lange nicht ausgeschöpft. Ein Stichwort soll am Ende dieses geschichtlichen Überblicks stehen, unter dem alle weiteren denkbaren Entwicklungen zusammengefasst werden können: das der Grenzüberschreitung. Die Öffnung hin zur Fiktionalisierung als einer bewussten literarischen Strategie war die weitreichendste dieser Grenzüberschreitungen. Welche Variationsbreite und zukünftigen Möglichkeiten autobiographischen Schreibens sie gestattet, sei an einigen Beispielen abschließend mehr angedeutet als interpretatorisch erschlossen.

Die Landkarte seiner Erinnerungen hat Hermann Lenz immer kleinteiliger vermessen. Das Ineinanderübergehen von makroskopischer Zeitsicht und mikroskopischer Beobachtung in seinem umfassenden autobiographischen Romanzyklus mit dem Protagonisten Eugen Rapp folgt einem eigenen, ganz unzeitgemäßen und doch modernen Zeitmaß des Eingedenkens. Von der Welt der Großeltern im Württemberg um 1900 bis in die letzte Lebensphase umfasst dieses Werk unser Jahrhundert. Eigene Lebensgeschichte und Zeitgeschehen werden in einer gänzlich unspektakulären, dafür umso eindringlicheren Form aus der Distanz des beteiligten Beobachters aufeinander bezogen. Die Suche Lenz' »nach den Filtern der Erinnerung und des Schreibens, um der ›Struktur des Lebens‹ nahezukommen« ist in dieser Form »einer ›unendlichen‹ und [...] metaphysischen Autobiographik« (Moritz, B 4: 1988, 205) zu größtmöglicher Annäherung an das individuelle Sein geronnen. Das Pendant zu diesem autobiographischen Großprojekt stellt die Mikroautobiographie von Georges-Arthur Goldschmidt dar, der in bisher fünf Bänden das Trauma seiner Verfolgung als jüdisches Kind umkreist hat. In einer unerhört intensiven Sprache durchdringt Goldschmidt die Bedin-

gungen seiner Existenz. »Phantastische Genauigkeit«, wie
sie Wolf im diskursiven Erinnern beschworen hat, gelingt
Goldschmidt in einer Art tiefenanalytischen Eindringens in
die Ordnung der Sprache vom Ich, die außerhalb jedes Diskurses der Sinndeutung zu stehen scheint. Vergleichbar ist
diesem Werk vielleicht nur das Selbstexperiment eines Fernando Pessoa oder eines Michel Leiris.

Das allmähliche Verschwinden von Grenzen wird vielleicht *das* Signum dieses und des kommenden Jahrhunderts
sein. Mit der Frage nach Identitäten unter der Bedrohung
eines Überwachungsstaates setzt sich Wolfgang Hilbig in
seinem Roman *Ich* (1993) auseinander. Opfer oder Täter –
solche eindeutigen Oppositionen verschwimmen in einer
kafkaesk ausgedeuteten Welt unentrinnbarer Simulation, in
der Verfolger und Verfolgte gleichermaßen leben müssen.
Die Entstehung hybrider Identitäten ist Thema jener Literatur, die ihren Ursprung dem Überschreiten realer Grenzen verdankt. Mit dem Leben zwischen zwei Kulturen werden sich künftig immer mehr Autobiographien der Mi-
grantinnen und Migranten beschäftigen.

Eine letzte Grenze bleibt in der Autobiographie: die zum
Tod. Stephan Heym hat auch diese augenzwinkernd mit
seiner Autobiographie überschritten: Statt eines echten
Nachrufs (1988) »mag der geneigte Leser mit diesem Buche
vorliebnehmen« (Heym, B 1: 1988, 844).

Bibliographie

Im Text wird auf die nachfolgend verzeichneten Titel der Bibliographie (B) jeweils in Klammern mit dem Verfasser- oder Herausgebernamen, Publikationsjahr und der Seitenzahl verwiesen (z. B.: Niggl, B 2: 1989, 16 f.). Sind mehrere Ausgaben eines Werkes angegeben, so handelt es sich in der Regel jeweils um die leichter erreichbare und die zitierfähige Ausgabe.

1. Ausgaben

Abaelard. Die Leidensgeschichte und der Briefwechsel mit Heloisa. Übers. und hrsg. von Eberhard Brost. Mit einem Nachwort von Walter Berschin. 4., verb. Aufl. Heidelberg 1979.

Andersch, Alfred: Die Kirschen der Freiheit. Ein Bericht. Nachwort von Martin Gregor-Dellin. (Unveränd. Neuausg.) Zürich 1968.

Amiel, Henri-Frédéric: Intimes Tagebuch. Mit Texten von Georges Poulet [u. a.]. Einleitung, ausgewählt und übers. von Ernst Merian-Genast. München 1986.

Arnim, Bettine von: Die Günderode. Mit einem Essay von Christa Wolf. Frankfurt a. M. 1983.

– Goethes Briefwechsel mit einem Kinde. Hrsg. und eingeleitet von Waldemar Oehlke. Frankfurt a. M. 1985.

– Clemens Brentanos Frühlingskranz aus Jugendbriefen ihm geflochten, wie er selbst schriftlich verlangte. Mit einem Nachwort von Hartwig Schultz. Frankfurt a. M. 1985.

Augustinus, Aurelius: Bekenntnisse. Mit einer Einleitung von Kurt Flasch. Übers. und mit Anmerkungen versehen und hrsg. von Kurt Flasch und Burkhard Mojsisch. Stuttgart 1998.

Baldinger, Dorothea Friderika: Versuch über meine Verstandeserziehung. In: »Ich wünschte so gar gelehrt zu werden.« Drei Autobiographien von Frauen des 18. Jahrhunderts. Texte und Erläuterungen. Hrsg. von Magdalene Heuser, Ortrun Niethammer, Marion Roitzheim-Eisfeld und Petra Wulbusch. Göttingen 1994. S. 7–25.

Beig, Maria: Rabenkrächzen. Eine Chronik aus Oberschwaben. Roman. Mit einem Nachwort von Martin Walser. Frankfurt a. M. 1983.

Benjamin, Walter: Berliner Kindheit um Neunzehnhundert. Frankfurt a. M. 1983.

Benn, Gottfried: Doppelleben. In: Gottfried Benn. Das Hauptwerk. Bd. 4: Vermischte Schriften. Hrsg. von Marguerite Schlüter. Wiesbaden/München 1980. S. 67–171.

Bernd, Adam: Eigene Lebens-Beschreibung. Vollständige Ausgabe. Mit einem Nachwort, Anmerkungen, Namen- und Sachregister hrsg. von Volker Hoffmann. München 1973.

Bernhard, Thomas: Die Kälte. Eine Isolation. München [6]1992.
– Der Atem. Eine Entscheidung. München [9]1994. [Zit. als: 1994a.]
– Die Ursache. Eine Andeutung. München [14]1994. [Zit. als: 1994b.]
– Der Keller. Eine Entziehung. München [11]1995.
– Ein Kind. München [11]1995.

Bienek, Horst: Birken und Hochöfen. Eine Kindheit in Oberschlesien. Berlin 1990.

Blume, Bernhard: Narziß mit Brille. Kapitel einer Autobiographie. Heidelberg 1985.

[Bräker, Ulrich:] Ulrich Bräker Lesebuch. Hrsg. von Heinz Weder. Frankfurt a. M. 1973.

Bräker, Ulrich: Lebensgeschichte und natürliche Ebenteuer des armen Mannes in Tockenburg. Mit einem Nachwort hrsg. von Werner Günther. Stuttgart 1981.

Bronnen, Arnolt: Arnolt Bronnen gibt zu Protokoll. Beiträge zur Geschichte des modernen Schriftstellers. Hamburg 1954.

Canetti, Elias: Die gerettete Zunge. Geschichte einer Jugend. Frankfurt a. M. 1979.
– Die Fackel im Ohr. Lebensgeschichte 1921–1931. Frankfurt a. M. 1982.
– Das Augenspiel. Lebensgeschichte 1931–1937. München/Wien 1985.
– Aufzeichnungen 1992–1993. München/Wien 1996.

Cardano, Girolamo: Des Girolamo Cardano von Mailand eigene Lebensbeschreibung (De propria vita, deutsch). Aus dem Lateinischen übers. von Hermann Hefele. München 1969.

Carossa, Hans: Geschichte einer Jugend. Wiesbaden 1957. [Sonder-Ausg. mit *Eine Kindheit*, *Verwandlungen einer Jugend*, *Das Jahr der schönen Täuschungen*, *Der Tag des jungen Arztes*.]
– Tagebuch im Kriege. Rumänisches Tagebuch. Leipzig [o. J.]. [Zit. als: Tagebuch.]

Carossa, Hans: Sämtliche Werke. 2 Bde. Unveränd. Nachaufl. Frankfurt a. M. 1978. [Zit. als: SW.]

Cellini, Benvenuto: Leben des Benvenuto Cellini Florentinischen Goldschmieds und Bildhauers von ihm selbst geschrieben übersetzt und mit einem Anhange herausgegeben von Johann Wolfgang Goethe. Mit einem Nachwort von Harald Keller. Frankfurt a. M. 1981.

Christ, Lena: Erinnerungen einer Überflüssigen. München ³1991.

Christine de Pizan: Das Buch von der Stadt der Frauen. Aus dem Mittelfranzösischen übers., mit einem Kommentar und einer Einleitung versehen von Margarete Zimmermann. Berlin 1986.

Dessoir, Max: Buch der Erinnerung. Stuttgart ²1947.

Döblin, Alfred: Autobiographische Schriften und letzte Aufzeichnungen. Frankfurt a. M. / Wien / Zürich 1978.

Ebner, Margaretha: Margaretha Ebner und Heinrich von Nördlingen. Hrsg. von Philip Strauch. Freiburg/Tübingen 1882.

Ebner-Eschenbach, Marie von: Kritische Texte und Deutungen. Hrsg. von Karl Konrad Polheim. Autobiographische Schriften 1: Meine Kinderjahre. Aus meinen Kinder- und Lehrjahren. Kritisch hrsg. und gedeutet von Christa-Maria Schmidt. Tübingen 1989.

Enzensberger, Hans Magnus: Requiem für eine romantische Frau. Die Geschichte von Auguste Bussmann und Clemens Brentano. Nach gedruckten und ungedruckten Quellen überliefert von H. M. Enzensberger. Berlin 1988.

Erlenberger, Maria: Der Hunger nach Wahnsinn. Ein Bericht. Reinbek bei Hamburg 1977.

Fallada, Hans: Damals bei uns daheim. Erlebtes, Erfahrenes und Erfundenes. Heute bei uns zu Haus. Ein anderes Buch Erfahrenes und Erfundenes. Berlin/Weimar 1983.

Fontane, Theodor: Meine Kinderjahre. Autobiographischer Roman. In: Th. F.: Sämtliche Werke. Bd. 14. München 1961.

– Autobiographisches. Gedichte. In: Th. F.: Nymphenburger Taschenbuch-Ausgabe in 15 Bänden. Kommentiert von Kurt Schreinert, zu Ende geführt von Annemarie Schreinert. Bd. 15. München 1969.

– Autobiographische Schriften. Hrsg. von Gotthard Erler, Peter Goldammer und Joachim Krueger. Bd. 1: Meine Kinderjahre. – Bd. 2: Von Zwanzig bis Dreißig. Berlin/Weimar 1982.

Frank, Anne: Das Tagebuch der Anne Frank. 14. Juni 1942 – 1. August 1944. Mit einer Einführung von Marie Baum. Heidelberg 1950.

Frisch, Max: Tagebuch 1946–1949. Frankfurt a. M. 1958.
– Montauk. Eine Erzählung. Frankfurt a. M. 1975.
Glaser, Georg K.: Geheimnis und Gewalt. Ein Bericht. Basel /
    Frankfurt a. M. 1989.
Glückel von Hameln: Denkwürdigkeiten der Glückel von Hameln.
    Aus dem Jüdisch-Deutschen übersetzt. Mit Erläuterungen verse-
    hen und hrsg. von Alfred Feilchenfeld. Bodenheim bei Mainz
    1999.
Goethe, Johann Wolfgang: Werke. (Hamburger Ausgabe.) Bd. 9:
    Autobiographische Schriften 1. Aus meinem Leben. Dichtung
    und Wahrheit. Textkritisch durchgesehen von Lieselotte Blumen-
    thal. Mit Anmerkungen versehen von Erich Trunz. Hamburg
    [6]1967.
– Tagebücher. [Hist.-krit. Ausg.] Bd. I,1. 2. 1775–1787. Hrsg. von
    Wolfgang Albrecht und Andreas Döhler. Stuttgart/Weimar 1998.
Goldammer, Peter (Hrsg.): Erlebtes und Erfahrenes. Autobiogra-
    phien von Seume bis Keller. Rostock 1977.
Goldschmidt, Georges-Arthur: Ein Garten in Deutschland. Eine
    Erzählung. Aus dem Französischen übers. von Eugen Helmlé.
    Zürich 1988.
– Der Spiegeltag. Roman. Übers. von Peter Handke. Frankfurt a. M.
    1989.
– Die Absonderung. Erzählung. Mit einem Vorwort von Peter
    Handke. Zürich 1991.
– Die Aussetzung. Eine Erzählung. Zürich 1992.
– Der unterbrochene Wald. Erzählung. Aus dem Französischen
    von Peter Handke. Zürich 1992.
Goll, Claire: Ich verzeihe keinem. Eine literarische Chronique scan-
    daleuse unserer Zeit. Bern/München [2]1978.
Goltz, Bogumil: Buch der Kindheit. Hrsg. von Friedhelm Kemp.
    (Lebensläufe Erinnerungen Briefe. 1.) München 1964.
Graf, Oskar Maria: Frühzeit. Jugenderlebnisse. Berlin 1922.
– Wir sind Gefangene. Ein Bekenntnis. Mit einem Nachwort von
    Walter Jens. München 1978.
Grillparzer, Franz: Selbstbiographie. Hrsg. und mit einem Nach-
    wort von Arno Dusini. Salzburg 1994.
Gutzkow, Karl Ferdinand: Schriften. Bd. 2: Literaturkritisch-Publi-
    zistisches. Autobiographisch-Itinerarisches. Hrsg. von Adrian
    Hummel. Frankfurt a. M. 1998.
Hammer, Ingrid / Nieden, Susanne zur (Hrsg.): Sehr selten habe ich

geweint. Briefe und Tagebücher aus dem Zweiten Weltkrieg von Menschen aus Berlin. Zürich 1992.

Handke, Peter: Wunschloses Unglück. Erzählung. Salzburg 1979.
– Das Gewicht der Welt. Ein Journal (November 1975 – März 1977). Berlin/Darmstadt/Wien [o. J.].

Hauptmann, Gerhart: Im Wirbel der Berufung. In: G. H.: Sämtliche Werke. Hrsg. von Hans-Egon Hass. Bd. 5: Romane. Darmstadt 1962.
– Das Abenteuer meiner Jugend. In: G. H.: Sämtliche Werke. Hrsg. von Hans-Egon Hass. Bd. 7: Autobiographisches. Darmstadt 1962.
– Tagebücher 1914 bis 1918. Hrsg. von Peter Sprengel. Berlin 1997.

Hebbel, Friedrich: Werke. Hrsg. von Gerhard Fricke, Werner Keller und Karl Pörnbacher. Bd. 3: Autobiographische Schriften. [Aufzeichnungen aus meinem Leben: S. 709–742]. München 1965. – Bd. 4: Tagebücher. München 1966. – Bd. 5: Tagebücher und Briefe. München 1967.

Heine, Heinrich: Historisch-kritische Gesamtausgabe der Werke. Hrsg. von Manfred Windfuhr im Auftrag der Landeshauptstadt Düsseldorf (Düsseldorfer Ausgabe). Bd. 15: Geständnisse, Memoiren; kleinere autobiographische Schriften. Bearb. von Gerd Heinemann. Hamburg 1982. [Zit. als: HKG.]

Hermlin, Stephan: Abendlicht. Leipzig [8]1990.

Herz, Henriette: Berliner Salon. Erinnerungen und Portraits. Hrsg. und mit einem Nachwort versehen von Ulrich Janetzki. Frankfurt a. M. 1984.

Heuser, Magdalene / Niethammer, Ortrun [u. a.] (Hrsg.): »Ich wünschte so gar gelehrt zu werden«. Drei Autobiographien von Frauen des 18. Jahrhunderts. Göttingen 1994.

Heym, Stefan: Nachruf. München 1988.

Hilbig, Wolfgang: »Ich«. Roman. Frankfurt a. M. 1993.

Hippel, Theodor Gottlieb von: Über die bürgerliche Verbesserung der Weiber. Berlin 1792. [Anonym erschienen.]

Huch, Ricarda: Erinnerungen an das eigene Leben. Mit einem Vorwort von Bernd Balzer. Köln 1980.

Immermann, Karl: Werke in fünf Bänden. Unter Mitarbeit von Hans Asbeck [u. a.] hrsg. von Benno von Wiese. Bd. 4: Autobiographische Schriften. Memorabilien. Frankfurt a. M. 1973.

Innerhofer, Franz: Schöne Tage. Schattseite. Zwei Romane. Berlin/Darmstadt/Wien [o. J.].
– Die großen Wörter. Roman. Frankfurt a. M. 1979.

Innerhofer, Franz: Der Emporkömmling. München 1986.

Isokrates: Antidosis oder über den Vermögenstausch. In: Isokrates: Sämtliche Werke. Bd. 2: Reden IX–XXI. Briefe. Fragmente. Einleitung und erläutert von Kai Brodersen. Übers. von Christine Ley-Hutton. Stuttgart 1997. S. 117–179.

Jandl, Ernst: Gesammelte Werke. Hrsg. von Klaus Siblewski. Bd. 3: Stücke und Prosa. Autobiographische Texte. Darmstadt/Neuwied 1985. S. 641–669.

Jean Paul [d. i. Johann Paul Friedrich Richter]: Werke. Bd 6: Selberlebensbeschreibung. Hrsg. von Norbert Miller. Nachwort von Walter Höllerer. München 1975. S. 1037–1105.

Joyce, James: Ein Porträt des Künstlers als junger Mann. Übers. von Klaus Reichert. Frankfurt a. M. 1976.

Jünger, Ernst: Strahlungen. Tübingen 1949.

Jung-Stilling, Johann Heinrich: Lebensgeschichte. Frankfurt a. M. 1983.

Kafka, Franz: Tagebücher 1910–1923. Hrsg. von Max Brod. Frankfurt a. M. 1983.

Karschin, Anna Louisa: Gedichte und Lebenszeugnisse. Hrsg. von Alfred Anger. Stuttgart 1987.

Keller, Gottfried: Sämtliche Werke und ausgewählte Briefe. Bd. 3: Autobiographie und Tagebücher. Hrsg. von Clemens Heselhaus. München 1958. S. 829–907.

Kempowski, Walter: Das Echolot. Ein kollektives Tagebuch. Januar und Februar 1943. 4 Bde. München 1993.

Kerner, Justinus: Das Bilderbuch aus meiner Knabenzeit. In: J. K.: Ausgewählte Werke. Hrsg. von Gunter Grimm. Stuttgart 1981. S. 111–365.

Klemperer, Viktor: Ich will Zeugnis ablegen bis zum letzten. Tagebücher 1933–1945. 2 Bde. Nachwort von Walter Nojowski. Hrsg. von Walter Nojowski unter Mitarbeit von Hadwig Klemperer. Berlin/Weimar 1997.

Klüger, Ruth: Weiter leben. Eine Jugend. Göttingen 1993.

Koeppen, Wolfgang: Jugend. In: W. K.: Gesammelte Werke in sechs Bänden. Hrsg. von Marcel Reich-Ranicki in Zus.-Arb. mit Dagmar von Briel und Hans-Ulrich Treichel. Bd. 3: Erzählende Prosa. Frankfurt a. M. 1986. S. 7–101.

Laukhard, Friedrich Christian: Leben und Schicksale. 5 Tle. in 3 Bdn. Nachwort und Materialien von Hans Werner Engels und Andreas Harms. Reprogr. Nachdr. Frankfurt a. M. 1987.

Lenz, Hermann: Verlassene Zimmer. Roman. Köln 1966.
– Andere Tage. Roman. Köln 1968.
– Neue Zeit. Roman. Frankfurt a. M. 1975.
– Tagebuch vom Leben und Überleben. Roman. Frankfurt a. M. 1978.
– Ein Fremdling. Roman. Frankfurt a. M. 1983.
– Der Wanderer. Roman. Frankfurt a. M. 1986.
– Herbstlicht. Roman. Frankfurt a. M. 1992.
– Zwei Frauen. Erzählung. Frankfurt a. M. 1994.
Lewald, Fanny: Meine Lebensgeschichte. Hrsg. und eingeleitet von Gisela Brinker-Gabler. Frankfurt a. M. 1980.
Mahlsdorf, Charlotte von: Ich bin meine eigene Frau. Ein Leben. Hrsg. von Peter Süß. Mit einem Fotoessay von Burkhard Peter. Berlin 1992.
Maimon, Salomon: Salomon Maimons Lebensgeschichte. Von ihm selbst geschrieben. Berlin 1988.
Mann, Heinrich: Ein Zeitalter wird besichtigt. Mit einem Nachwort von Klaus Schröter und einem Materialienanhang zusammengestellt von Peter-Paul Schneider. Hrsg. von Peter-Paul Schneider. Frankfurt a. M. 1988. (Heinrich Mann Studienausgabe in Einzelbänden.)
Mann, Klaus: Der Wendepunkt. Ein Lebensbericht. Mit einem Nachwort von Frido Mann. München 1981.
Marchi, Clelia: Keine einzige Lüge. Roman auf einem Bettlaken. Frankfurt a. M. 1994.
Margaretha von Valois: Lebenserinnerungen. Neben anderen Dokumenten zu ihrem Leben. Hrsg. und eingeleitet von Beatus Rhein. München 1922.
Mechthild von Magdeburg: Das fließende Licht der Gottheit. Eingeführt von Margot Schmidt mit einer Studie von Hans Urs von Balthasar. Einsiedeln/Zürich/Köln 1956.
Menschheitsdämmerung. Ein Dokument des Expressionismus. Leipzig 1986.
Meysenbug, Malwida von: Memoiren einer Idealistin. Hrsg. von Renate Wiggershaus. Frankfurt a. M. 1985.
Montaigne, Michel de: Essais. Auswahl und Übersetzung von Herbert Lüthy. Zürich 1985.
– Essais. Erste moderne Gesamtübersetzung von Hans Stilett. Frankfurt a. M. 1998.
Morgenstern, Beate: Nest im Kopf. Roman. Berlin/Weimar 1990.

Moritz [Karl Philipp]: Werke in zwei Bänden. Bd. 2: Anton Reiser. Berlin/Weimar 1981.

Novak, Helga: Vogel federlos. Darmstadt/Neuwied 1982.

– Die Eisheiligen. Roman. Frankfurt a. M. 1989.

Pepys, Samuel: Das geheime Tagebuch. Hrsg. von Anselm Schlösser und übertragen von Jutta Schlösser. Frankfurt a. M. 1982.

Pessoa, Fernando: Das Buch der Unruhe des Hilfsbuchhalters Bernardo Soares. Zürich ³1986.

Petrarca, Francesco: Die Besteigung des Mont Ventoux (Lat.-Dt.). Übers. und hrsg. von Kurt Steinmann. Stuttgart 1995.

Platter, Felix: Tagebuch: Lebensbeschreibung 1536–1567. Im Auftrag der Historischen und Antiquarischen Gesellschaft zu Basel hrsg. von Valentin Lötscher. Basel/Stuttgart 1976.

[Platter, Thomas:] Thomas Platter: Lebenserinnerungen. Felix Platter: Tagebuchblätter. Textbearbeitung, Anmerkungen und Schlusswort von Rosa Schudel-Benz. Basel 1977.

Platter, Thomas: Hirtenknabe, Handwerker und Humanist. Die Selbstbiographie 1499–1582. Bearb. von Heinrich Boos. Mit einem Nachwort von Ralph-Rainer Wuthenow. Nördlingen 1989.

Plessen, Elisabeth: Mitteilung an den Adel. Roman. Frankfurt a. M. 1990.

Proust, Marcel: Auf der Suche nach der verlorenen Zeit. Übers. von Eva Rechel-Mertens. Frankfurt a. M. 1970.

Reitz, Johann Henrich Wilhelm: Historie der Wiedergebohrnen. Bd. 3. Tl. 6. (Berlenburg 1730.) Hrsg. von Hans-Jürgen Schrader. Tübingen 1982.

Reventlow, Franziska Gräfin zu: Ellen Olestjerne. Autobiographischer Roman. Novellen – Schriften – Selbstzeugnisse. Hrsg. von Else Reventlow. Mit einem Nachwort von Wolfdietrich Rasch. München/Wien 1980.

Rinser, Luise: Gefängnistagebuch. Frankfurt a. M. ³1963.

Roland, Manon: Memoiren und Korrespondenzen. Aus dem Französischen übertragen von Rudolf Noack. Hrsg., ausgewählt und mit Erläuterungen und Nachwort von Rudolf Noack. Leipzig/Weimar 1988.

Rousseau, Jean-Jacques: Bekenntnisse. Aus dem Französischen von Ernst Hardt. Mit einer Einführung von Werner Krauss. Frankfurt a. M. 1985.

Runge, Erika: Bottroper Protokolle. Aufgezeichnet von Erika Runge. Vorwort von Martin Walser. Frankfurt a. M. 1976.

[Sachse, Johann Christoph:] Der deutsche Gil Blas oder Leben,

Wanderungen und Schicksale Johann Christoph Sachses, eines Thüringers. Von ihm selbst verfaßt. Eingeführt von Goethe. Nach dem Text der Erstausgabe. Mit einem Nachwort von Wulf Segebrecht. München 1983.

Sand, George: Geschichte meines Lebens. Aus ihrem autobiographischen Werk ausgewählt und mit einer Einleitung versehen von Renate Wiggershaus. Frankfurt a. M. 1978.

Schneider, Peter: Lenz. Eine Erzählung. Berlin 1976.

Schubart, Christian Friedrich Daniel – ein schwäbischer Rebell. »C. F. D. Schubarts Leben und Gesinnungen« bearb. von Ulrich Bertram Staudenmayer. Heidenheim 1969. (Schwäbische Lebensläufe. Hrsg. von Helmut Christmann. 1.)

[Schweinichen, Hans von:] Hans von Schweinichen – ein Lebensbild aus dem 16. Jahrhundert. »Begebenheiten des schlesischen Ritters Hans von Schweinichen von ihm selbst aufgesetzt«. Bearb. von Hildegard Rabaa. Heidenheim 1971. (Abenteuerliche Lebensläufe. Hrsg. von Helmut Christmann. 7.)

[Sei Shonagon:] Das Kopfkissenbuch der Hofdame Sei Shonagon. Aus dem Japanischen übertragen und hrsg. von Mamoru Watanabé. Zürich 1996.

Seume, Johann Gottfried: Mein Leben. Nebst der Fortsetzung von G. J. Göschen und C. A. H. Clodius. Nördlingen 1986.

Seuse, Heinrich: Deutsche Schriften von Heinrich Seuse. Ausgewählt und übertragen von Anton Gabele. Leipzig 1924.

[–] Heinrich Seuse – der Mystiker vom Bodensee berichtet von seinem Leben, seinen Qualen und Visionen in dem »Buch, das da heißet der Seuse« bearbeitet von Werner Fiscal. Heidenheim 1971. (Schwäbische Lebensläufe. Hrsg. von Helmut Christmann. 10.)

Stein, Gertrude: Autobiographie von Alice B. Toklas. Aus dem Amerikanischen von Elisabeth Schnack. Zürich 1985.

Struck, Karin: Klassenliebe. Roman. Frankfurt a. M. 1976.

Svevo, Italo: Zeno Cosini. Roman. Aus dem Italienischen übers. von Piero Rismondo. Reinbek bei Hamburg 1990.

Teresa de Avila: Opera oder Alle Buecher und Schrifften der Heiligen Seraphischen Jungfrawen und Mutter / Teresa von Jesu / Der Discalceaten Carmeliter und Carmeliterinnen Stiffterin [...]. Gedruckt zu Wurtzburg durch Henrich Pigrin / in Verlegung / Jodoci Kalckhovens / Buchhändlers in Coellen / im Jahr MDCXLIX.

– [= Teresa de Jesus]: »Ich bin ein Weib und obendrein kein gutes«.

Ein Porträt der Heiligen in ihren Texten. Ausgewählt, übers. und eingeleitet von Erika Lorenz. Freiburg i. B. ⁷1990.

Varnhagen von Ense, Karl August: Werke in fünf Bänden. Bd. 1: Denkwürdigkeiten des eignen Lebens. Hrsg. von Konrad Feilchenfeldt. Frankfurt a. M. 1987.

[Varnhagen, Rahel:] Rahel-Bibliothek. Rahel Varnhagen. Gesammelte Werke. 10 Bde. Hrsg. von Konrad Feilchenfeldt, Uwe Schweikert und Rahel E. Steiner. München 1983.

– Briefwechsel. 4 Bde. Hrsg. von Friedhelm Kemp. München 1979.

Vesper, Bernward: Die Reise. Romanessay. Frankfurt a. M. 1977.

Voß, Johann Heinrich: Erinnerungen aus meinem Jugendleben. In: Erlebtes und Erfahrenes. Autobiographien von Seume bis Keller. Hrsg. von Peter Goldammer. Rostock 1977. S. 99–125.

Weil, Grete: Meine Schwester Antigone. Zürich/Köln 1980.

– Generationen. Roman. Zürich/Köln 1983.

– Leb ich denn, wenn andere leben. Zürich/Frauenfeld 1998.

Weiss, Peter: Fluchtpunkt. Roman. Frankfurt a. M. 1983.

– Abschied von den Eltern. Erzählung. Frankfurt a. M. 1985.

Wiechert, Ernst: Wälder und Menschen. Eine Jugend. München/Wien 1984.

[Wiesel, Pauline:] Pauline Wiesels Liebesgeschichten. Briefwechsel mit Karl Gustav von Brinckmann, Prinz Louis Ferdinand von Preußen, Friedrich Gentz [u. a.]. Hrsg. von Barbara Hahn, Birgit Bosold und Ursula Isselstein. München 1998.

Wimschneider, Anna: Herbstmilch. Lebenserinnerungen einer Bäuerin. (Überarb. von Katrin Meschkowski.) München/Zürich 1984.

Wolf, Christa: Kindheitsmuster. Roman. Darmstadt/Neuwied 1979.

Woolf, Virginia: Ein Zimmer für sich allein. Frankfurt a. M. 1986.

Zorn, Fritz: Mars. Mit einem Vorwort von Adolf Muschg. Frankfurt a. M. 1979.

Zuckmayer, Carl: Als wär's ein Stück von mir. Horen der Freundschaft. Frankfurt a. M. 1966.

2. Theorie, Gattungsdefinitionen, Problemhorizonte

Aichinger, Ingrid: Probleme der Autobiographie als Sprachkunstwerk. In: Österreich in Geschichte und Literatur 14 (1970) S. 418–434. – Wiederabgedr. in: Die Autobiographie. Zu Form und Geschichte einer literarischen Gattung. Hrsg. von Günter Niggl. Darmstadt 1989. S. 170–200.

Assmann, Aleida / Harth, Dietrich (Hrsg.): Mnemosyne. Formen und Funktionen der kulturellen Erinnerung. Frankfurt a. M. 1993.

Assmann, Aleida: Zur Metaphorik der Erinnerung. In: Mnemosyne. Formen und Funktionen der kulturellen Erinnerung. Hrsg. von Aleida Assmann und Dietrich Harth. Frankfurt a. M. 1993. S. 13–36.

Bachmann, Ingeborg: Interview mit Veit Mölter, 23. 3. 1971. In: Wir müssen wahre Sätze finden. Gespräche und Interviews. Hrsg. von Christine Koschel und Inge von Weidenbaum. München/Zürich 1983. S. 73–80.

Brinker-Gabler, Gisela: Metamorphosen des Subjekts. Autobiographie, Textualität und Erinnerung. In: Autobiographien von Frauen. Beiträge zu ihrer Geschichte. Hrsg. von Magdalene Heuser. Tübingen 1996. S. 393–405.

Brüns, Elke: Keine Bürgerin der Spiegelstadt? Marieluise Fleißer: Autobiographismus als Rezeptionsstrategie. In: Geschriebenes Leben. Autobiographik von Frauen. Hrsg. von Michaela Holdenried. Berlin 1995. S. 324–339.

Dilthey; Wilhelm: Das Erleben und die Selbstbiographie (1906–1911/1927). In: Die Autobiographie. Zu Form und Geschichte einer literarischen Gattung. Hrsg. von Günter Niggl. Darmstadt 1989. S. 21–33.

Düsing, Wolfgang: Erinnerung und Identität. Untersuchungen zu einem Erzählproblem bei Musil, Döblin und Doderer. München 1982.

Encyclopaedia Britannica. Bd. 2: Stichwort »Autobiography«. London 1968.

Erikson, Erik H.: Jugend und Krise. Die Psychodynamik im sozialen Wandel. München 1988.

Finck, Almut: Subjektbegriff und Autorschaft: Zur Theorie und Geschichte der Autobiographie. In: Einführung in die Literaturwissenschaft. Hrsg. von Miltos Pechlivanos, Stefan Rieger, Wolfgang Struck und Michael Weitz. Stuttgart/Weimar 1995. S. 283–294.

– Autobiographisches Schreiben nach dem Ende der Autobiographie. Berlin 1999.

Frank, Manfred: Die Unhintergehbarkeit von Individualität. Reflexionen über Subjekt, Person und Individuum aus Anlaß ihrer postmodernen Toterklärung. Frankfurt a. M. 1986.

Freud, Sigmund: Eine Kindheitserinnerung des Leonardo da Vinci (1910). In: S. F.: Studienausgabe. Bd. 10: Bildende Kunst und Literatur. Hrsg. von Alexander Mitscherlich, Angela Richards und James Strachey. Frankfurt a. M. 1969. S. 87–161.

Fuhrmann, Manfred: Rechtfertigung durch Identität – Über eine Wurzel des Autobiographischen. In: Identität. Hrsg. von Odo Marquard und Karlheinz Stierle. München 1979. S. 685–690.

Geitner, Ursula: Die Sprache der Verstellung. Studien zum rhetorischen und anthropologischen Wissen im 17. und 18. Jahrhundert. Tübingen 1992.

Genette, Gérard: Paratexte. Das Buch vom Beiwerk des Buches. Mit einem Vorwort von Harald Weinrich. Frankfurt a. M. / New York 1989.

Goldmann, Stefan: Leitgedanken zur psychoanalytischen Hermeneutik autobiographischer Texte. In: Jahrbuch der Psychoanalyse 23 (1988) S. 242–260.

Goldschmidt, Georges-Arthur: Der bestrafte Narziß. Zürich 1994.

Gusdorf, Georges: Conditions and Limits of Autobiography. In: Autobiography. Essays Theoretical and Critical. Ed. by James Olney. Princeton 1980. S. 28–48.

Härle, Gerhard: Erkenntniswunsch und Diskretion. Zur Verhältnisbestimmung von Erotik und Autobiographik. In: Erkenntniswunsch und Diskretion. Erotik in biographischer und autobiographischer Literatur. 3. Siegener Kolloquium Homosexualität und Literatur. Hrsg. von Gerhard Härle, Maria Kalveram und Wolfgang Popp. Berlin 1992. S. 19–40.

Haverkamp, Anselm / Lachmann, Renate (Hrsg.): Memoria. Vergessen und Erinnern. München 1993.

Heißenbüttel, Helmut: Anmerkungen zu einer Literatur der Selbstentblößer. In: Merkur 20 (1966) S. 568–577.

Holdenried, Michaela: Im Spiegel ein anderer. Erfahrungskrise und Subjektdiskurs im modernen autobiographischen Roman. Heidelberg 1991.

Howarth, William L.: Some Principles of Autobiography. In: Autobiography. Essays Theoretical and Critical. Ed. by James Olney. Princeton 1980. S. 84–114.

Iser, Wolfgang: Reduktionsformen der Subjektivität. In: Die nicht mehr schönen Künste. Grenzphänomene des Ästhetischen. Hrsg. von Hans Robert Jauß. München 1968. S. 435–491.

Klüger, Ruth: Zum Wahrheitsbegriff in der Autobiographie. In: Autobiographien von Frauen. Beiträge zu ihrer Geschichte. Hrsg. von Magdalene Heuser. Tübingen 1996. S. 405–411.

Koltre, John: Weiße Handschuhe. Wie das Gedächtnis Lebensgeschichten schreibt. München 1996.

Kronsbein, Joachim: Autobiographisches Erzählen. Die narrativen Strukturen der Autobiographie. München 1984.

Lämmert, Eberhard: Bauformen des Erzählens. Stuttgart ⁸1983.

– Geschichten von der Geschichte. Geschichtsschreibung und Geschichtsdarstellung im Roman. In: Poetica 17 (1985) H. 3–4. S. 228–254.

Lejeune, Philippe: L'autobiographie en France. Paris 1971.

– Le pacte autobiographique. Paris 1975.

– Der autobiographische Pakt (1973/1975). In: Die Autobiographie. Zu Form und Geschichte einer literarischen Gattung. Hrsg. von Günter Niggl. Darmstadt 1989. S. 214–258.

Lidle, Wolfgang: Das multiple Subjekt. Der historische Wandel von Identität und psychosozialer Ausgrenzung in autobiographischen Schriften von Jean-Jacques Rousseau, Gustave Flaubert und Michel Leiris. Freiburg 1982.

Luhmann, Niklas: Soziale Systeme. Grundriß einer allgemeinen Theorie. Frankfurt a. M. 1984.

Machala, Susan Perschetz: The Convergence of Autobiography and Fiction in the Nineteenth and Early Twentieth Centuries: Thomas Hardy, Stendhal and Italo Svevo. Baltimore 1978.

Man, Paul de: Autobiography as De-Facement. In: Modern Language Notes 94 (1979) S. 919–930.

Metzinger, Thomas: Subjekt und Selbstmodell. Paderborn 1993.

Meyer, Eva: Die Autobiographie der Schrift. Basel / Frankfurt a. M. 1989.

Misch, Georg: Begriff und Ursprung der Autobiographie (1907/1949). In: Die Autobiographie. Zu Form und Geschichte einer literarischen Gattung. Hrsg. von Günter Niggl. Darmstadt 1989. S. 33–55.

Müller, Klaus-Detlef: Probleme der Gattungsgeschichtsschreibung literarischer Zweckformen am Beispiel der Autobiographie. In: Textsorten und literarische Gattungen. (Dokumentation des Germanistentages in Hamburg 1.–4. April 1979.) Hrsg. vom Vorstand der Vereinigung deutscher Hochschulgermanisten. Berlin 1983. S. 293–304.

Neumann, Bernd: Identität und Rollenzwang. Zur Theorie der Autobiographie. Frankfurt a. M. 1970.
– Die Wiedergeburt des Erzählens aus dem Geist der Autobiographie? In: Reinhold Grimm / Jost Hermand (Hrsg.): Basis. Hand-
buch für deutsche Gegenwartsliteratur 9 (1979) S. 91–121.
– Paradigmawechsel. Vom Erzählen über die Identitäts-Findung
zum Finden der Identität durch das Erzählen: Goethe (1822),
Thomas Mann (1910) und Bernhard Blume (1985). In: Edda-
Hefte 2 (1991) S. 99–109.
Niggl, Günter: Probleme und Aufgaben der Gattungsgeschichts-
schreibung nichtfiktionaler Gattungen. In: Textsorten und lite-
rarische Gattungen. (Dokumentation des Germanistentages in
Hamburg 1.–4. April 1979.) Hrsg. vom Vorstand der Vereinigung
deutscher Hochschulgermanisten. Berlin 1983. S. 305–316.
– (Hrsg.): Die Autobiographie. Zu Form und Geschichte einer lite-
rarischen Gattung. Darmstadt 1989.
Olney, James: Some Versions of Memory / Some Versions of »Bios«:
The Ontology of Autobiography. In: Autobiography. Essays
Theoretical and Critical. Ed. by James Olney. Princeton 1980.
S. 236–268.
Pascal, Roy: Die Autobiographie. Gehalt und Gestalt. Stuttgart
1965.
Picard, Hans Rudolf: Autobiographie im zeitgenössischen Frank-
reich. Existentielle Reflexion und literarische Gestaltung.
München 1978.
Renza, Louis Anthony: The Veto of Imagination. In: Autobiogra-
phy. Essays Theoretical and Critical. Ed. by James Olney. Prince-
ton 1980. S. 268–296.
Robbe-Grillet, Alain: Neuer Roman und Autobiographie. Kon-
stanz 1987.
Schmidt, Siegfried J.: Gedächtnis – Erzählen – Identität. In: Mnemosyne. Formen und Funktionen der kulturellen Erinnerung.
Hrsg. von Aleida Assmann und Dietrich Harth. Frankfurt a. M.
1993. S. 378–398.
Schwab, Silvia: Autobiographik und Lebenserfahrung. Versuch einer Typologie deutschsprachiger autobiographischer Schriften
zwischen 1965 und 1975. Würzburg 1981.
Shumaker, Wayne: English Autobiography. Its Emergence, Materials, and Form. Berkeley / Los Angeles 1954. – Dt. in: Die Autobiographie. Zu Form und Geschichte einer literarischen Gattung.
Hrsg. von Günter Niggl. Darmstadt 1989. S. 75–120.

Sill, Oliver: Zerbrochene Spiegel. Studien zur Theorie und Praxis modernen autobiographischen Erzählens. Berlin / New York 1991.

Šlibar, Neva: Biographie. In: Literaturwissenschaftliches Lexikon. Grundbegriffe der Germanistik. Hrsg. von Horst Brunner und Rainer Moritz. Berlin 1997. S. 52–53.

– Struktur und Funktion der Biographie. [In Vorb.]

Sprinker, Michael: Fictions of the Self: The End of Autobiography. In: Autobiography. Essays Theoretical and Critical. Ed. by James Olney. Princeton 1980. S. 321–342.

Tarot, Rolf: Die Autobiographie. In: Prosakunst ohne Erzählung. Die Gattungen der nichtfiktionalen Kunstprosa. Hrsg. von Klaus Weissenberger. Tübingen 1985. S. 27–43.

White, Haden: Auch Klio dichtet. Oder: Die Fiktion des Faktischen. Studien zur Tropologie des historischen Diskurses. Stuttgart 1986.

Winter, Helmut: Der Aussagewert von Selbstbiographien. Zum Status autobiographischer Urteile. Heidelberg 1985.

3. Autobiographik von Frauen

Becker-Cantarino, Barbara: Der lange Weg zur Mündigkeit. Frauen und Literatur in Deutschland von 1500 bis 1800. München 1989.

Bennholdt-Thomsen, Anke / Guzzoni, Alfredo: Gelehrsamkeit und Leidenschaft. Das Leben der Ernestine Christine Reiske 1735–1798. München 1992.

Bovenschen, Silvia: Über die Frage: gibt es eine weibliche Ästhetik? In: Ästhetik und Kommunikation. Beiträge zur politischen Erziehung 7 (1976) H. 25. S. 60–75.

– Die imaginierte Weiblichkeit. Exemplarische Untersuchungen zu kulturgeschichtlichen und literarischen Präsentationsformen des Weiblichen. Frankfurt a. M. 1979.

Brinker-Gabler, Gisela (Hrsg.): Deutsche Literatur von Frauen. 2 Bde. München 1988.

Brodzki, Bella / Schenck, Celeste (Hrsg.): Life Lines. Theorizing Women's Autobiography. Ithaca/London 1988.

Brüns, Elke: außenstehend, ungelenk, kopfüber weiblich. Psychosexuelle Autorpositionen bei Marlen Haushofer, Marieluise Fleißer und Ingeborg Bachmann. Stuttgart/Weimar 1998.

Chodorow, Nancy: Das Erbe der Mütter. Psychoanalyse und Soziologie der Geschlechter. München 1985.

Duby, Georges / Perrot, Michelle (Hrsg.): Geschichte der Frauen. Bd. 1–5. Frankfurt a. M. 1993 ff.

Fietze, Katharina: Spiegel der Vernunft. Theorien zum Menschsein der Frau in der Anthropologie des 15. Jahrhunderts. Paderborn [u. a.] 1991.

Frevert, Ute: Bürgerliche Meisterdenker und das Geschlechterverhältnis. In: U. F. (Hrsg.): Bürgerinnen und Bürger. Geschlechterverhältnisse im 19. Jahrhundert. Zwölf Beiträge. Mit einem Vorwort von Jürgen Kocka. Göttingen 1988. S. 14–48.

Gnüg, Hiltrud / Möhrmann, Renate (Hrsg.): Frauen Literatur Geschichte. Schreibende Frauen vom Mittelalter bis zur Gegenwart. 2., vollständig neu bearb. und erw. Aufl. Stuttgart 1999.

Goodman, Kay: Weibliche Autobiographien. In: Frauen Literatur Geschichte. Schreibende Frauen vom Mittelalter bis zur Gegenwart. Hrsg. von Hiltrud Gnüg und Renate Möhrmann. Stuttgart 1985. S. 289–300.

Hahn, Barbara: »Weiber verstehen alles à la lettre«. Briefkultur im beginnenden 19. Jahrhundert. In: Deutsche Literatur von Frauen. Hrsg. von Gisela Brinker-Gabler. Bd. 2. München 1988. S. 13–27.

– Unter falschem Namen. Von der schwierigen Autorschaft der Frauen. Frankfurt a. M. 1991.

Hausen, Karin: Die Polarisierung der ›Geschlechtscharaktere‹ – Eine Spiegelung der Dissoziation von Erwerbs- und Familienleben. In: Sozialgeschichte der Familie in der Neuzeit Europas: neue Forschungen. Hrsg. von Werner Conze. Stuttgart 1976. S. 363–393.

Heitmann, Annegret: Selbst Schreiben. Eine Untersuchung der dänischen Frauenautobiographik. Frankfurt a. M. 1994.

Heuser, Magdalene (Hrsg.): Autobiographien von Frauen. Beiträge zu ihrer Geschichte. Tübingen 1996.

Hilmes, Carola: ›Lieber Widerhall‹. Bettine von Arnim: Die Günderode – eine dialogische Autobiographie. In: Germanisch-romanische Monatsschrift 46 (1996) S. 424–438.

Holdenried, Michaela: »Ich, die schlechteste von allen.« Zum Zusammenhang von Rechtfertigung, Schuldbekenntnis und Subversion in autobiographischen Werken von Frauen. In: Geschriebenes Leben. Autobiographik von Frauen. Hrsg. von Michaela Holdenried. Berlin 1995. S. 402–420.

Holdenried, Michaela: Gelehrsamkeit als ars moriendi. Anmerkungen zum Kontext der bürgerlichen Verbesserung der Weiber. In: Wechsel der Orte. Studien zum Wandel des literarischen Geschichtsbewußtseins. Fs. für Anke Bennholdt-Thomsen. Hrsg. von Irmela von der Lühe und Anita Runge. Unter Mitarbeit von Regina Nörtemann, Cettina Rapisarda und Herta Schwarz. Göttingen 1997. S. 279–290.

Kord, Susanne: Sich einen Namen machen: Anonymität und weibliche Autorschaft 1700–1900. Stuttgart/Weimar 1996.

Kormann, Eva: »Es möchte jemand fragen, wie ich so hoch von Gott geliebt bin worden, und was mein junger Lebens=lauff gewesen«: Anna Vetter oder Religion als Argumentations- und Legitimationsmuster. In: Autobiographien von Frauen. Beiträge zu ihrer Geschichte. Hrsg. von Magdalene Heuser. Tübingen 1996. S. 71–93.

Lange, Christine: Nur ein unzeitgemäßer Scherz? Akademikerinnen in Deutschland des späten 19. Jahrhunderts: Franziska Tiburtius u. a. In: Geschriebenes Leben. Autobiographik von Frauen. Hrsg. von Maichaela Holdenried. Berlin 1995. S. 226–244.

Lange, Sigrid (Hrsg.): Ob die Weiber Menschen sind. Geschlechterdebatten um 1800. Leipzig 1992.

Niethammer, Ortrun: »Wir sind von der Natur und durch die bürgerliche Gesellschaft bestimmt, uns mit dem Kleinlichen zu beschäftigen [...]«. Formen und Inhalte von Autobiographien bürgerlicher Frauen in der Mitte des 19. Jahrhunderts. In: Autobiographien von Frauen. Beiträge zu ihrer Geschichte. Hrsg. von Magdalene Heuser. Tübingen 1996. S. 265–285.

Nishitani, Yoriko: Entwicklung der autobiographischen Literatur von Frauen in Japan. In: Geschriebenes Leben. Autobiographik von Frauen. Hrsg. von Michaela Holdenried. Berlin 1995. S. 379–390.

Peitsch, Helmut: »Deutschlands Gedächtnis an seine dunkelste Zeit«. Zur Funktion der Autobiographik in den Westzonen Deutschlands und den Westsektoren von Berlin 1945 bis 1949. Berlin 1990.

Ramm, Elke: Warum existieren keine »klassischen« Autobiographien von Frauen? In: Geschriebenes Leben. Autobiographik von Frauen. Hrsg. von Michaela Holdenried. Berlin 1995. S. 130–142.

Runge, Anita / Steinbrügge, Lieselotte (Hrsg.): Die Frau im Dialog. Studien zu Theorie und Geschichte des Briefes. Stuttgart 1991.

Sagarra, Eda: Quellenbibliographie autobiographischer Schriften von Frauen im deutschen Kulturraum 1730–1918. In: IASL 11 (1986) S. 175–231.

Schlesier, Renate: Mythos und Weiblichkeit bei Sigmund Freud. Zum Problem von Entmythologisierung und Remythologisierung in der psychoanalytischen Theorie. Frankfurt a. M. 1981.

Tebben, Karin: Literarische Intimität. Subjektkonstitution und Erzählstruktur in autobiographischen Texten von Frauen. Tübingen/Basel 1997.

Zur Nieden, Susanne: Tagebücher von Frauen im zerstörten Deutschland 1943–1945. Tagebuchschreiben – ein populärer Brauch. In: Geschriebenes Leben. Autobiographik von Frauen. Hrsg. von Michaela Holdenried. Berlin 1995. S. 287–299.

4. Geschichte der Autobiographik

Aichinger, Ingrid: Künstlerische Selbstdarstellung. Goethes *Dichtung und Wahrheit* und die Autobiographie der Folgezeit. Frankfurt a. M. [u. a.] ³1977. [Zit. als: Aichinger 1977a.]

– »Selbstbiographie«. In: Reallexikon der deutschen Literaturgeschichte. Hrsg. von Werner Kohlschmidt und Wolfgang Mohr. Bd. 3. Berlin / New York ³1977. S. 801–819. [Zit. als: Aichinger 1977b.]

Anton, Annette C.: Authentizität als Fiktion. Briefkultur im 18. und 19. Jahrhundert. Stuttgart 1994.

Bachorski, Hans-Jürgen: Der selektive Blick. Zur Reflexion von Liebe und Ehe in Autobiographien des Spätmittelalters. In: Eheglück und Liebesjoch. Bilder von Liebe, Ehe und Familie in der Literatur des 15. und 16. Jahrhunderts. Hrsg. von Maria E. Müller. Weinheim/Basel 1988. S. 23–46.

Battistini, Andrea: Das unvollendete Gewebe. Die zerrissenen Fäden der Autobiographie. In: Offene Formen: Beiträge zur Literatur, Philosophie und Wissenschaft im 18. Jahrhundert. Hrsg. von Bernd Bräutigam und Burghard Damerau. Frankfurt a. M. / Berlin 1997. S. 71–91.

Bernheiden, Inge: Individualität im 17. Jahrhundert. Studien zum autobiographischen Schrifttum. Frankfurt a. M. 1988.

Beyer-Fröhlich, Marianne: Die Entwicklung der deutschen Selbstzeugnisse. Leipzig 1930.

Blackwell, Jeannine: Herzensgespräche mit Gott. Bekenntnisse deutscher Pietistinnen im 17. und 18. Jahrhundert. In: Deutsche Literatur von Frauen. Hrsg. von Gisela Brinker-Gabler. Bd. 1. München 1988. S. 265–289.

Bluhm, Lothar: Das Tagebuch zum Dritten Reich. Zeugnisse der Inneren Emigration von Jochen Klepper bis Ernst Jünger. Bonn 1991.

Bosse, Heinrich: Autorschaft ist Werkherrschaft. Über die Entstehung des Urheberrechts aus dem Geist der Goethezeit. Paderborn [u. a.] 1981.

Braun, Christina von: Nicht-Ich. Frankfurt a. M. 1985.

Davis, Natalie Zemon: Den Kopf in der Schlinge. Gnadengesuche und ihre Erzähler. Frankfurt a. M. 1991.

Frieden, Sandra: Autobiography: Self into Form. German-Language Autobiographical Writings of the 1970's. Frankfurt a. M. [u. a.] 1983.

Geschichte der deutschen Literatur. 6 Bde. Hrsg. von Joachim Bark, Dietrich Steinbach und Hildegard Wittenberg. Bd. 6: Von 1945 bis zur Gegenwart. Von Hans Peter Franke [u. a.]. Stuttgart 1984.

Glagau, Hans: Die moderne Selbstbiographie als historische Quelle. Marburg 1903.

Gnüg, Hiltrud: Erotisch-emanzipatorische Entwürfe. Schriftstellerinnen um die Jahrhundertwende. In: Frauen Literatur Geschichte. Schreibende Frauen vom Mittelalter bis zur Gegenwart. Hrsg. von Hiltrud Gnüg und Renate Möhrmann. Stuttgart 1985. S. 260–281.

Groppe, Sabine: Das Ich am Ende des Schreibens. Autobiographisches Erzählen im 18. und frühen 19. Jahrhundert. Würzburg 1990.

Hoffmann, Volker: Tendenzen in der deutschen autobiographischen Literatur. 1890–1923 (Originalbeitrag 1980). In: Die Autobiographie. Zu Form und Geschichte einer literarischen Gattung. Hrsg. von Günter Niggl. Darmstadt 1989. S. 482–520.

Jaeger, Michael: »Autobiographie und Geschichte«. Wilhelm Dilthey, Georg Misch, Karl Löwith, Gottfried Benn, Alfred Döblin. Stuttgart/Weimar 1995.

Klaiber, Theodor: Die deutsche Selbstbiographie. Stuttgart 1921.

Klein, Judith: Literatur und Genozid. Darstellungen der nationalsozialistischen Massenvernichtung in der französischen Literatur. Wien/Köln/Weimar 1992.

Kormann, Eva: »Und solliche Grimbnuß hab ich alleweil.« Auto biographik bürgerlicher Frauen des 17. Jahrhunderts am Beispiel des »Pichls« der Maria Elisabeth Stampfer. In: Geschriebenes Leben. Autobiographik von Frauen. Hrsg. von Michaela Holdenried. Berlin 1995. S. 80–95.

Kristeva, Julia: Geschichten von der Liebe. Frankfurt a. M. 1989.

Langen, August: Pietismus. In: Reallexikon der deutschen Literaturgeschichte. Hrsg. von Werner Kohlschmidt und Wolfgang Mohr. Bd. 3. Berlin / New York ³1977. S. 103–114.

Lehmann, Jürgen: Bekennen – Erzählen – Berichten. Studien zu Theorie und Geschichte der Autobiographie. Tübingen 1988.

Lepenies, Wolfgang: Melancholie und Gesellschaft. Frankfurt a. M. 1972.

Lugowski, Clemens: Die Form der Individualität im Roman (1932). Frankfurt a. M. 1976.

Mahrholz, Werner: Deutsche Selbstbekenntnisse. Ein Beitrag zur Geschichte der Selbstbiographie von der Mystik bis zum Pietismus. Berlin 1919.

Misch, Georg: Geschichte der Autobiographie. Bd. 1: Das Altertum. 2 Tle. 3., stark vermehrte Aufl. Frankfurt a. M. 1949.

– Geschichte der Autobiographie. Bd. 2: Das Mittelalter. Die Frühzeit. 2 Tle. Frankfurt a. M. 1955.

– Geschichte der Autobiographie. Bd. 3: Das Mittelalter. Das Hochmittelalter im Anfang. 2 Tle. Frankfurt a. M. 1959–62.

– Geschichte der Autobiographie. Bd. 4. Tl. 1: Das Hochmittelalter in der Vollendung. Frankfurt a. M. 1967.

– Geschichte der Autobiographie. Bd. 4. Tl. 2: Von der Renaissance bis zu den autobiographischen Hauptwerken des 18. und 19. Jahrhunderts. (Bearb. von Bernd Neumann.) Frankfurt a. M. 1969.

Moritz, Rainer (Hrsg.): Einladung, Hermann Lenz zu lesen. Frankfurt a. M. 1988.

Müller, Klaus-Detlef: Autobiographie und Roman. Studien zur literarischen Autobiographie der Goethezeit. Tübingen 1976.

Müller, Ulrich: Thesen zu einer Geschichte der Autobiographie im deutschen Mittelalter (1977/79). In: Die Autobiographie. Zu Form und Geschichte einer literarischen Gattung. Hrsg. von Günter Niggl. Darmstadt 1989. S. 297–321.

Müller-Seidel, Walter: Autobiographische Dichtung in der neueren Prosa. In: Der Deutschunterricht 3 (1951) S. 29–50.

Niggl, Günter: Geschichte der deutschen Autobiographie im

18. Jahrhundert. Theoretische Grundlegung und literarische Entfaltung. Stuttgart 1977.

– Zur Säkularisation der pietistischen Autobiographie im 18. Jahrhundert. In: Die Autobiographie. Zu Form und Geschichte einer literarischen Gattung. Hrsg. von Günter Niggl. Darmstadt 1989. S. 367–392.

Pastenaci, Stephan: Erzählform und Persönlichkeitsdarstellung in deutschsprachigen Autobiographien des 16. Jahrhunderts. Ein Beitrag zur Historischen Psychologie. Trier 1993.

Paulsen, Wolfgang: Das Ich im Spiegel der Sprache. Autobiographisches Schreiben in der deutschen Literatur des 20. Jahrhunderts. Tübingen 1991.

Peitsch, Helmut: »Deutschlands Gedächtnis an seine dunkelste Zeit«. Zur Funktion der Autobiographik in den Westzonen Deutschlands und den Westsektoren von Berlin 1945 bis 1949. Berlin 1990.

Pfotenhauer, Helmut: Literarische Anthropologie. Selbstbiographien und ihre Geschichte – am Leitfaden des Leibes. Stuttgart 1987.

Price Zimmermann, T. C.: Bekenntnis und Autobiographie in der frühen Renaissance (1971). In: Die Autobiographie. Zu Form und Geschichte einer literarischen Gattung. Hrsg. von Günter Niggl. Darmstadt 1989. S. 343–367.

Prümm, Karl: Schreiben nur über sich selbst. Autobiographisches Erzählen in der Gegenwartsliteratur. In: Der Deutschunterricht 2 (1989) S. 72–86.

Ramm, Elke: Autobiographische Schriften deutschsprachiger Autorinnen um 1800. Hildesheim [u. a.] 1998.

Reclams Romanlexikon. Bd. 1. Deutschsprachige Vers- und Prosadichtung vom Mittelalter bis zur Klassik. Hrsg. von Frank Rainer Max und Christine Ruhrberg. Stuttgart 1998.

Rein, Adolf: Über die Entwicklung der Selbstbiographie im ausgehenden deutschen Mittelalter (1919). In: Die Autobiographie. Zu Form und Geschichte einer literarischen Gattung. Hrsg. von Günter Niggl. Darmstadt 1989. S. 321–343.

Schings, Hans-Jürgen: Melancholie und Aufklärung. Melancholiker und ihre Kritiker in Erfahrungsseelenkunde und Literatur des 18. Jahrhunderts. Stuttgart 1977.

Schlientz, Gisela: Bevormundet, enteignet, verfälscht, vernichtet. Selbstzeugnisse württembergischer Pietistinnen. In: Geschriebenes Leben. Autobiographik von Frauen. Hrsg. von Michaela Holdenried. Berlin 1995. S. 61–80.

Schneider, Manfred: Die erkaltete Herzensschrift. Der autobiographische Text im 20. Jahrhundert. München 1986.

Schneider, Roland: Im Schatten der Restauration: Das literarische ›Biedermeier‹. In: Geschichte der deutschen Literatur vom 18. Jahrhundert bis zur Gegenwart. Hrsg. von Viktor Žmegac. Bd. 1.2. 3., unveränd. Aufl. Frankfurt a. M. 1992. S. 231–277.

Schöne, Albrecht (Hrsg.): Das Zeitalter des Barock. Texte und Zeugnisse. München 1988.

Schumacher, Hans: Die grünen Pfade der Erinnerung. Frankfurt a. M. 1975.

Sloterdijk, Peter: Literatur und Lebenserfahrung. Autobiographien der Zwanziger Jahre. München 1978.

Vollers-Sauer, Elisabeth: Prosa des Lebensweges. Literarische Konfigurationen selbstbiographischen Erzählens am Ende des 18. und 19. Jahrhunderts. Stuttgart 1993.

Wenzel, Horst: Autobiographie und Reisebeschreibung. In: Deutsche Literatur. Eine Sozialgeschichte. Hrsg. von Horst Albert Glaser. Bd. 2: Von der Handschrift zum Buchdruck: Spätmittelalter, Reformation, Humanismus. 1320–1572. Hrsg. von Ingrid Bennewitz und Ulrich Müller. Reinbek bei Hamburg 1991. S. 166–180.

Wuthenow, Ralph-Rainer: Das erinnerte Ich. Europäische Autobiographie und Selbstdarstellung im 18. Jahrhundert. München 1974.

5. Literatur zu einzelnen Werken

Adler, Ghemela: Heimatsuche und Identität. Das Werk der bairischen Schriftstellerin Lena Christ. Frankfurt a. M. 1991.

Bauer, Gerhard: Oskar Maria Graf. Ein rücksichtslos gelebtes Leben. München 1994.

Becker, Eva Dorothea: Marie von Ebner-Eschenbach: Meine Kinderjahre (1906). In: Autobiographien von Frauen. Beiträge zu ihrer Geschichte. Hrsg. von Magdalene Heuser. Tübingen 1996. S. 302–318.

Berghahn, Klaus L.: Grenzüberschreitungen: Von Polen nach Preußen, von Maimonides zu Kant, vom Judentum zur Aufklärung. Anmerkungen zu Salomon Maimons Lebensgeschichte. In: Lebensläufe um 1800. Hrsg. von Jürgen Fohrmann. Tübingen 1998. S. 71–91.

Binder, Hartmut (Hrsg.): Kafka-Handbuch in zwei Bänden. Unter Mitarbeit zahlreicher Fachwissenschaftler hrsg. von Hartmut Binder. Bd. 2: Das Werk und seine Wirkung. Stuttgart 1979.

Blesken, Karl: Von der pietistischen Selbstschau zum weiblichen Lebensentwurf. Anmerkungen zu Goethes *Bekenntnisse einer schönen Seele*. In: Geschriebenes Leben. Autobiographik von Frauen. Hrsg. von Michaela Holdenried. Berlin 1995. S. 155–172.

Bohrer, Karl Heinz: Das Menschengeschlecht und die Bekannten. Max Frisch: »Tagebuch 1966–1971«. In: F.A.Z. Literaturblatt vom 8. April 1972.

Corino, Karl: Dichtung in eigener Sache. In: Die Zeit. Nr. 41. 4. Oktober 1996. S. 9–11. [Zu Stephan Hermlin.]

Craemer-Schröder, Susanne: Deklination des Autobiographischen. Goethe, Stendhal, Kierkegaard. Berlin 1993.

Davis, Natalie Zemon: Drei Frauenleben. Glikl. Marie de L'Incarnation. Maria Sibylla Merian. Berlin 1996.

Deußen, Christiane: Erinnerung als Rechtfertigung. Autobiographien nach 1945. Gottfried Benn, Hans Carossa, Arnolt Bronnen. Tübingen 1987.

Gölter, Waltraud: Thanatographie – Biographie. In: Geschriebenes Leben. Autobiographik von Frauen. Hrsg. von Michaela Holdenried. Berlin 1995. S. 366–379. [Zu Gertrude Stein und Michel Leiris.]

Günther, Manuela: Anatomie des Anti-Subjekts. Zur Subversion autobiographischen Schreibens bei Siegfried Kracauer, Walter Benjamin und Carl Einstein. Würzburg 1996.

Hahn, Barbara: »Antworten Sie mir!« Rahel Levin Varnhagens Briefwechsel. Basel / Frankfurt a. M. 1990.

Jancke, Gabriele: Die Sichronot, Memoiren der jüdischen Kauffrau Glückel von Hameln zwischen Autobiographie, Geschichtsschreibung und religiösem Lehrtext. Geschlecht, Religion und Ich in der frühen Neuzeit. In: Autobiographien von Frauen. Beiträge zu ihrer Geschichte. Hrsg. von Magdalene Heuser. Tübingen 1996. S. 93–135.

Jeßing, Benedikt: Artikel zu *Aus meinem Leben. Dichtung und Wahrheit*. In: Reclams Romanlexikon. Bd. 1: Deutschsprachige Vers- und Prosadichtung vom Mittelalter bis zur Klassik. Hrsg. von Frank Rainer Max und Christine Ruhrberg. Stuttgart 1998. S. 360–364.

Kindlers Neues Literaturlexikon. Hrsg. von Walter Jens. Studienausgabe. München 1988. [Zit. als: KNLL; mit Bandangabe.]

Klein, Judith: Am Rande des Nichts. Autobiographisches Schreiben
    von Überlebenden der Konzentrationslager: Jacqueline Saveria
    und Charlotte Delbo. In: Geschriebenes Leben. Autobiographik
    von Frauen. Hrsg. von Michaela Holdenried. Berlin 1995. S. 278–
    287.
Könnecke, Gustav: Quellen und Forschungen zur Lebensgeschichte
    Grimmelshausens. Hrsg. von Jan Hendrik Scholte. 2 Bde. Leipzig
    1926–28.
Mattenklott, Gert: Romantische Frauenkultur. Bettina von Arnim
    zum Beispiel. In: Frauen Literatur Geschichte. Schreibende
    Frauen vom Mittelalter bis zur Gegenwart. Hrsg. von Hiltrud
    Gnüg und Renate Möhrmann. Stuttgart 1985. S. 123–144.
Meise, Helga: Die Tagebücher der Landgräfinnen Sophia Eleonore
    und Elisabeth Dorothea von Hessen-Darmstadt. Höfische Ego-
    Dokumente des 17. Jahrhunderts zwischen Selbstvergewisserung
    und Selbstreflexion. In: Autobiographien von Frauen. Beiträge
    zu ihrer Geschichte. Hrsg. von Magdalene Heuser. Tübingen
    1996. S. 49–71.
Moser, Tilman: Böse Kindheit, böser Blick. In: Die Zeit. Nr. 40.
    29. September 1989. S. 80. [Zu Manfred Bielers *Memoiren eines
    Kindes.*]
Müller, Lothar: Die kranke Seele und das Licht der Erkenntnis.
    Karl Philipp Moritz' *Anton Reiser.* Frankfurt a. M. 1987.
Mulisch, Harry: Das Mädchen und der Tod. Anne Frank zum Ge-
    denken. In: Die Zeit. Nr. 17. 18. April 1986. S. 44.
Nörtemann, Regina (Hrsg.): »Mein Bruder in Apoll«. Briefwechsel
    zwischen Anna Louisa Karsch und Johann Wilhelm Ludwig
    Gleim. 2 Bde. Göttingen 1996.
Nübel, Birgit: Autobiographische Kommunikationsmedien um
    1800. Studien zu Rousseau, Wieland, Herder und Moritz. Tübin-
    gen 1994.
Ockenfuß, Solveig: Bettine von Arnims Briefromane. Literarische
    Erinnerungsarbeit zwischen Anspruch und Wirklichkeit. Opla-
    den 1992.
Oesterle, Günter: Die Grablegung des Selbst im Anderen und die
    Rettung des Selbst im Anonymen. Zum Wechselverhältnis von
    Biographie und Autobiographie in der zweiten Hälfte des
    19. Jahrhunderts am Beispiel von Friedrich Theodor Vischers
    Auch Einer. In: Vom Anderen und vom Selbst. Beiträge zu Fra-
    gen der Biographie und Autobiographie. Hrsg. von Reinhold
    Grimm und Jost Hermand. Königstein i. Ts. 1982. S. 45–71.

Pfeiffer, Jens: Petrarca und der Mont Ventoux. [Zu *Familiares* IV, 1]
    In: Germanisch-Romanische Monatsschrift 47 (1997) H. 1/2.
    S. 1–25.
Rau, Peter: Erinnerung und ästhetische Reflexion. Studien zum
    Werk von Karl Philipp Moritz. Frankfurt a. M. 1983.
Riess-Beger, Daniela: Lebensstudien. Poetische Verfahrensweisen in
    Friederike Mayröckers Prosa. Würzburg 1995.
Schweikert, Uwe: Geheimnis und Gewalt. Eine Einladung, Georg
    K. Glaser zu lesen. In: Frankfurter Rundschau. 31. Mai 1980.
    S. III.
Seibert, Peter: Henriette Herz: Erinnerungen. Zur Rekonstruktion
    einer frühen Frauenautobiographie. In: Der Deutschunterricht 2
    (1989) S. 37–51.
Starobinski, Jean: Montaigne. Denken und Existenz. Darmstadt
    1986.
– Rousseau. Eine Welt von Widerständen. Frankfurt a. M. 1993.
Thomann Tewarson, Heidi: Rahel Levin Varnhagen. Hamburg
    1989.
Winkler, Willi: Biedermeiers trauriges Ende. Zur Neuausgabe von
    Friedrich Theodor Vischers *Auch Einer*. In: Die Zeit. 5. Februar
    1988. S. 51.
Wintermeyer, Rolf: Adam Bernd et les Débuts de L'Autobiographie
    en Allemagne au XVIIIe Siècle. Berne [u. a.] 1993.
Zühlke, Bärbel: Christine de Pizan in Text und Bild. Zur Selbstdar-
    stellung einer frühhumanistischen Intellektuellen. Stuttgart/Wei-
    mar 1994.

Personenregister

Im Register sind alle Verfasserinnen und Verfasser von autobiographischen Werken aufgeführt, die im vorliegenden Werk genannt werden, auch die in der Forschung strittigen Grenzfälle, ebenfalls die Memoirenwerke, die eigentlich eine eigene Gattung bilden.

Abaelard, Petrus 94 f.
Achternbusch, Herbert 36, 258
Alfieri, Vittorio 146
Altenberg, Peter 217
Amiel, Henri-Frédéric 152, 186, 217
Andersch, Alfred 243
Andreas-Friedrich, Ruth 238
Archilochos 86
Arndt, Ernst Moritz 206
Arnim, Bettine von 193, 197 ff.
Aston, Louise 200
Augustinus, Aurelius 14, 88 ff., 101 f., 128, 152

Bachmann, Ingeborg 24, 63
Bahr, Hermann 214
Baldinger, Friderika 73, 146 f.
Beig, Maria 253
Benjamin, Walter 11, 227, 229 ff., 233
Benn, Gottfried 218, 240 ff., 245, 248
Bernd, Adam 32, 94, 133 f., 136, 140, 149
Bernhard, Thomas 27, 33, 112, 264 f.
Bieler, Manfred 32, 262
Bienek, Horst 262
Bismarck, Otto von 206
Blume, Bernhard 266

Boethius 93
Born, Nicolas 253
Bräker, Ulrich 136 ff., 144, 157, 169, 224
Brandstetter, Alois 254
Brinkmann, Dieter 251
Bronnen, Arnolt 242, 245
Burow, Julie 202
Butzbach, Johannes 112

Canetti, Elias 33, 256
Cardano, Girolamo 102, 104 f., 171
Carossa, Hans 168, 209, 221 ff., 235, 240, 242, 246
Casanova, Giacomo 103, 146
Cellini, Benvenuto 102 ff., 109, 161
Christ, Lena 35, 224 ff.
Christine de Pizan 69, 72, 95 f.

Dahn, Felix 206
Dante Alighieri 100
Dauthendey, Max 209
Delbos, Charlotte 237
Dessoir, Max 246 ff.
Diesbach, Ludwig von 111
Doderer, Heimito von 214
Döblin, Alfred 57, 218 ff., 235
Drewitz, Ingeborg 262
Dürer, Albrecht 112

Ebner, Margaretha 94, 99, 122
Ebner-Eschenbach, Marie von
   203 f., 207
Edvardson, Cordelia 262
Ehingen, Ritter Georg von 111
Einem, Charlotte von 146
Elisabeth Dorothea (Landgräfin
   von Hessen-Darmstadt)
   121 f.
Einstein, Carl 231
Empedokles 86
Erlenberger, Maria 251

Fallada, Hans 235
Fischer, Carl 223
Fontane, Theodor 189 ff., 204,
   207
Francke, August Hermann 127
Frank, Anne 237
Franklin, Benjamin 153
Frenssen, Gustav 234
Frisch, Max 243 ff., 252, 255

Gervinus, Georg Gottfried 186
Gibbon, Edward 153
Glaser, Georg K. 243
Glikl von Hameln 125 f.
Goethe, Johann Wolfgang von
   9, 14 f., 45, 55, 62 ff., 102, 104,
   139, 144, 147, 159, 160 ff.,
   169 f., 171 ff., 178 ff., 184 f.,
   187, 189, 191 f., 197, 209,
   215 ff., 221, 264 f.
Götz von Berlichingen 113
Goldschmidt, Georges-Arthur
   26, 28 f., 33, 35, 44 ff., 112,
   208, 267 f.
Goll, Claire 255
Goltz, Bogumil 171, 174, 176
Graf, Oskar Maria 226, 243
Grass, Günter 252

Grillparzer, Franz 175, 177 ff.,
   185, 189
Grimmelshausen, Hans Jakob
   Christoffel von 119
Gutzkow, Karl 177 f.
Guyon, Jeanne-Marie Bouvier
   (de la Motte) 128

Halbe, Max 235
Hamann, Johann Georg 129
Handke, Peter 251 ff.
Hauptmann, Gerhard 214, 222,
   234
Hebbel, Friedrich 34, 176 f.,
   181 ff., 185 f.
Heine, Heinrich 183 ff.
Héloise 94 ff.
Hermlin, Stephan 39 ff., 260
Herz, Henriette 196 f., 202
Hesiod 86
Heym, Georg 217
Heym, Stefan 30, 268
Heyse, Paul 206
Hilbig, Wolfgang 268
Hilsenrath, Edgar 265
Holzner, Michael 41, 205
Huch, Ricarda 256
Hutten, Philipp von 112

Immermann, Karl 64, 177
Innerhofer, Franz 32 f., 112,
   254 f.
Isokrates 40, 87 f., 153

Jandl, Ernst 257
Jean Paul 31, 171 ff., 189, 192
Joyce, James 212
Jünger, Ernst 206 f., 240
Jung, Franz 243
Jung-Stilling, Johann Heinrich
   130 f., 137 f., 140, 144, 164, 169

Kafka, Franz 34, 214 ff.
Karsch, Anna Louisa
  (Karschin) 136, 193
Kassner, Rudolf 223
Keller, Gottfried 187 f.
Kempe, Margery 112
Kempowski, Walter 12, 258
Kerner, Justinus 175 f.
Kessler, Harry Graf 214
Keyserling, Hermann Graf 208
Kierkegaard, Søren 187
Kirsch, Sarah 258
Klemperer, Viktor 237, 266
Klüger, Ruth 40, 237
Koeppen, Wolfgang 42 f., 47,
  262 ff.
Kornfeld, Paul 214
Kracauer, Siegfried 231
Krafft, Ulrich 112
Kügelgen, Wilhelm von 206
Kurella, Alfred 218

Lange, Helene 200
Lasker-Schüler, Else 209
Laukhard, Friedrich-Christian
  144, 169
Lavater, Johann Caspar 132 f.
Leiris, Michel 33, 232, 268
Lenz, Hermann 33, 43, 267
Levi, Primo 237, 265
Lewald, Fanny 74, 200 ff.
Libanius 89
Loerke, Oskar 214

Mämpel, Johann Christian 169
Mahlsdorf, Charlotte von 77 f.
Maimon, Salomon 154 ff.
Malcolm X 93
Mann, Klaus 236, 240
Mann, Thomas 104, 212
Marc Aurel 88

Marchi, Clelia 70
Margaretha von Valois 119
May, Karl 209
Mayröcker, Friederike 257
Mechthild von Magdeburg 97 f.
Mesrine, Jacques 41
Meulenbelt, Anja 252
Meysenbug, Malwida von 74,
  200, 202 f.
Montaigne, Michel de 96, 102 f.,
  105 ff., 265
Morgenstern, Beate 262
Moritz, Karl Philipp 28 f., 36 f.,
  40, 57, 63 f., 112, 115, 128,
  131 f., 134, 139 ff., 146, 151,
  154 f., 157, 163, 168, 174, 187,
  248
Musil, Robert 212, 214

Nietzsche, Friedrich 187
Novak, Helga 260

Otloh von St. Emmeram 94
Otten, Karl 218

Pepys, Samuel 103 f., 119 f.
Pessoa, Fernando 55, 187, 268
Petersen, Johanna Eleonora 135
Petrarca 96, 100 ff., 146
Pirckheimer, Caritas 110
Platter, Felix 107, 115 ff.
Platter, Thomas 107, 112, 115 f.
Plessen, Elisabeth 252
Pontormo (d. i. Jacopo Carucci)
  104
Proust, Marcel 33, 48, 212,
  226 ff.

Reitz, Johann Heinrich 128, 135
Retz, Jean-François Paul de
  Gondi Kardinal von 119

Reuter, Gabriele 203
Reventlow, Franziska von 211, 214
Rinser, Luise 239
Roland, Marie 147
Rosa, Angelika 146
Rosegger, Peter 205
Rosenfeld, Oskar 266
Rousseau, Jean-Jacques 19, 22, 63, 92, 133, 138, 140, 146, 148 ff., 151 ff., 156, 163, 168, 185
Rubiner, Ludwig 218
Rühmkorf, Peter 257
Runge, Erika 35, 250
Rutilius 89

Sacher-Masoch, Wanda von 205
Sachse, Johann Christoph 169, 224
Sand, George 181, 199 f.
Sarraute, Nathalie 43
Sastrow, Bartholomäus 107, 113 f.
Schertlin von Burtenbach 114
Schlaf, Johannes 235
Schneider, Peter 251
Schoof, Heine 41, 205,
Schreber, Daniel Paul 223
Schubart, Christian Friedrich Daniel 129
Schurman, Anna Maria van 68, 126, 135
Schürstab, Erasmus 109
Schwaiger, Brigitte 252
Schweinichen, Hans von 113, 123
Sei Shōnagon 70 f.
Seneca 88
Seume, Johann Gottfried 153, 156 ff., 160, 174

Seuse, Heinrich 98
Sevigné, Marie de Rabutin-Chantal, Marquise de 119, 193
Sokrates 40, 87
Solon 86
Sophia Eleonora (Landgräfin von Hessen-Darmstadt) 121 f., 125
Spangenberg, August Gottlieb 129
Spener, Philipp Jacob 127
Sperber, Manés 256
Stagel, Elsbeth 98
Stefan, Verena 252
Stein, Gertrude 83 f., 227, 231 ff.
Stifter, Adalbert 175, 179
Strindberg, August 187, 205
Stromer, Ulman 109 f.
Struck, Karin 75, 251
Sturm, Beata 135
Svevo, Italo 212 ff.
Synesius 89

Teresa von Avila 122 f.
Thelen, Albert Vigoleis 236
Tichtel, Johannes 110
Tucher, Anton 109
Tucher, Berthold 109

Ulrich von Lichtenstein 97

Valéry, Paul 33
Varnhagen von Ense, Karl August 177, 179, 194
Varnhagen, Rahel Levin 181, 193 ff.,
Vesper, Bernward 31, 243, 247, 251, 254, 262
Vetter, Anna 123, 135
Vico, Giovanni Battista 146

Vischer, Friedrich Theodor 189, 212
Voß, Johann Heinrich 174

Weil, Grete 265
Weinsberg, Hermann von 113
Weiss, Peter 28, 40, 188, 208, 247 ff.
Wiechert, Ernst 222 f., 239
Wiesel, Pauline 194, 196

Wimschneider, Anna 35, 253
Wolf, Christa 10, 45, 58, 247, 258 ff.
Woolf, Virginia 68

Zesen, Philipp von 124
Zink, Burkard 110 f.
Zorn, Fritz 251
Zuckmayer, Carl 236
Zürn, Unica 253

Zur Autorin

MICHAELA HOLDENRIED, Dr. phil., Jahrgang 1957. Studium
der Germanistik, Politologie, Geschichte und Lateinameri-
kanistik in Tübingen und Berlin. Forschungsschwerpunkte
sind die Autobiographie- und Romantheorie sowie -ge-
schichte, Reiseliteratur, interdisziplinäre Literaturgeschichte, feministische Literaturtheorie und Genderforschung
sowie medientheoretische und ethnologische Aspekte der
Literatur. Habilitation über Exotismus in der deutschen
Literatur aus kulturwissenschaftlicher Perspektive.

Publikationen: Im Spiegel ein anderer. Erfahrungskrise
und Subjektdiskurs im modernen autobiographischen Roman. 1991. – (Hrsg.) Geschriebenes Leben. Autobiographik
von Frauen. 1995. – Aufsätze u. a. zu medialen Konstruk-
tionen in der Literatur der Avantgarde.

Deutsche Dichter
Leben und Werk deutschsprachiger Autoren

Herausgegeben von
Gunter E. Grimm und Frank Rainer Max

Band 1: Mittelalter. 480 S. UB 8611

Band 2: Reformation, Renaissance und Barock. 471 S.
UB 8612

Band 3: Aufklärung und Empfindsamkeit. 418 S. UB 8613

Band 4: Sturm und Drang, Klassik. 437 S. UB 8614

Band 5: Romantik, Biedermeier und Vormärz. 624 S.
UB 8615

Band 6: Realismus, Naturalismus und Jugendstil. 495 S.
UB 8616

Band 7: Vom Beginn bis zur Mitte des 20. Jahrhunderts.
572 S. UB 8617

Band 8: Gegenwart. 620 S. UB 8618

Das achtbändige, insgesamt über 4000 Seiten umfassende
Werk *Deutsche Dichter* ist deutschsprachigen Autoren vom
Mittelalter bis zur jüngeren Gegenwart gewidmet. Auf
anschauliche Weise schreiben Fachleute in Beiträgen von
5 bis zu 50 Seiten Umfang über Leben und Werk von
rund 300 bedeutenden Dichtern. Ein Porträt des Autors
und bibliographische Hinweise ergänzen die einzelnen
Darstellungen.

Philipp Reclam jun. Stuttgart